CB138703

PRIMEIROS PASSES

PRIMEIROS PASSES

DOCUMENTOS PARA A HISTÓRIA DO FUTEBOL EM SÃO PAULO

Hans Nobiling

Mario Cardim

Luiz Fonseca

Antonio Figueiredo

APRESENTAÇÃO E ORGANIZAÇÃO

Wilson Gambeta

EDIÇÕES
LUDENS

BIBLIOTECA MARIO DE ANDRADE
EDIÇÕES

São Paulo, 2014

Sumário

Apresentação

Wilson Gambeta

Nos últimos anos aumentou significativamente a publicação de estudos acadêmicos que elegeram o futebol como assunto central. No âmbito das ciências sociais houve um grande avanço nas pesquisas em torno dos esportes, uma situação que ninguém ousaria prever duas décadas atrás. São obras de sociólogos, antropólogos, economistas e historiadores que estudam o tema com atenção adequada ao peso que ele tem hoje para a sociedade brasileira. Os historiadores da cultura têm dedicado especial atenção para os fenômenos de identidades e o futebol está entre os mais estudados em nosso país.

Infelizmente, o ritmo do avanço não foi acompanhado pela organização e preservação de arquivos públicos e privados, condição básica para as investigações. Não são raras as notícias sobre a deterioração de acervos pertencentes a clubes, federações, secretarias de governos e empresas de jornalismo ou de coleções particulares. A longa tradição de descaso e perda de memórias históricas ainda não foi estancada, apesar das facilidades introduzidas recentemente pelas tecnologias de escaneamento e acesso por meio digital. Somente nos anos mais recentes cresceu o número de centros de memória e museus voltados para o campo dos esportes, eles são imprescindíveis no tratamento e classificação dos documentos e na formação de arquivistas, museólogos e bibliotecários especializados. Por esse motivo, é preciso saudar a iniciativa do LUDENS: Núcleo Interdisciplinar de Pesquisas Sobre o Futebol e Modalidades Lúdicas, criado em 2010 na Universidade de São Paulo, de promover a reedição de textos históricos, com o apoio da Biblioteca Mário de Andrade e da Attar Editorial. As quatro obras reunidas neste volume estavam inacessíveis para o grande público, esgotadas há várias décadas - uma delas nunca foi publicada -, eram raridades preciosas mantidas em acervos de acesso restrito, desconhecidas até mesmo por alguns pesquisadores tarimbados.

O leitor familiarizado com a história do futebol brasileiro talvez note que parte das informações contidas nos documentos aqui reproduzidos soa como algo conhecido, ainda que este seja seu primeiro contato com cada um deles. Um estranhamento desse tipo é compreensível. Em anos mais remotos os quatro textos reeditados neste livro serviram como bases para incontáveis jornalistas e estudiosos, os quais repetiram incessantemente os mesmos dados, remoídos ao longo de quase um século, muitas vezes sem que a origem fosse devidamente creditada e uma avaliação crítica da posição do autor original pudesse ser feita. Quase tudo o que se sabia a respeito das duas primeiras décadas do futebol em São Paulo estava contido nesses originais, pouco foi acrescentado até o final do século XX. Deste modo, as informações acabaram sendo naturalizadas, tomando efeito de realidade indiscutível. Só recentemente os cientistas sociais começaram a vasculhar fontes alternativas, a confrontar as interpretações e a duvidar de algumas "verdades" cristalizadas na tradição jornalística.

O futebol procurado

É interessante notar que cada documento representa um gênero textual diferente, com forma e público-alvo distintos, o que torna ainda mais interessante a comparação entre os quatro. O primeiro foi escrito na forma de memórias pelo imigrante alemão Hans Nobiling, no ano de 1937, em Santa Catarina, onde ele morou durante oito anos. Portanto, o autor estava temporariamente distanciado do *Sport Club Germania* (atual *Esporte Clube Pinheiros*), agremiação que fundou em São Paulo, em 1899, e da qual era presidente de honra. Escreveu essas recordações da juventude quando se encontrava na pequena cidade de Timbó, próxima à Pomerode e Blumenau. Mas apesar da distância geográfica e dos quase 60 anos de idade, ele assegurou ao jornalista que o consultava: "os dados que lhe forneço são absolutamente exatos, pois os retirei do meu copiador de cartas escritas naquela época". Manter um livro com cópias carbonadas de toda a correspondência expedida durante a vida era um costume ainda comum no início do século XX, pelo menos para as pessoas metódicas, como Nobiling, um contabilista por profissão. A menção dessa fonte de referências precisas significa, sem dúvida, a necessidade de aumentar confiabilidade ao depoimento que nos deixou.

Ele escreveu a pedido de Paulo Várzea, jornalista da revista *Olympic*, que recolhia informações com antigos futebolistas para um livro que planejava publicar. O manuscrito original foi transcrito à máquina por Leopoldo Villa Real, outro ex-jogador, contemporâneo de Nobiling e sócio fundador do *Sport Club Internacional*. Datilografada em sete folhas, a cópia com anotações do jornalista pertence ao acervo do Instituto Martius-Staden que gentilmente a disponibilizou para publicação.[1] É um registro curto, mas importante para esclarecer dúvidas dos estudiosos sobre os anos iniciais do futebol em São Paulo, até 1900. Ao lado de Charles Miller, Antonio Casimiro da Costa, Belfort Duarte, os irmãos René e Henrique Vanorden, Arthur Ravache, Augusto Shaw e Armando Prado, Nobiling é tido pelos historiadores como um articulador de times, clubes e campeonatos. Ele foi um ativo dirigente do *S. C. Germania* e da *Liga Paulista de*

1 NOBILING, Hans. *Primordios e dados historicos da implantação do futebol em São Paulo*. Instituto Martius-Staden, Pasta GIVfN19/137 (datilografado), 1937.

Football (*LPF*) até que a declaração de guerra do Brasil contra a Alemanha, em 1917, provocasse a exclusão do clube alemão da coligação.

Hans Nobiling (1877-1954) nasceu na cidade portuária de Hamburgo, norte da Alemanha, onde trabalhou para a empresa Bundich-Schweffel, representante da firma brasileira Zerrenner, Bülow & Cia., exportadora de café do porto de Santos e controladora da cervejaria Antarctica Paulista. Chegou à cidade de São Paulo em maio de 1897, quatro meses antes de completar 20 anos.[2] Trabalhou durante dois anos na drogaria Mourier & Cia, então localizada na rua do Comércio (atual rua Alvares Penteado). Depois ingressou no Brasilianische Bank Für Deutschland (Banco Brasileiro da Alemanha), cuja filial paulistana ficava na rua XV de Novembro. Iniciou ali uma longa carreira de bancário. Não se tem informações sobre a vida familiar de Nobiling, ao que se sabe ele morreu solteiro e sem filhos.

Ao desembarcar em São Paulo ele trazia a experiência de quatros anos como futebolista do *S. C. Germania*, clube da sua cidade natal, homônimo do que batizou aqui. Porém, encontrou um cenário pouco animador para o jogo, que era praticamente ignorado pelos paulistanos. Somente os sócios de dois clubes ingleses jogavam o futebol, os do *São Paulo Athletic Club* e do *São Paulo Railway Cricket Club*, em partidas realizadas duas vezes ao ano. Eram jogos de confraternização, com poucos assistentes. As lembranças do esportista alemão, ativo entre os precursores, contrariam a hipótese defendida por alguns historiadores de que o futebol teve um sucesso imediato, logo após sua chegada ao país, e que o jogo estaria razoavelmente divulgado antes da primeira liga, organizada em 1902. Nobiling é muito claro quando descreve as dificuldades enfrentadas. Por falta de interessados levou cerca de oito meses, entre meados 1898 e março de 1899, para compor o seu primeiro time e encontrar um adversário e mesmo assim a sua equipe estreou desfalcada de dois elementos. O futebol teve um início arrastado.

---

2 *O Estado de S. Paulo*, 31 jul. 1954, p. 12.

O futebol guiado

No segundo documento o cenário muda bastante. O jogo havia se transformado em espetáculo para o público e aparecem indícios da empolgação dos torcedores. O *Guia de football* é um folheto dirigido aos praticantes e fãs, cuja primeira edição saiu em junho de 1903. O campeonato da liga (*LPF*) havia estreado com sucesso no ano anterior e o segundo estava em andamento no momento da publicação. O *Guia* reunia informações básicas para quem quisesse acompanhar o torneio: as regras do jogo, os times participantes, o regulamento da liga e explicações das principais jogadas. Trazia a tabela do campeonato com espaços para o torcedor registrar os resultados e até informava os horários dos bondes que tangenciavam os campos de jogo. Ou seja, o livreto era um antecessor dos pequenos manuais que, até hoje, servem para orientar os torcedores de futebol a cada campeonato.

Esse tipo de publicação tinha como exemplos bem mais antigos os guias vendidos aos apostadores do turfe. Com uma diferença fundamental: aqueles orientavam a escolha dos cavalos, enquanto o de futebol se propunha a divulgar o esporte amador, ainda pouco assimilado pelo público. A publicação do *Guia* mostra que as elites desejavam a propagação do esporte e o aumento das plateias. Ele foi organizado com características didáticas pelo jornalista Mario Cardim para atrair assistentes aos campos, instruir novos jogadores e formar árbitros dentro das normas esportivas inglesas. "Servindo à propaganda da educação física", como o autor diz logo na introdução.

As tiragens anuais chegavam a milhares de exemplares, vendidos ao lado de materiais esportivos em algumas lojas do centro comercial paulistano, pois ainda não existiam bancas de jornal nas ruas da cidade.[3] A Casa Clark os distribuía também através das lojas filiais em cidades do interior e de outros estados (Rio, Petrópolis e

3 V. *O Estado de S. Paulo*, 19 mai. 1908, p. 3.

Salvador). Para baratear os custos de impressão e diminuir o preço de venda, o *Guia* trazia diversos anúncios de publicidade. A edição foi feita pela Casa Vanorden, indústria gráfica dirigida pelos irmãos futebolistas René e Henrique Vanorden que assim também davam a sua colaboração para a propaganda do esporte.

Cardim foi citado como único organizador da primeira edição, que incluiu a tarefa de traduzir as regras do *International Football Association Board* (*IFAB*) inglês. Alguns historiadores atribuem o papel de co-tradutor a Charles Miller. Se lembrarmos de que ele trouxe consigo um exemplar das regras inglesas em 1894, é bem possível que o experiente Miller tenha sido consultado, apesar de não citado no folheto. Cardim, estudante de direito e filho de um jurista, parecia preocupado com a precisão legal das regras adotadas e não apenas com o ensino do jogo. Quando o *IFAB* anunciou pequenas modificações, em 1906, ele fez questão de incorporá-las imediatamente ao isolado campeonato da cidade de São Paulo, disputado por seis times apenas. Talvez fosse um preciosismo, pois a liga doméstica sequer estava filiada à *Fédération Internationale de Football Association* (*FIFA*), porém essa atitude indica o desejo de padronizar rigorosamente o esporte sob a norma internacional. A nota que informou sobre o lançamento do *Guia* frisou essa intenção pedagógica da publicação:

> Quem dedicar alguns minutos de atenção à leitura dessas regras apreciará, então com pleno conhecimento do jogo, todas as suas múltiplas e interessantes peripécias, pois, daí por diante, tudo que se passar no campo, por ocasião dos *matchs*, não lhe causará estranheza.[4]

Mario Sergio Cardim (1884-1953) nasceu no Rio de Janeiro e ainda na infância se transferiu com a família para São Paulo. Cursou sucessivamente a Escola Modelo Caetano de Campos, o Gymnasio

4 Cf. *O Estado de S. Paulo*, 26 jun. 1903, p. 4.

do Estado e a Escola Normal.[5] Ao longo da vida escolar, incentivado pelo professor Manuel Baraggiola, desenvolveu um gosto especial pela educação física, interesse que jamais abandonou. Ainda na adolescência, esteve entre os primeiros sócios do *Sport Club Internacional*, fundado em 1899, e disputou o campeonato da *LPF* em 1902. No ano seguinte se transferiu para o *Club Athletico Paulistano*, onde jogou pelo segundo time. Passou para outros esportes: o tiro e o tênis. Foi árbitro de futebol durante muitos anos. Integrou as diretorias do *Internacional*, do *Paulistano* e da *LPF*.

Cardim tinha 19 anos de idade quando publicou o *Guia*. Ele acabara de assumir a função de cronista esportivo no jornal *O Estado de S. Paulo* a convite do dono, Julio de Mesquita. Seguiu a carreira de jornalista paralelamente as de advogado e professor de inglês, colaborando sempre com o mesmo periódico até 1946. Formou-se pela faculdade de direito do largo São Francisco, em 1906, e assumiu o posto de subdelegado de polícia, depois abriu seu próprio escritório de advocacia. Entre 1919 e 1920, teve como sócio de banca o advogado, jornalista e educador Fernando de Azevedo, outro entusiasta da educação física, com quem Cardim manteve colaboração em diferentes campos de trabalho.

Era filho do militar e juiz federal, Coronel Antonio Saturnino Cardim, e de Maria da Gloria Madeira Cardim, a qual descendia de uma família fazendeira do interior paulista. Em 1911, Mario casou-se com Lucia de Moraes Barros, filha do senador Manoel de Moraes Barros e sobrinha do presidente Prudente de Moraes Barros, ambos falecidos, ela era também sobrinha do senador Adolpho da Silva Gordo. Ou seja, Mario Cardim tinha uma posição social bem diferente da de Nobibling ou de Miller, ele fazia parte de uma influente parentela da elite regional.

Não se conhece nenhum exemplar da primeira edição do *Guia* que tenha sobrevivido até os nossos dias. O texto reproduzido neste

5 *O Estado de S. Paulo*, 28 jun. 1945, p. 6, 23 jun. 1962, p. 8.

volume é o da quarta edição, lançada em Abril de 1906. A seção de obras raras da Biblioteca Mário de Andrade autorizou o uso do seu exemplar para reedição.[6] Provavelmente, é o único original conservado em acervo público. Graças à inestimável colaboração do pesquisador João Luiz Musa, foi possível reproduzir o documento em cópia *fac-simile*.

Anúncio do jornal *O Estado de S. Paulo*, 1906.

Além das atualizações feitas a cada ano, o *Guia*, de 1906, trouxe novidades. Os estatutos da *LPF* foram reformados e sensivelmente ampliados, quando comparados à versão anterior.[7] A organização da liga e do campeonato sofria modificações em quase todos os inícios de ano, provocadas por pressões dos clubes ou jogadores filiados. A mudança estatutária, de 1906, foi desencadeada por uma grave dissidência acontecida no ano anterior, no time do *C. A. Paulistano*. A reforma visava prevenir conflitos ou punir os responsáveis com maior rigor, para tanto foi criado um conselho de representantes dos clubes coligados para julgar os casos mais graves. Donde se percebe que o propalado "cavalheirismo" entre os esportistas estava mais para uma idealização romântica do que para os fatos.

6 CARDIM, Mario. *Guia do football*. 4ª. ed. São Paulo: Vanorden & Comp., 1906.

7 Para a comparação entre as duas versões dos estatutos, ver *O Estado de S. Paulo*, 30 mar. 1904, p. 2.

A leitura dos estatutos não é agradável, pois na tentativa de cercar todas as possibilidades de infrações e recursos prevaleceu a sisudez da linguagem jurídica. Mario Cardim o redigiu, ao lado de dois outros diretores da liga. Apesar da forma legalista, o texto oferece aos leitores pacientes a oportunidade de examinar em detalhe a organização da liga, o funcionamento do pequeno campeonato municipal e os tipos de desentendimentos que se tentava prevenir. É interessante notar que não foram explicitadas quaisquer restrições quanto à raça, religião, nacionalidade e profissão dos jogadores filiados. Mas se proibia a participação de "jogadores profissionais, ou indivíduos cuja reputação seja notoriamente duvidosa", uma generalização perigosa, que poderia dar margem a diferentes interpretações e a casuísmos. O maior rigor dos estatutos apenas evidencia o crescimento das tensões nos espetáculos de futebol, mas isso não foi o suficiente para inibir novos confrontos. Naquele mesmo ano estavam programadas trinta partidas entre os seis times competidores. Oito delas foram canceladas ou anuladas devido a desentendimentos. O time campeão, da *Associação Athletica das Palmeiras*, foi eliminado e não recebeu a taça.

Outra importante inclusão no *Guia* foi a série de artigos adaptados por Luiz Fonseca, colega de crônica esportiva de Mario Cardim. Originalmente os textos foram publicados n'*O Estado de S. Paulo*, em 1904, sob o título *Em prol da cultura física*.[8] Fonseca traduziu e adaptou para o público brasileiro partes de duas obras francesas sobre esportes e as recheou com comentários pessoais, de modo que a autoria de cada pedaço ficou indefinida.[9] O acréscimo dos artigos reforçou as características didáticas do *Guia*, pois eles pretendiam ensinar como se joga "corretamente" o futebol, explicando a função tática de cada linha de um time em campo, tal como eram concebidas: *forwards*,

8 *O Estado de S. Paulo*, 26 abr. 1904 p. 2; 30 abr. 1904, p. 2; p. 2; 5 mai. 1904, p. 2; 13 mai. 1904, p. 2; 16 mai. 1904, p. 2;

9 WEBER, Ernest. *Sports athlétiques*. 2e. édition. Paris: Garnier Frères, 1905; FRAYSSE, E. e TUNMER, N. G. *Football (Association)*. Paris: A. Colin, 1897.

halfbacks, fullbacks e *goalkeeper*. Estão descritas as "qualidades físicas e morais dos jogadores" e a organização de uma equipe padrão, que mais se assemelha a um batalhão militar comandado pelo seu "*captain*". É uma leitura saborosa e de grande interesse para quem quer conhecer as orientações que se ofereciam aos iniciantes, conforme a doutrina esportiva europeia da época, particularmente a francesa.

Luiz Antonio Pereira da Fonseca (1870-1938) nasceu na cidade fluminense de Niterói. Muito jovem ele ajudou a organizar um escritório de serviços taquigráficos para atender ao Congresso Nacional, no Rio de Janeiro. Transferiu-se para São Paulo quando a próspera empresa de taquigrafia começou a prestar serviços também para o legislativo estadual. Fonseca cultivou amizade permanente com os seus sócios na firma, Numa de Oliveira e Horácio Sabino, a ponto de ficarem conhecidos como "os três taquígrafos". Eles e suas respectivas famílias moravam em casas muito próximas, na Rua General Jardim, bairro de Vila Buarque, e frequentavam o *Club Athletico Paulistano*, do qual foram dirigentes.[10] Ao longo dos anos, os três estabeleceram profundas relações de amizade e parentesco com políticos paulistas e se integraram à elite regional.

Fonseca era major do exército e como esportista a sua atividade foi dedicada principalmente ao tiro, modalidade bastante divulgada nos países ocidentais antes da Primeira Grande Guerra. Ele foi fundador, secretário e presidente, do Tiro Nacional de São Paulo.[11] Através da coluna esportiva d'*O Estado de S. Paulo*, colaborou com os colegas Mario Cardim e Nestor Pestana defendendo a organização de linhas de tiro civis, como forma de preparar os jovens para a defesa da pátria. Após a campanha que instituiu o serviço militar obrigatório no país, o major Fonseca presidiu a junta de alistamento da capital paulista. Ele não foi um futebolista, porém representou o

---

10 OCTÁVIO, Laura O. R. *Elos de uma corrente, seguidos de novos elos*. Rio de Janeiro: Civilização Brasileira, 1994, p. 31 e 36.

11 *Correio Paulistano*, 8 jun. 1904, p. 3; 15 fev. 1938, p. 2; *O Estado de S. Paulo*, 15 fev. 1938, p. 4.

C. A. Paulistano na diretoria da *LPF* durante muitos anos e dirigiu a entidade com mão de ferro no início da segunda década do século XX, um período turbulento. Por longo tempo as reuniões da liga aconteceram nas salas da sua firma de taquigrafia, sediada no palacete Martinico Prado, um imponente edifício comercial da praça Antonio Prado, no qual também funcionava a redação d'*O Estado de S. Paulo*.

Paralelamente à vida de empresário, militar, jornalista e dirigente esportivo, o major Fonseca dedicou-se à política: elegeu-se vereador da cidade de São Paulo em seis mandatos, a partir de 1913. Na época, a edilidade paulistana era um reduto de dirigentes esportivos. Entre os vereadores contemporâneos ao major estavam o coronel Oscar Porto, Armando da Silva Prado, João Maurício Sampaio Vianna e José de Alcantara Machado, todos com históricos de participações à frente de clubes ou ligas.

Embora nunca tenha atuado como atleta, Fonseca se posicionou ao lado dos jornalistas e dirigentes que criticavam os jogadores "individualistas". Ele endossou os autores franceses que defendiam o "jogo de combinação", com trocas constantes de passes, contrários aos estilos personalizados, ao *dribbling*. Como diz logo no início do texto: "O jogo dos *forwards* [atacantes] deve ser um jogo de conjunto, de combinação, sendo a sua divisa a seguinte: "um por todos e todos por um". O trabalho de uma linha de *forwards* bem exercitada é efetivamente de uma grande precisão mecânica". E mais adiante: "Pelo exposto verifica-se que o *dribbling* não é mais que um meio secundário; toda a ciência do jogo dos *forwards* reside no passe, principalmente na oportunidade de ser feito". Essa foi a opinião predominante por muitos anos. As censuras contra os que "abusavam" dos dribles eram comuns na imprensa. Somente a partir dos anos 20 as improvisações pessoais e os estilos mais livres de jogo começaram a ser valorizados.

O futebol glorificado

O terceiro documento foi publicado anos mais tarde, quando o futebol estava amplamente divulgado. O *Resumo histórico do Club Athletico Paulistano* é um folheto institucional, datado de 1918, quando o clube comemorava o presente olhando para o passado.[12] Ele foi escrito para celebrar a nova sede, inaugurada no bairro do Jardim América, no Natal de 1917.[13] Desde a sua fundação, em 1900, o *C. A. Paulistano* alugou o Velódromo da Consolação, mas foi despejado no primeiro semestre de 1916, quando a empresa proprietária decidiu lotear o terreno. Houve, então, uma debandada de sócios e a sobrevivência da agremiação ficou ameaçada. No momento mais crítico, apenas trinta pessoas estavam em dia com as suas mensalidades.[14] A construção da nova sede foi possível graças à campanha promovida por um grupo de sócios, liderados por Antonio Prado Junior, Manoel Carlos Aranha e João de Oliveira Barros, para angariar doações e empréstimos das famílias mais ricas de São Paulo. A edição do livreto tinha, pois, duplo objetivo: publicar um memorial para marcar a conclusão das obras - pelo menos daquelas que serviam como vitrine - e atrair novos contribuintes para sustentar as finanças do clube. Ao que parece o folheto foi ofertado como forma de propaganda seletiva. O quadro de associados foi, de fato, significativamente ampliado em relação aos tempos da Consolação, chegou a 918 pessoas no ano da publicação e a 1.476 em 1920.[15]

Um raro exemplar do folheto – gentilmente cedido para a repro-

---

12 CLUB ATHLETICO PAULISTANO. *Resumo historico do Club Athletico Paulistano.* São Paulo: Seção de Obras d'*O Estado de S. Paulo*, 1918.

13 *O Estado de S. Paulo*, 25 dez. 1917, p. 8.

14 *O Estado de S. Paulo*, 15 dez. 1950, p. 8; 21 dez. 1950, p. 10; 24 dez. 1950, p. 17.

15 Cf. CLUB ATHLETICO PAULISTANO. *Relatorio dos trabalhos sociaes correspondendo ao biênio 1917-1918.* São Paulo: CAP, 1918, p. 61-86; AMARAL, Luiz F. *Minhas reminiscencias no Club Athletico Paulistano.* São Paulo: CAP, 1977, p. 29-31.

dução fotográfica - pertence ao acervo do Centro Pró-Memória do *C. A. Paulistano*. Nele não consta a autoria do texto, a introdução foi assinada coletivamente pela "Diretoria". Há, entretanto, fortes indícios de que o principal redator tenha sido Mario Cardim. Pois ele fez parte do grupo responsável pela transferência de sede e ocupava o cargo de primeiro secretário, encarregado de toda a comunicação social. A edição do livreto foi feita pela Seção de Obras d'*O Estado de S. Paulo*, onde Cardim, além de cronista esportivo, era bibliotecário e chefe do arquivo.

Talvez esse seja um dos mais antigos exemplos, em nosso país, de um gênero textual muito comum nos dias atuais: a narrativa histórica construída com base nas crônicas esportivas. É um relato de partidas e campeonatos, vitórias e derrotas que marcaram a memória coletiva e que, ao serem relacionadas umas às outras, tecem uma tradição épica com o passar do tempo. O amor aos símbolos do clube - o clubismo - transcende à participação dos atletas e torcedores, pois estes pontuam a narrativa como coadjuvantes, eles encarnam personagens passageiras. Não é exatamente historiografia, mas sim uma crônica que beira os limites da ficção literária. Pouco importa para a trama quem eram aqueles rapazes fora dos gramados, no dia a dia. Quase nada se diz, também, sobre a sociabilidade entre todos eles nos espaços internos do clube: o lazer, os jogos por divertimento e os treinos. Constam no texto apenas como jogadores ou dirigentes que em determinados momentos, na longa série de encenações futebolísticas, deram contribuições para o fortalecimento da instituição, o clube.

A protagonista da história, aquela que resiste à passagem do tempo, é a própria entidade: o *C. A. Paulistano*. O clube é identificado como principal responsável pelo sucesso dos espetáculos futebolísticos e aquele que teria alcançado os melhores resultados, a ponto de receber o epíteto de "o glorioso". A história do *Paulistano* foi entrelaçada à do futebol brasileiro e pouco espaço se atribuiu a outros esportes. Ou seja, no final da segunda década do século XX o futebol de espetáculos havia atingido grande popularidade e a identidade do clube estava associada ao sucesso do seu time. As fotos da nova sede mostram que o campo de jogos e suas arquibancadas receberam um espaço privilegiado no terreno do Jardim América. O futebol foi escolhido como fio condutor da narrativa, apesar da pouca importância que ele tinha para o *C. A. Paulistano* na época da fundação. Fica evidente, também, que a paixão clubística do autor contaminou o trabalho de redação, pois as participações de alguns adversários estão subestimadas, principalmente as do *São Paulo Athletic Club*, da *Associação Athletica das Palmeiras*, do *Sport Club Germania* e do *Sport Club Americano*. O sectarismo é compreensível, afinal o objetivo do folheto era enaltecer o clube para atrair sócios contribuintes.

O relato histórico dramatiza os momentos de confrontos ocorridos nos palcos esportivos. Os espetáculos lúdicos parecem ganhar vida própria e transbordam para o cotidiano, envolvendo atletas, clubes e ligas em debates, nas assembleias e nos jornais. A cisão ocorrida no time do *Paulistano*, em 1905, e a dissidência que rachou a *LPF* em 1913 e resultou na fundação da *Associação Paulista de Sports Athleticos* (*APSA*), são contadas do ponto de vista da diretoria do clube. Essas versões ganharam a força de "verdades" ao serem repetidas nas décadas seguintes por diversos jornalistas, sem cotejamentos com as opiniões contrárias. As razões dessas crises não ficam claramente explicadas no texto. São apresentados motivos morais ou relacionados à baixa escolaridade de alguns esportistas, mas as forças políticas que atuavam nos bastidores não foram apontadas.

Apesar das lacunas, o documento fornece informações preciosas para se interpretar o que ocorria nos espetáculos de futebol durante a segunda década. Como diz o autor: "... já não havia aquele escrúpulo dos tempos idos para a escolha dos jogadores. [...] Não se cuidava de saber se o indivíduo tinha educação, se era polido, se conhecia as boas regras de cortesia e delicadeza". Antes do início de cada temporada diversos atletas recebiam propostas para trocar de time. Os mais talentosos passavam dos clubes pequenos para os maiores, um indício de que existiam interesses profissionais escamoteados dentro do esporte amador. As transferências envolviam os principais clubes da liga, mas houve uma reação esnobe contra a ascensão de jogadores oriundos das classes trabalhadoras, especialmente quando o *S. C. Corinthians Paulista*, time popular do Bom Retiro, ingressou na *LPF*, em 1913. O receio da mistura social foi um dos motivos para a cisão liderada pelo *C. A. Paulistano*, através da formação da nova liga (*APSA*), tal como o texto tenta justificar:

> ... os maus elementos, que os há em todas as classes é certo, mas que são mais numerosos entre o proletariado, se confundiriam com os demais, e dessa confusão, evidentemente, o *football* nada teria a lucrar.

O futebol interpretado

O documento que encerra esta seleção é a *Historia do football em São Paulo*, publicado em 1918, pelo jornalista Antonio Figueiredo, o primeiro livro a abordar o tema.[16] Raríssimos exemplares da edição original circulam hoje, como preciosidades, entre colecionadores. A reedição, incluída neste volume, foi possível graças à cópia cedida pelo pesquisador Plínio Labriola Negreiros. Nesse caso, a má qualidade da edição original impediu o trabalho de reprodução fotográfica. O livro foi fielmente redigitado, sempre com a preocupação de se preservar a ortografia da época, mas corrigindo eventuais erros e melhorando a legibilidade. Para evitar uma quantidade excessiva de notas de rodapé, optou-se por reunir em glossário as palavras que ao longo do tempo caíram em desuso e hoje são pouco conhecidas do público.

---

16 FIGUEIREDO, Antonio. *Historia do football em São Paulo*. São Paulo: Seção de Obras d'*O Estado de S. Paulo*, 1918.

Antonio Figueiredo produziu um gênero narrativo muito semelhante ao folheto de propaganda do *C. A. Paulistano*. Ele situou a obra no terreno da crônica esportiva, nas fronteiras entre o jornalismo, a historiografia e a ficção literária. Apesar do título abrangente, o autor se concentrou nos jogos promovidos pela *LPF* e pela liga dissidente e sucessora, a *APSA*. Não fez referências às centenas de clubes espalhados pela capital e interior do estado de São Paulo, nem citou as demais ligas existentes. Narrou apenas sobre o mais antigo campeonato da capital paulista, o primeiro do país, no qual só podiam competir seis times, número ampliado para nove, em 1917. Portanto, não tratou de uma competição com abrangência estadual, nem se referiu aos campeonatos interioranos. Ao longo daquele período, somente três clubes da vizinha cidade de Santos tiveram chances de ingressar na *LPF*, dois deles com presenças passageiras: o *C. A. Internacional* (1907-1908), o *S. C. Americano* (1907-1913) e o *Santos F. C.* (a partir de 1916).

Figueiredo tratou mesmo do futebol de espetáculos da capital estadual, que reunia pouquíssimas equipes participantes, mas mobilizava grandes torcidas, acontecia em campos preparados para receber plateias numerosas e era acompanhado detidamente pela imprensa. O recorte elitista realizado por ele foi copiado por quase todos os autores que mais tarde abordaram do mesmo período. Sua obra se tornou uma espécie de "história oficial" para as duas primeiras décadas, embora raramente ela seja citada como a fonte primária das informações. O livro causa a falsa percepção de que o futebol era pouco praticado fora desse restrito círculo dominante, ou então que os jogos informais e campeonatos de outras ligas não merecessem estudos. Mas conclusões desse tipo seriam incorretas. É preciso relativizar o ponto de vista do autor, colocando a sua obra em perspectiva histórica para entender a delimitação que fez do tema.

Antonio dos Santos Figueiredo (1892-1942) nasceu no bairro paulistano da Consolação, numa família de trabalhadores portugueses chegada ao Brasil poucos anos antes. Na infância ele morou em ruas próximas ao cemitério, na Pedro Taques e na Bela Cintra, as quais ainda não tinham calçamento e eram habitadas por imigrantes e descendentes de escravos. Seu pai, Ricardo dos Santos Figueiredo, um modesto operário-marceneiro, morreu quando ele tinha sete anos, mas influenciou a postura política dos filhos: eles se declaravam "socialistas revolucionários".[17] A mãe, Maria dos Santos Figueiredo, conseguiu matricular o pequeno Antonio no externato que os presbiterianos da Escola Americana ofereciam às crianças pobres, no qual o irmão mais velho já estudava. Eles não se misturavam aos alunos internos, os filhos de famílias ricas, que treinavam futebol no campo do colégio e podiam almejar fazer parte do célebre time da *Associação Athletica Mackenzie College*. Os alunos do externato não recebiam aulas de educação física, como aqueles, mas Antonio aprendeu a jogar futebol com os amigos e se inscreveu na seção infantil do *Sport Club Internacional*, cujo campo de treinamento naquela época estava na rua da Consolação.

Suas experiências como jogador não foram adiante, pois aos 15 anos começou a trabalhar como revisor na redação d'*O Estado de S. Paulo*, em 1907.[18] Seu irmão, Ricardo Figueiredo, cinco anos mais velho, o antecedeu na carreira, foi seu chefe no setor de revisões e chegou à direção do jornal. Antonio seguiu o irmão, trabalhando como jornalista, sempre no mesmo periódico, até falecer aos 50 anos de idade. Em 1916, formou-se pela faculdade de direito do largo São Francisco, proeza rara para estudantes de origem humilde. É provável que para tanto tenha contado com o apoio do proprietário do jornal, o deputado Julio de Mesquita, a quem Antonio se referiu com grande devoção nas memórias que publicou, em 1933.

Ao que parece a família Mesquita tinha especial apreço pelos irmãos Figueiredo. Ricardo, o mais velho, foi um homem de confiança dos donos, ele entrou para o jornal como aprendiz de tipógrafo, aos 13 anos de idade, e faleceu quando ocupava o cargo de gerente executivo,

---

17 FIGUEIREDO, Antonio. *Memórias de um jornalista*. São Paulo, Editorial Unitas, 1933, p. 12-22.

18 *O Estado de S. Paulo*, 5 fev. 1935, p. 3;18 ago. 1942, p. 3.

em 1935. Tudo indica que a decisão de publicar uma história do futebol paulista partiu de encomenda feita pelos chefes ao irmão mais novo, o então jovem jornalista Antonio Figueiredo, pois o livro foi editado, divulgado e vendido pelo próprio jornal.

Anúncio do jornal *O Estado de S. Paulo*, 1918.

O interesse d'*O Estado de S. Paulo* pela obra é compreensível. Nos anos anteriores, entre Maio de 1915 e Janeiro de 1917, o periódico sustentou uma aguerrida campanha de apoio à *LPF* contra a aliança firmada entre a liga dissidente, a *APSA*, e a *Liga Metropolitana de Sports Athleticos* (*LMSA*), do Rio de Janeiro. Os jornalistas Mario Cardim, Luiz Fonseca e Julio de Mesquita Filho estiveram entre os líderes do movimento, que fundou a *Federação Brasileira de Football,* na esperança de centralizar o comando do futebol nacional em São Paulo e contestar a filiação da liga rival ao futebol carioca. Um dos argumentos insistentemente usado por eles para defender a liderança dos paulistas no cenário do esporte nacional foi o da primazia histórica, já que a *LPF* era a liga mais antiga do país. Esse movimento regionalista fracassou, pois o governo federal, por intermédio do ministro das relações exteriores, general Lauro Müller, deu apoio à carioca *LMSA* e à organização da *Confederação Brasileira de Desportos* (*CBD*), em dezembro de 1916, com sede na capital do país. A sonhada *Federação Brasileira*, apoiada em São Paulo pela família Mesquita, se enfraqueceu e foi extinta, assim como a primeira liga estadual, a *LPF*. O futebol paulista ficou subordinado à *CBD* através da *APSA*. Antonio Figueiredo relatou com tristeza esses acontecimentos, defendeu a posição liderada por Mario Cardim naqueles confrontos e revelou as mágoas deixadas pela desunião dos paulistas:

> São Paulo, com a força, que era a Associação, e com o prestígio, que era a Liga, imporia a sua vontade, e não teria hoje de submeter-se às ordens de uma entidade, onde não tem representantes verdadeiramente seus.

Portanto, o recurso do autor à narrativa histórica, a escolha do passado regional como tema e o recorte em torno dos jogos de espetáculos da cidade de São Paulo - linguagens fortemente presentes nos jornais da época - tinham a intenção de reavivar na memória coletiva a precedência dos paulistas sobre o futebol brasileiro. Pela mesma razão, ele dedicou dois capítulos às competições travadas entre times dos dois estados: Rio x São Paulo. Mostrou que os clubes paulistas se unificaram em liga antes dos cariocas e, graças à coligação solidária, teriam conquistado a primazia esportiva. Em sua opinião, só nos momentos de divisão interna eles ficaram em desvantagem nos confrontos interestaduais. Recordou as disputas da *Taça Correio da Manhã*, entre os dois selecionados, para demonstrar a preponderância paulista, incluindo uma célebre goleada sobre os cariocas por 8x0, no dia 7 de novembro de 1915.

Naquele período, a rivalidade regional (Rio x São Paulo) estava aguçada. Era mais do que uma disputa esportiva entre duas grandes cidades, interligadas por ferrovia. Para os paulistas desafiar os clubes da capital federal era um modo de obter projeção política em âmbito nacional. Os jogos anuais entre as seleções estaduais de futebol atraiam pequenas multidões aos estádios e ajudavam a alimentar os sentimentos bairristas. Figueiredo aproveitou esse clima competitivo e a reunificação dos clubes sob uma única liga, a *APSA*, ocorrida em 1917, para estimular o orgulho local. A terceira edição do

Campeonato Sul-Americano estava prevista para acontecer no Rio de Janeiro, em novembro de 1918 – depois foi adiada para o ano seguinte, por causa da gripe espanhola. Seria a primeira grande competição internacional jogada em território brasileiro e os paulistas esperavam que a sua representação na equipe nacional fosse proporcional à pretendida importância do estado. Pode-se estimar, pois, que tenham sido fortes os efeitos causados sobre os leitores pelas páginas bairristas escritas por Figueiredo.

É justo atribuir a Antonio Figueiredo a primeira síntese interpretativa da história do futebol regional. Ele entende que durante aquelas duas décadas houve uma evolução técnica no jogo praticado em São Paulo. Segundo diz, as jogadas de efeito, os dribles que muitos insistiam em dar nos primeiros tempos do futebol, cederam lugar para o jogo de passes, a "colocação verdadeira" dos jogadores em campo, tal como havia defendido Luiz Fonseca na década anterior. O cronista propôs a subdivisão do período histórico em três ciclos de avanços, intercalados por dois de decadência. Os três momentos de apogeu estão diretamente ligados à atuação do *C. A. Paulistano*, em duelos contra diferentes adversários: entre 1902 e 1904, o grande adversário era o *São Paulo Athletic Club*; entre 1909-1911, a *Associação Athletica das Palmeiras*; a partir de 1917, o antagonista seria a *Società Sportiva Palestra Italia*. Sem dúvida, o seu critério de periodização foi estipulado pelo sucesso dos espetáculos, os picos de popularidade.

A proximidade entre essa interpretação e a do folheto de propaganda do *C. A. Paulistano* não é mera coincidência. As duas publicações foram editadas n'*O Estado de S. Paulo* com diferença de poucos meses. Há vizinhanças entre as opiniões do autor e dos seus experientes parceiros de crônica, Mario Cardim e Luiz Fonseca, diretores daquele clube, bem como às do tenista Julio de Mesquita Filho e do futebolista Francisco de Mesquita, jornalistas e sócios do mesmo clube. Provavelmente, foi por influência das mesmas fontes que Figueiredo deu menor importância para alguns dos opositores do *C. A. Paulistano*, principalmente à *A. A. das Palmeiras*, associação retratada no livro como uma criadora de encrencas, com "carreira ruidosa e cheia de incidentes". Não é difícil perceber as razões desse juízo negativo, pois entre os dirigentes do "clube da Floresta" estavam os líderes da *APSA* que haviam apoiado a subordinação do futebol paulista à federação recém-fundada no Rio (*CBD*).

É possível, também, notar um desequilíbrio entre o grande peso atribuído por Antonio Figueiredo aos esportistas de origem inglesa, liderados por Charles Miller, quando ele descreve o início do futebol em São Paulo, e o quase nulo dado aos alemães, representados por Hans Nobiling. Não foi um descuido involuntário. O Brasil havia declarado guerra contra a Alemanha poucos meses antes do lançamento do seu livro e os comerciantes alemães da cidade boicotavam a publicidade n'*O Estado de S. Paulo*, desde que o jornal começou a defender um apoio político e militar aos países da Tríplice Entente (Reino Unido, França e Rússia). O *S. C. Germania*, clube fundado pelos alemães em 1899 e campeão em 1915, aparece como figurante de segunda ordem ao longo da obra. Ao passo que a *S. S. Palestra Itália* (atual *Sociedade Esportiva Palmeiras*), organizada em 1914 com os incentivos do empresariado italiano, é identificada por ele como protagonista, mesmo sem ter vencido nenhum campeonato - o primeiro viria somente em 1920. O tratamento desigual tem a ver com a troca de parceiros, esportivos e comerciais, ocorrida durante a Grande Guerra: entraram nos espetáculos os promissores italianos no lugar dos então antipatizados alemães.

Outra agremiação subavaliada por Figueiredo é o *S. C. Americano*, bicampeão em 1912-1913, o primeiro clube a vencer um visitante estrangeiro no Brasil, jogando contra os uruguaios, e a obter uma vitória fora do país, contra os argentinos. O *S. C. Americano* desapareceu em 1916 sem salvaguardar os seus documentos, como explica o autor. Ele lamenta várias vezes o desaparecimento de arquivos para justificar as lacunas de informações, tanto os da extinta *LPF*, quanto da maioria dos clubes filiados. Porém, não consta que Figueiredo tenha feito grandes esforços para entrevistar antigos dirigentes e jogadores e recolher informações orais sobre fatos tão recentes, tal como chega a afirmar. Aparentemente, as suas principais fontes de consultas foram mesmo os arquivos do jornal em que trabalhava, bem como as informações passadas pelo *C. A. Paulistano* e pelos seus colegas jornalistas.

Para o leitor de hoje é de grande importância ter o acesso direto às fontes primárias de um período tão distante. Pois essa é a única maneira de tentar ajustar, pelo menos em parte, as inevitáveis distorções e mitificações ocorridas ao longo de um século, nas sucessivas passagens e reinterpretações feitas por outros. O contato com os documentos da própria época permite localizar melhor e criticar a posição dos autores contemporâneos aos fatos, ler sem intermediários as palavras dos observadores diretos, perceber os sentidos dados nas "entre linhas" e constatar as ausências, conscientes e inconscientes. Mais do que isso, revisitar os textos antigos significa encontrar informações que passaram despercebidas, valorizar fatos que não despertaram o interesse dos leitores em outros momentos. A linguagem e o discurso utilizado por seus autores são reveladores das tensões culturais e esportivas presentes à época.

São as retomadas do passado que ajudam o historiador a interpretar permanentemente o presente. Acima de tudo, os escritos de outrora, ainda que de autores desconhecidos, são leituras muito agradáveis, elas sempre nos surpreendem pelos contrastes provocados pelo distanciamento no tempo.

O trabalho de organização deste livro contou com a participação de diversos pesquisadores. Agradecemos àqueles que, de diferentes maneiras, tornaram possível a publicação: Aline Pizzol, Ana Paula Fernandes, André Feres, Bruno Souza, Caio Lotufo, Daniela Rothfuss, Fabiana Ortiz, Marcelo Ricci, Victor Antonio, William Maranhão.

TEXTOS HISTÓRICOS

Hans Nobiling

Mario Cardim

Luiz Fonseca

Antonio Figueiredo

Primordios e dados historicos da implantação do futebol em São Paulo

Hans Nobiling

1937

G IV f, N. 14/137

12.049

RELATORIO DO VETERANO ESPORTISTA
HANS NOBILING
FUNDADOR DO S.C. GERMANIA
SOBRE A ORIGEM DO FUTEBOL EM S. PAULO:

Carta do referido esportista ao chronista Paulo ~~Varzea~~ Varzea, a proposito desse assunto, que está sendo motivo de um livro deste.

Amigo e Snr. Timbó, Sta. Catharina. 18/37
Respeitosas saudações:

Hoje mesmo remetto, ao nosso amigo sr. Leopoldo Villa Real, em carta registrada, o meu trabalho, aliás, modesto, sobre os primordios da implantação do futebol em S. Paulo. Aquelle sr. deverá entregal-o pessoalmente, depois de tel-o copiado á maquina.

Espero que este meu trabalho ajude bastante ao amigo no desempenho da bôa missão que se propoz, em relação aos esportes.

Creia o amigo que os dados que lhe forneço são absolutamente exactos, pois os tirei do meu copiador de cartas escritas naquela época. Só nalguns pontos, nos quaes não tenho lembrança, fiz restricções.

Meus dados vão até o começo de 1900. Se V.S. precisar de mais informes, alguns por exemplo, a respeito do 1º match do S.C.G. contra o Internacional, em maiados de 1900, e a respeito dos primeiros jogos do campeonato, em Maio de 1902, queira se dirigir ao sr. Villa Real, que facilmente poderá colhel-os no 1º livro de actas do ~~Internacional~~ Germania*, que tem séde nessa capital.

Incluso passo as suas mãos o desejado autographo, escrito por mim para o seu livro, que deve interessar aos futebolistas em geral, e cuja remessa fico esperando ansiosamente, pelo que desde já, lhe agradeço.

Queira o amigo endereçal-o, bem como qualquer corespondencia, ao meu endereço nessa capital de S.Paulo caixa postal 131, pois estou aqui apenas temporariamente, sendo por isso meu endereço aqui no sul sempre incerto, pelo que acredito que, dentro alguns mezes

1

---

* No original, o jornalista tentou fazer uma correção e trocou, equivocadamente, o nome deste clube para *Germania*. [N.E.]

Primordios e dados historicos da implantação do futebol em São Paulo

Hans Nobiling

Carta do referido esportista ao chronista Paulo Varzea a proposito desse assunto, que está sendo motivo de um livro deste.

Timbó, Santa Catharina. 10/8/37

Amigo e Sr.

Respeitosas saudações:

Hoje mesmo remetto, ao nosso amigo sr. Leopoldo Villa Real, em carta registrada, o meu trabalho, aliás, modesto, sobre os primordios da implantação do futebol em São Paulo. Aquelle sr. deverá entregal-o pessoalmente, depois de tel-o copiado á maquina.

Espero que este meu trabalho ajude bastante ao amigo no desempenho da bôa missão que se propoz, em relação aos esportes.

Creia o amigo que os dados que lhe forneço são absolutamente exactos, pois os tirei do meu copiador de cartas escritas naquela época. Só nalguns pontos, nos quaes não tenho lembrança, fiz restricções.

Meus dados vão até o começo de 1900. Se V.S. precisar de mais informes, alguns por exemplo, a respeito do 1°. *match* do S. C. G. contra o *Internacional*, em meiados de 1900, e a respeito dos primeiros jogos do campeonato, em Maio de 1902, queira se dirigir ao sr. Villa Real, que facilmente poderá colhel-os no 1° livro de actas do *Internacional*,* que tem séde nessa capital.

Incluso passo as suas mãos o desejado autographo, escrito por mim para o seu livro, que deve interessar aos futebolistas em geral, e cuja remessa fico esperando ansiosamente, pelo que desde já, lhe agradeço.

Queira o amigo endereçal-o, bem como qualquer correspondencia, ao meu endereço nessa capital de São Paulo caixa postal 131, pois estou aqui apenas temporariamente, sendo por isso meu endereço aqui no sul sempre incerto, pelo que acredito que, dentro alguns mezes eu já esteja de volta a São Paulo.

Foi tambem por esse motivo, que escrevi o meu autographo com data de São Paulo.

Agradecendo muito ao bom amigo a honra da collaboração, que me dispensou, aproveito o feliz ensejo para apresentar-lhe os meus mais sinceros cumprimentos e homenagens. Assino-me com elevada estima e consideração.

De. V. S.
Amo. Credo. Obro.

Quando cheguei em São Paulo, no dia 15 de Maio de 1897, o jogo de futebol era mesmo desconhecido por completo, bem como muito provavelmente em todo o Brasil. Unicamente na colonia ingleza paulistana jogavam-se cada ano, pelo que pude apurar, duas partidas de futebol, entre os quadros do *São Paulo Athletic Club* e, se não me engano, do *São Paulo Railway Cricket Club*, sendo uma partida de futebol *association* e outra de futebol *rugby*. Lembro-me que junto com uns poucos membros da colonia ingleza assisti a um desses jogos, e de *rugby*, que realizou, se não me engano, em Setembro de 1897, num campo do Bom Retiro, que era provavelmente o do S. P. R. C. C. (*São Paulo Railway Cricket Club*). O campo do S. P. A.

C. (*São Paulo Athletic Club*) naquela época era na chacara Dulley, no Bom Retiro, hoje rua Tres Rios, ali pela avenida Tiradentes. A honra de ter trazido para São Paulo, a primeira bola, para um jogo de futebol, cabe, a meu ver, sem duvida, ao sr. Charles Miller, quando este grande esportista chegou ao Brasil, em 1894. Foi decerto por iniciativa delle que estes dois jogos vinham sendo realisados há varios anos. Porem naquele tempo o principal esporte praticado entre os inglezes e filhos de inglezes era quase que exclusivamente o jogo de *cricket*, sendo que todas as partidas, as numerosas deste ultimo esporte, ou as poucas de futebol, eram assistidas somente por membros da colonia ingleza. Antes de vindo para o Brasil, pratiquei na Alemanha, em Hamburgo, o futebol e o athletismo, desde 1893, como socio do *S. C. Germania*, de Hamburgo, clube esse fundado em 1887, e que tinha levado durante muitos anos e até 1898, as suas cores preto e azul á victoria no campeonato de futebol de Hamburgo, dos primeiros e segundos quadros, sendo que deste eu tive a honra de ter sido o capitão de 1894-97. Minha chegada ao Brasil, nesta terra tão nobre e hospitaleira, que ficou desde aquele tempo no mais verdadeiro sentido da palavra sendo a minha querida segunda patria, verificou-se em Maio de 1897. Cheguei aqui em São Paulo com o proposito de fundar um clube que fosse uma especie de irmão do clube de Hamburgo, o *S. C. Germania*. Para esse fim, como amava muito os esportes, trouxe da Alemanha propositamente o que entendo por apetrecho de esportes á saber: uma bola, enfiador, camisa, calção, meias, botinas e demais apetrechos para o jogo de futebol, um apito, e alem disso, dois exemplares de estatutos, um do *S. C. Germania* de Hamburgo, e outra da *Liga Hamburgeza de Futebol*, fundada em Dezembro de 1901 os quais mais tarde ainda serviriam de base e modelo para os estatutos dos *Sport Club Germania* daqui e mais tarde da *Liga Paulista de Futebol*. Meu primeiro cuidado foi procurar jogadores de futebol, mas no principio tudo era em vão, pois quem se interessava pelo futebol naquele tempo era raro. E na propria colonia alemã nenhum havia praticado aquele jogo no paiz natal.

Fazer gymnastica, sim, mas jogar futebol ninguem queria aprender, somente em meiados de 1898 tive a sorte de encontrar alguns moços que já tinham praticado este esporte na Alemanha, e que aqui aportando logo concordaram em voltar a pratical-o. Pouco a pouco o numero de adeptos, como nós, desse esporte foi aumentado, e afinal em Dezembro de 1898 já eramos oito que treinavamos entusiasticamente. Todos os domingos e dias feriados, das 7 ás 9 horas de manhã, no campo da chacara Dulley, pertencente então ao *São Paulo Athletic Club*, que nol-o cedeu bondosamente. O nosso enthusiasmo era tão grande que algumas vezes treinavamos mesmo de noite, das 8 ás 10, quando a lua era cheia e iluminava bem aquelles descampados. Em meiados de Março de 1899, contavamos afinal com onze jogadores, dos quaes na verdade só alguns conheciam regularmente o jogo de futebol *association*. Assim nos dispuzemos a procurar adversarios a fim de que com elles nos medirmos. Encontramos os primeiros na turma dos alunos do Mackenzie College, os quaes, como nós, tambem havia pouco tempo tinham começado a praticar o futebol, chefiado pelo seu digno professor Augusto Shaw, que era tambem esportista. Porém só no ano 1900, estes ultimos fundaram a *Associação Athletica do Mackenzie College*. Aceito o desafio, de bom grado, foi marcado o dia 25 de Março de 1899 para o primeiro jogo. Este realizou-se no pequeno campo dos colegiaes, situado atraz do referido colegio. Porem por azar do nosso lado appareceram para o embate apenas nove jogadores, assim mesmo se dispuzeram a aceitar o encontro o quadro completo dos nossos adversarios. Os nossos jogadores eram os seguintes: Dunlop, Reneé Vanorden, Julio Villa Real, Rudolf Wahnschaffe, Antonio Campos, Nobiling (capitão), Otto Krischke, Ernest Ey e Carlos Brasche.

Penso que tomaram parte nesse jogo pelo *Mackenzie* os seguintes jogadores: Augusto Shaw (capitão), Robert Shalders, Alicio de Carvalho, José Sampaio, Belford Duarte, Mario Eppinghaus, Pedro Bicudo, Augusto Guerra e outros. Foram jogados dois tempos de 30 minutos. O resultado foi um empate de 0x0.

Os rapazes do *Mackenzie* superaram-nos na firmeza de seus chuts, graças a um treino diario, porem desconheciam ainda que o jogo tinha a sua tatica. Em 21 de Abril, teve lugar no nosso campo, o jogo returno contra o quadro colegial. Esta vez a nossa turma entrou em campo completa assim organisada: William Holland, Reneé Vanorden, Ernesto Ey, W. Witte, Alberto Savoy, Fr. Mikulasch, H. Nobiling (capitão), R. Wahnschaffe, Henrique Vanorden, Julio Villa Real, Frank Robottom. Terminou a partida com a nossa vitoria, a primeira do *S. C. Germania*. A contagem, como as forças eram eguaes, foi de 1x0, *goal* feito por mim. Logo depois, no dia 3 de Maio, já vamos á terceira partida, com o mesmo quadro do *Mackenzie*, no nosso campo. O nosso quadro era o seguinte: Julio Villa Real, Charles Holland, C. Brasche Dunlop, Alberto Savoy, Ernesto Ey, Nobiling, Edwards, H. Vanorden, William Holland, Frank Robottom. Desta vez houve um embate 1x1. O tento de *Mackenzie* foi feito por Shaw, enquanto o nosso fez por Robottom. Deante dos nossos successos deliberamos ousadamente desafiar os inglezes do S. P. A. C., desafio que foi logo aceito, sendo marcado o jogo no dia 29 de Junho, de 1899.

Escolhido foi como campo o novo do clube inglez, que vinha de se mudar para a rua da Consolação atras da caixa d'água. O nosso quadro nesse jogo era o seguinte: C. Brasche, C. Holland, R. Vanorden, J. Villa Real, Alberto Savoy, Ernesto Ey, H. Nobiling, Edwards, Robottom, Krischke, W. Holland.

Não me lembro bem qual foi o quadro dos inglezes, mas lembro que nelle figuraram os socios Miller, Boyes, Robinson, Jeffrey, White, Williamson, Crewe, Biddel, e outros. O resultado desse jogo foi uma derrota, aliás, digo honrado, de 1x0, da nossa parte contra os inglezes que tinham um quadro mais traquejado.

Assistiram a primeira partida uns 50 membros das colonias ingleza e alemã. Depois da 4° partida contra o *Mackenzie* no dia 14 de Julho cujo resultado foi outro empate de 1x1, seguiu-se o *match* revanche contra os inglezes a 30 de Julho, ainda no campo deles. O nosso *team* foi o mesmo e o deles actuou com uma turma poderosa.

Desta vez fomos derrotados por maior numero de pontos 4x1. Não era um resultado debacle nem deshonroso para nós, visto que o quadro inglez era composto de jogadores que haviam todos praticado o futebol na Inglaterra já no Collegio. As bolas usadas nesses jogos foram por mim mandadas vir da Alemanha, pois a conhecida casa Fuchs naquela época a única de artigos de esporte, na cidade, ao que parece, só começou a importar bolas de futebol em fins de 1899. Poucas semanas depois daqueles encontros, a 19 de Agosto de 1899 (é preciso que não se confunda que até então os quadros que jogavam o futebol aqui eram apenas quadros e não clubes, excepto o *team* inglez), efectuava-se na casa da sra. viuva Villa Real, á rua Senador Queiroz, 5, nesta capital, a primeira tão memoravel reunião convocada entre rapazes nacionaes e estrangeiros, amantes do futebol, para o fim de fundar um clube. Compareceram a essa reunião 21 pessôas, a saber: Leopoldo Villa Real, Julio Villa Real, Charles Holland, William Holland, G. Edwards, Henrique Vanorden, Reneé Vanorden, Carlos Brasche, Otto Krischke, Alberto Savoy, Ernest Ey, Antonio de Campos, Frank Robottom, Andrew Robottom, Kurt Hartling, G. Dunlop, Franz Mikulasch, José Souto Mayor, Hermann Wahnschaffe, Rudolf Wahnschaffe e Hans Nobiling. Deliberada a fundação, procedeu-se a votação para a escolha do seu nome. Houve duas propostas. Uma propondo a escolha do nome de *S. C. Internacional*, e outra a de *S. C. Germania*, sendo que esta foi feito por mim. Procedida a votação, que foi secreta, o resultado foi este: 15 votos a favor do nome Internacional, e 5 pelo nome de Germania, e 1 voto em branco. Este resultado foi para mim decepcionante uma vez que tanto eu trabalhara para a convocação dessa reunião e esperava que della sahisse triumphante o nome que eu suggeri para o clube. Vira desse modo meus esforços ditabicos [sic] de dois anos destroçados. Mas á simples resolução e resultado da votação fez logo se afastarem espontanea e cordialmente da reunião os dois irmãos Wahnschaffe e eu, em discordancia com o nome suffragado para a denominação do clube. Si cordialmente proseguiamos como amigos dos outros, esportivamente deles nos havíamos separado por ideas diferentes. Porem não desanimei, nem meus amigos Wahnschaffe. Proseguimos na ideia de fundar o *S. C. Germania* e o conseguimos dias depois, dezenove dias apenas, o que é prova de força de vontade e de tenacidade. E assim a 7 de Setembro de 1899, fundei com aqueles meus amigos, os dois irmãos Wahnschaffe, na casa do sr. Rudolf Wahnschaffe Junior, á rua da Moóca, esquina da av. Bavaria (hoje av. Presidente Wilson) o desejado *S. C. Germania* de São Paulo, como clube co-irmão do *Germania* de Hamburgo. Adoptamos para as suas cores as mesmas da veterana sociedade de Hamburgo, ou seja o preto e o azul. Afinal tínhamos alcançado o nosso objetivo. Eu principalmente rejubilei-me com isso. Mas faltava ainda muito que fazer para doptar o nosso clube daquillo que o fizesse uma grande sociedade esportiva. E para esse fim não poupei esforços, não medi sacrificios. Consegui, como os meus companheiros augmentar o quadro dos socios. Por fim nos fins de Dezembro de 1899, já tínhamos o nosso quadro completo treinando todos aos domingos e dias feriados no bello campo do *São Paulo Athletic Club*, gentilmente cedido, posto á nossa disposição pela digna diretoria daquele clube inglez, com a qual o *S. C. Germania* vinha mantendo as melhores relações. No começo do ano de 1900, mudamos a nossa praça de esportes para o campinho da Chacara Witte, bem ao lado da antiga chacara Dulley com o qual ficara por sua vez o *S. C. Internacional*. Nessa época jogamos então o nosso primeiro jogo com os nossos colegas dissidentes do *S. C. Internacional*. A partida foi jogada no campo deste. Como porem só pudemos apresentar um quadro desfalcado, com 9 jogadores, o *S. C. Internacional* gentilmente nos emprestou dois de seus elementos, se não me engano, os srs. Julio Villa Real e Otto Schloembach.

Perdemos para o *S. C. Internacional*. Essa partida serviu porem para reforçar mais nosso laços de amizade e a fundação do novo clube [serviu] para intensificar ainda mais a cultura do futebol em São Paulo. E se esta depois attingiu ao ponto que attingiu deve-o quase todo o seu desenvolvimento á rapaziada daquela época que se dividia entre os clubes *Athletic, Internacional, Mackenzie* e *S. C. Germania*. Dessa época para dizer o que tem sido o desenvolvimento do glorioso *S. C. Germania*, seria tarefa inútil tão conhecido está ele. E hoje posso dizer, com outros mais, que é ele um dos orgulhos das sociedades esportivas do Brasil, e particularmente de São Paulo. Força é reconhecer, entretanto, que o futebol *association* progrediu em São Paulo principalmente depois da fundação da *Liga Paulista de Futebol* em Dezembro de 1901, e para cuja fundação concorreram os clubes *Internacional, Paulistano, São Paulo Athletic, Germania* e *Mackenzie College*, e particularmente o veterano esportista Antonio Casemiro da Costa, que, aliás, foi o patrono da ideia de sua fundação. Os dois primeiros jogos do primeiro campeonato foram jogados no campo do Parque Antartica, que já era nesse tempo campo oficial do *S. C. Germania*. Isso foi no dia 3 de Maio de 1902 e essas primeiras partidas foram realizadas entre o *Mackenzie College* e o *S. C. Germania*, vencendo o primeiro, e depois entre o *S. C. Internacional* e o *S. C. Germania*, vencendo este ultimo. E aqui tem o amigo os primordios do futebol em São Paulo.

Guia de *football*

Mario Cardim e Luiz Fonseca

1906

Guia de Football

Doação do
Dr. Itibram M. Machado.
Residencia ___ Capital.

Ao collega e amigo Stibran Marcondes offerece o Goal-Keeper Leão Neto
13-4-08.

Propaganda de Sport

INTRODUCÇÃO

Servindo á propaganda da educação physica, se bem que modestamente, apparece em seu quarto anno de existencia o Guia de Football ao qual tão generoso acolhimento tem sido dispensado pelos footballers do Brazil.

Conforme ver-se-á do texto, saem publicados nesta quarta edição, trabalhos de muita valia para os que se dedicam ao salutar sport inglez, com os quaes o autor do GUIA procurou apresentar ao nosso meio sportivo o que de mais moderno e perfeito se lhe póde offerecer relativamente a football. E sinceramente deseja que os seus esforços possam corresponder á confiança e bondade que lhe tem sido dispensadas até hoje.

S. Paulo, Abril de 1906.

M. C.

G

BIBLIOTHECA MUNICIPAL S. PAULO

104107

UNICOS DEPOSITARIOS NO E. DE S. PAULO

HERM. STOLTZ & C.

RUA DO COMMERCIO, 21

S. PAULO 12

Estatutos da Liga Paulista de Football

Approvados em asssembléa geral extraordinaria de 9 de Abril de 1906.

ART. 1.º—A Liga Paulista de Football, com séde na Capital do Estado de S. Paulo, será regida por estes Estatutos e compor-se-á de clubs que a elles se submettam. A Liga terá por fim: *a*) organisar campeonatos de primeira e segunda classe, sendo estes considerados supplementares dos primeiros, e conferir ao club vencedor de tres provas annuaes, consecutivas uma taça como premio; *b*) manter a harmonia entre os clubs colligados, que estarão sob a sua immediata fiscalisação; *c*) deliberar, sobre todos os assumptos que a interessarem procurando por todos os meios a propria prosperidade e a do jogo de football «association». Da Liga e seus fins

ART. 2.º—A administração da Liga ficará a cargo de uma Directoria e de um Conselho constituidos pelos representantes dos clubs filiados, não podendo um representante accumular as duas funcções, salvo a excepção do art. 3.º Da administração da Liga

ART. 3.º—A Directoria compor-se-á de um presidente, um vice-presidente, um 1.º e um 2.º secretarios e um 1.º e um 2.º thesoureiros eleitos na conformidade destes estatutos, reelegiveis e aptos para funccionar *ex-officio* junto ao Conselho e ás commissões por este nomeadas. Da Directoria e suas attribuições

§ 1.º—São attribuições do presidente: *a*) representar a Liga em todos os seus actos; *b*) convocar as reuniões da Directoria e do Conselho dirigindo os respectivos trabalhos; *c*) executar e fazer executar estes Estatutos e os regulamentos especiaes, tornando effectivas as cobranças de multas, determinando a fiscalisação dos *matches* officiaes e promovendo tudo quanto for resolvido pela Directoria e pelo Conselho; *d*) apresentar á assembléa geral ordinaria um relatorio dos trabalhos annuaes acompanhado de uma resenha das provas do campeonato.

§ 2.º—O vice-presidente substitue o presidente em sua ausencia ou impedimento.

§ 3.º—São attribuições do 1.º secretario: a redacção das actas, a correspondencia, a guarda do archivo e o mais que se referir ao expediente da secretaria. Substituirá o presidente ou o vice-presidente quando impedidos.

§ 4.º—São attribuições do 1.º thesoureiro: a arrecadação e guarda dos fundos da Liga; o pagamento das despezas autorisadas pelo presidente; a apresentação de um balancete demonstrativo da situação financeira da Liga, com os documentos que o comprovem, à assembléa geral annual ou quando extraordinariamente o exigir o Conselho, sendo que, no primeiro caso, a cada um dos clubs colligados deve enviar uma copia do balancete, 10 dias antes da sua apresentação em assembléa.

§ 5.º—O 2.º secretario e o 2.º thesoureiro são os substitutos legaes do 1.º secretario e do 1.º thesoureiro e os auxiliarão no desempenho de seus cargos.

§ 6.º—No caso de ausencia ou impedimento do 2.º secretario ou do 2.º thesoureiro, o presidente designará quem, dentre os membros do Conselho, os substitua *provisoriamente*.

ART. 4.º—Os membros da Directoria serão escolhidos entre os representantes enviados á assembléa geral ordinaria pelos clubs colligados.

§ UNICO—Em caso de demissão de um membro da Directoria, proceder-se-á á eleição de seu substituto, em assembléa geral extraordinaria, para esse fim convocada.

Do Conselho e suas attribuições

ART. 5.º—O Conselho compor-se-á dos representantes que na assembléa geral annual os clubs acreditarem junto á Liga por meio de officio.

§ UNICO—Quando impedido um representante (membro do Conselho) o club a que elle pertencer communicará á Liga, com a devida antecedencia, qual o seu substituto.

ART. 6.º—Em primeira convocação o Conselho só poderá deliberar com a presença de dois terços de seus membros e em segunda com qualquer numero, sendo de sua competencia: *a*) conhecer da rigorosa observancia destes Estatutos e regulamentos; *b*) deliberar sobre quaesquer questões suscitadas pelos clubs colligados que, nesse caso, não terão voto no Conselho; *c*) impor a todos os que estiverem sob a sua juridicção as penas estabelecidas por estes Estatutos e regulamentos; *d*) organisar regulamentos para a admistração da Liga e determinar a publicação dos Estatutos, regras e regulamentos devidamente authenticados; *e*) nomear commissões e sub-commissões, quando julgue necessario, podendo a ellas delegar todos ou parte de seus poderes; *f*) commutar e perdoar as penas que tiver imposto sendo indispensavel para o perdão a maioria de seus membros presentes; *g*) designar datas, campos, juizes de *goal*, *referees* (extranhos aos clubs interessados) para os *matches* officiaes, quando assim o solicitarem os clubs colligados em desaccordo a respeito; *h*) resolver, emfim, sobre todos os assumptos que interessem a Liga e sobre as omissões e interpretação destes Estatutos, regras do jogo de football «association» e regulamentos.

§ Unico—As resoluções do Conselho obrigam a todos os que estiverem sob a sua jurisdicção e só poderão ser modificadas pela maioria de dois terços de uma assembléa geral, para a qual terão direito de recorrer os que com ellas se não conformarem.

Art. 7.º—Antes do fim de fevereiro de cada anno, reunir-se-á a assembléa geral ordinaria, á qual cada club deverá enviar, alem do representante que por elle funccionará no Conselho durante o anno, mais um outro, supplementar, com direito de voto. Das assembléas.

§ 1.º–Em primeira convocação a assembléa só funccionará com dois terços de seus membros e em segunda com qualquer numero.

§ 2.º—São attribuições da assembléa geral annual: *a*) eleger a Directoria da Liga dentre os representantes enviados pelos clubs; *b*) conhecer da prestação de contas do thesoureiro, dos actos da Directoria e do Conselho; *c*) deliberar sobre a omissão, alteração ou reforma dos Estatutos, regras ou regulamentos, sendo que, para a reforma, deverão votar a favor dois terços dos representantes presentes; *d*) discutir e votar quaesquer propostas de interesse da Liga; *e*) designar quem presida ás assembléas, quando o presidente e seus substitutos se declararem impedidos; *f)* demittir os directores e membros do Conselho sempre que julgue necessario ao bom andamento dos negocios da Liga, facultando-lhes previamente os meios de defesa; *g)* resolver sobre os recursos interpostos dos actos da Directoria e do Conselho, vigorando sempre em relação aos clubs o final da letra *b* do artigo 6.º; *h)* determinar o numero de clubs que tenham de disputar a prova desse anno

Art. 8.º—Quando convocada pelo presidente, pelo Conselho, ou em virtude de pedido assignado por metade dos clubs filiados, reunir-se-á a assembléa geral extraordinaria, com todas as faculdades do art. 7.º § 2.º excepto as letras *a* e *h*.

§ 1.º—A esta assembléa applica-se a ultima parte do art. 7.º e seu paragrapho.

§ 2.º—As assembléas geraes, como quaesquer reuniões extraordinarias, deverão ser convocadas com antecedencia de 5 dias, devendo o secretario communicar aos clubs qual o assumpto de que se tratará.

Art. 9.º—O club que, em assembléa geral annual ou extraordinaria, tiver de apresentar qualquer proposta importante deverá, com antecedencia de 10 dias, communical-a ao secretario, para que este proceda na conformidade do final do § 2.º do art. antecedente.

Art. 10.º—Tanto no Conselho como nas assembléas geraes, os membros da Directoair não têm voto, a excepção do presidente, que tem o de Minerva.

Art. 11.º—As reclamações, queixas ou recursos que se fizerem ao Conselho, deverão ser acompanhados de Rs. 50$000, não sendo essa importancia restituida si taes reclamações, queixas ou recursos forem julgados futeis ou pueris.

Art. 12.º—Os representantes dos clubs que tiverem levantado questões perante a Liga, não poderão votar nas reuniões em que dellas se tratar, podendo, entretanto, comparecer e tomar parte nas discussões, até o momento da votação. Caso o presidente ou seu substituto em exercicio, pertençam a algum dos clubs em questão, resignará o cargo até que se decida a mesma.

Da admissão de novos clubs

ART. 13.º—Para que um club possa filiar-se á Liga deverá: *a*) provar a sua existencia regular, enviando-lhe os seus Estatutos em vigor; *b*) provar que joga *football association* de conformidade com as regras por ella approvadas; *c*) provar que possue um campo com as dimensões legaes e amplas commodidades para os *teams* visitantes; *d*) designar quaes as cores com que jogarão os seus *teams* e o modo por que estão dispostas no uniforme; *e*) designar o domicilio do presidente e do secretario; *f*) juntar ao pedido de admissão um recibo do thesoureiro da Liga, pelo qual se verifique o pagamento da taxa de inscripção, na importancia de 50$000; *g*) enviar uma lista de seus jogadores.

§ 1.º—Caso algum club filiado, deixe de cumprir a disposição acima, o Conselho poderá suspendel-o ou tomar qualquer outra deliberação conveniente.

§ 2.º—Para o effeito do paragrapho anterior, como para o da letra *c* do artigo antecedente, o Conselho procederá a minuciosa investigação no campo do club suspeito de infractor.

ART. 14º.—De 1.º a 15 de março de cada anno será aberta, por edital, a inscripção para os clubs candidatos á filiação, que deverão satisfazer as exigencias do art. 13.º

§ 1.º—Apresentando-se só um candidato, será filiado si bater o club da Liga collocado em ultimo logar na prova annual anterior e satisfizer as demais condições exigidas por estes Estatutos. Si o numero de clubs prefixados, de que trata a letra *h*, do art. 7.º, § 2.º for o já existente, o club candidato, no caso acima, substituirá o da Liga.

§ 2.º—Tratando-se de mais de um club candidato á filiação, deverão disputar entre si, successivamente, e o vencedor será filiado se satisfizer as exigencias do § 1.º do art. anterior.

§ 3.º—Havendo a assembléa geral annual determinado o augmento de um club, só será admittido a filiação o que vencer o club da Liga, de conformidade com o disposto no § 1.º do art. 14.º Si o numero for augmentado para mais de um, os candidatos sujeitar-se-ão ás provas de eliminação e, na ordem em que ficarem, terão de cumprir o § 1.º do art. 14.º

§ 4.º—Em qualquer dos casos dos paragraphos anteriores, para determinar o resultado dos jogos, applica-se, quando necessario, a disposição final do art. 22.º

§ 5.º—A Liga póde recusar a inscripção de qualquer club cujo nome julgue não ser apropriado.

Art. 15.º—Em 15 de março de cada anno o Conselho reunir-se-á para fixar a data das provas exigidas pelo art. 14.º e seus paragraphos não podendo tomar parte nos *matches*, sinão os jogadores inscriptos nas condições do artigo 13.º letra *g*.

Art. 16.º—Com permissão do Conselho as provas de eliminação poderão realizar-se fóra da Capital, ficando os clubs responsaveis pelas despezas de viagem e hospedagem dos representantes da Liga.

Art. 17.º—Satisfeitas as exigencias dos arts. 13.º, 14.º e seus paragraphos, o club que tiver de filiar-se pagará a taxa de 200$000 a titulo de joia e a de 60$000 como contribuição annual, a que ficam sujeitos todos os clubs colligados.

§ 1.º—Os clubs da Liga que forem substituidos por clubs candidatos, não serão obrigados a pagar taxa de inscripção e de joia, si pretenderem e conseguirem reentrar para a Liga.

§ 2.º—As taxas referidas no artigo acima deverão ser pagas tres dias antes do primeiro *match* de cada prova annual do campeonato, *considerando-se desligados os clubs infractores*.

Do Campeonato

Art. 18.º—Cada club terá que jogar dois *matches* com os demais, sendo uma vez em seu campo e outra no campo adversario, salvo mutua combinação, até que a Liga possua um campo neutro para nelle serem disputados todos os *matches* officiaes.

Art. 19.º—Cada club enviará á Liga, até fins de março de cada anno, as datas escolhidas para os seus *matches*. Caso surjam duvidas a este respeito, entre os clubs, fixalas-á o Conselho. As datas marcadas serão intransferiveis. Quando um dos clubs não comparecer no logar, dia e hora designados para o *match*, este será considerado ganho pelo club que comparecer. Se nenhum comparecer, considerar-se-á o *match* como perdido tanto para um como para outro. Nos *matches* de campeonato poderão os clubs cobrar entrada ao publico, uma vez que o producto dellas seja destinado a occorrer ás despezas dos mesmos ou ao patrimonio social e entre elles dividido em partes eguaes. Nunca, porém, sob qualquer pretexto, poderão os *matches* de campeonato constituir objecto de exploração por parte de qualquer individuo, empreza ou associação, salvo quando, por combinação entre os clubs, fôr o producto das entradas destinado a fim de beneficencia.

Art. 20.º—As provas do campeonato começarão em principios do mez de maio de cada anno e os *matches* marcados só poderão ser adiados por motivo de grande relevancia, a juizo dos representantes da Liga encarregados de fiscalizal-os.

§ Unico—O club que, infringindo este artigo, deixar de disputar tres *matches* consecutivos, será considerado desligado, ficando nullos os *matches* já jogados.

Art. 21.º—O club vencedor de uma prova annual receberá uma taça, pela qual fica responsavel e terá posse definitiva dessa taça aquelle que for vencedor de tres provas consecutivas.

Art. 22.º—Para a classificação serão contados os pontos da maneira seguinte:

Match ganho — dois pontos.
Match empatado — um ponto.

Havendo empate no resultado final, jogar-se-á um match de desempate. Se findos os dois tempos não ficar decidida a victoria, o *match* será prolongado por espaço de tempo não superior a trinta minutos. Se terminada essa prorogação, continuar o empate, será marcado um outro *match*, em outro dia, observando-se o disposto acima. E assim, por deante, emquanto houver empate.

ART. 23.º—Até 1.º de abril de cada anno deverão os clubs colligados enviar uma relação dos nomes por extenso e appellidos dos seus jogadores, por ordem alphabetica, á Liga que determinará o seu registo pelo secretario, em um livro especial, remettendo copia da relação aos demais clubs. Só depois de 30 dias da data da apresentação da referida relação, é que os jogadores poderão tomar parte nos *matches* officiaes. Fica prohibido de jogar em taes *matches* quem não tenha o seu domicilio neste Estado, ha mais de 30 dias.

§ 1.º—E' permittida a inscripção de novos jogadores em qualquer época do anno.

§ 2.º—Os jogadores já inscriptos na Liga, isto é, os domiciliados no E. de S. Paulo, quando tiverem de se ausentar, por mais de 3 mezes, dever-lhe-ão enviar uma communicação, sob pena de incidirem na disposição final do art. 23.º

ART. 24.º—Os *matches* em que tomarem parte jogadores não inscriptos, contra a disposição do artigo anterior, e os que estiverem cumprindo penas ou aguardando, a respeito decisão da Liga, serão considerados perdidos para os clubs, em cujos *teams* tomem parte taes jogadores. Além disso ficarão mais esses clubs sujeitos á multa de Rs. 50$000 e ao desconto de dois pontos do resultado total dos que obtiverem na prova annual.

ART. 25.º—Terminada uma prova annual, o Conselho poderá consentir na transferencia de um jogador para outro club, si elle apresentar motivos de grande relevancia, a juizo do mesmo Conselho. Todo o pedido de transferencia deverá ser acompanhado da importancia de Rs. 25$000.

§ UNICO—Concedida a transferencia o jogador só poderá jogar quinze dias depois da data da resolução do Conselho.

ART. 26.º—Os jogadores de clubs que se desliguem ou se disolvam no decorrer de uma das provas annuaes do campeonato, não poderão tomar parte nos *matches* dessa mesma prova, jogando por outros clubs.

Art. 27.º—Os jogadores que houverem jogado um *match* não poderão tomar parte em outro no mesmo dia, sendo que os *matches* de segundos *teams* deverão sempre ser jogados antes dos de primeiros.

Art. 28.º—As reclamações a respeito dos *matches* não póderão ser feitas durante o jogo e sim, depois, dentro de tres dias. *Uma vez iniciado o jogo nenhum* team *poderáretirar-se do campo, sob pretexto algum sob pena de ser considerado vencido e sujeito á multa de Rs. 100$000.*

Art. 29.º—Das decisões dos juizes caberá recurso para o Conselho. recurso que deverá ser feito por escripto, dentro do prazo de tres dias da occurrencia. Desse recurso, o club que o fizer, scientificará ao seu competidor interessado e ao juiz de cuja decisão recorreu.

Art. 30.º—Terminada uma prova annnal a Liga promoverá uma festa solenne para a entrega da taça ao club vencedor. O producto da renda, dessa festa, reverterá em beneficio de seus cofres

Das penas

Art. 31.º—A infracção destes Estatutos, das regras e dos regulamentos, será punida do seguinte modo, segundo a gravidade da falta devidamente comprovada: *a*) advertencia verbal; *b*) advertencia por escripto; *c*) multa de 10$000 a 100$000; *d*) expulsão do campo; *e*) suspensão por 1 a 6 mezes; *f*) suspensão por um anno ou por um campeonato, isto é, emquanto for disputada uma taça; *g*) eliminação da Liga ou dos seus *matches*. São competentes para applicar as penas: das letras *a* e *d*, os *referees; a, b c* e *d*, o presidente da Liga; *a, b, c, d, e, f* e *g* o Conselho.

Art. 32.º—A pena de eliminação só será imposta quando sufficientemente provada uma falta de certa gravidade, ou quando reincidente o culpado (de faltas graves), a juizo do Conselho, que permittirá a defeza da parte interessada, por si ou por pessoa legalmente auctorizada. Da decisão do Conselho haverá recurso para uma assembléa geral, em que tambem se garantirá a defeza.

ART. 33.º—Sufficientemente provado a juizo do Conselho o suborno de um jogador, será elle eliminado, assim como quem o subornou, si estiver sob a jurisdicção da Liga.

ART. 34.º—Jogador a quem sejam applicadas penas não poderá tomar parte em *matches officiaes* de campeonato, emquanto não as cumprir, ou emquanto pender decisão da Liga a respeito.

§ Unico.—O jogador que jogar um *match* official por um club, não mais poderá jogar por outro, salvo permissão do Conselho de accordo com o art. 25.º

ART. 35.º -Perante o Conselho são responsaveis os clubs filiados pelos actos de seus jogadores ou socios, cumprindo-lhes tomar todas as providencias ao seu alcance, com o fim de evitar ameaças, insultos ou quaesquer outras manifestações indelicadas durante os jogos. Os clubs filiados devem evitar por todos os meios possiveis o *uso de palavras grosseiras, ou manifestações desagradaveis, por parte dos espectadores. Em caso de contravenção deste artigo os jogadores, socios ou expectadores, serão convidados a retirar-se não se devendo poupar esforços para se conseguir tal desideratum.*

ART. 36.º—A Liga não admittirá em seus *matches* jogadores profissionaes, ou individuos, cuja reputação seja notoriamente duvidosa. Consideram-se profissionaes aquelles que recebam remuneração de qualquer especie, salvo os gastos de viagem. O Conselho tendo conhecimento e provas de infracção deste artigo, por parte de qualquer club colligado, excluirá taes jogadores, scientificando os demais clubs e imporá ao infractor as penas que julgar de justiça.

ART. 37.º—Os *captains* dos *teams*, antes de começar o match, deverão entregar aos fiscaes da Liga uma relação dos nomes por extenso e appellidos dos jogadores que nelle houverem de tomar parte.

§ UNICO.—Por omissão no cumprimento desta disposição, o *captain* ficará sujeito a uma multa de Rs. 10$000.

ART. 38.º—Os directores e membros do Conselho que não comparecerem a duas reuniões consecutivas, sem causa justificada, serão considerados como exonerados.

ART. 39.º—Os que se recusarem ao cumprimento de qualquer pena imposta por quem de direito, serão considerados eliminados da Liga.

ART. 40.º—Quando um club filiado impuzer penas a seus jogadores ou socios, e quizer que aos mesmos sejam applicadas disposições destes Estatutos, a juizo doConselho, poderá leval-as, até cinco dias, depois da occurrencia ao conhecimento do mesmo Conselho.

ART. 41.º—A Liga Paulista de Football adopta as seguintes decisões: *a*) qualquer jogador que abandonar o campo durante o jogo, (salvo por accidente) sem o consentimento do juiz, será culpavel de mau comportamento e punido de conformidade com o art. 31; *b*) um jogador suspenso não poderá servir como *linesman* ou juiz emquanto durar a sua suspensão; *c*) é dever dos membros do Conselho, representantes da Liga, juizes, etc., notificar sem demora ao Conselho qualquer infracção dos Estatutos, regras ou regulamentos de que tiverem conhecimento; *d*) qualquer desrespeito ao juiz, fóra do campo, será considerado como se fôra commettido no campo; *e*) toda pessoa que não for jogador, juiz, representante da Liga ou *linesman*, não será admittida no campo sem previo consentimento do juiz.

Dos juizes

ART. 42.º—O Conselho creará immediatamente um quadro de *referees*, que deverão ser submettidos a exame. Os approvados formarão o quadro de *referees* officiaes, entre os quaes os clubs terão de escolher e convidar o que deva servir em seus *matches*, communicando ao presidente da Liga, até tres dias antes daquelle em que se deva realizar o jogo. Si houver desaccordo quanto a essa escolha, o presidente ou os representantes da Liga designarão um dentre os do quadro, extranho aos clubs interessados, sientificando-o verbalmente ou por escripto, até momentos antes de iniciar-se o *match*. O *re-*

feree designado, não se poderá recusar a servir, salvo motivo justificado, devendo comparecer pontualmente, sob pena de multa de Rs. 20$000.

§ Unico.—O Conselho poderá dispensar de exame os que, a seu juizo, sejam conhecedores de todas regras do football «association».

Art. 43.º—Os representantes da Liga encarregados de fiscalizar os *matches*, servirão como juizes de goal e de tempo e, si faltarem sem causa justificada, ficarão sujeitos á multa de Rs. 20$000.

§ Unico.—Quando não compareçam os representantes citados, os membros da Liga, presentes, a pedido dos clubs, indicarão os seus substitutos, observando-se o estabelecido no artigo acima.

Disposições geraes.

Art. 44.º—A Liga poderá promover jogos em beneficio de seus cofres. O que arrecadar será destinado a construcção de sua séde e acquisição por qualquer titulo de um campo neutro.

Art. 45.º—No caso de dissolução da Liga o Conselho resolverá previamente sobre o destino mais conveniente a ser dado aos seus bens.

Art. 46.º—Estes Estatutos, de que farão parte integrante as regras e regulamentos approvados pelo Conselho, entrarão em vigor logo após a sua approvação e deverão ser publicados no prazo maximo de 30 dias, em folhetos.

Art. 47.º—As resoluções sobre os casos omissos tomadas pelo Conselho, ou pela assembléa geral, terão força obrigatoria, logo depois de publicados pela imprensa, com assignatura do presidente.

Art. 48.º—Um club, uma vez colligado, não poderá mudar de nome ou de cores, filiar-se ou fundir-se a qualquer outra associação sportiva sem a necessaria approvação do Conselho.

§ 1.º—Para o fim do artigo anterior é necessaria uma communicação do club interessado ao Conselho, firmada pelo presidente da directoria.

§ 2.º—Approvada a fusão terá o club interessado de contribuir com a taxa de 100$000. Esta taxa será applicada em todos os casos de alteração da inscripção primitiva.

Art. 49.º—Um club colligado não poderá tomar parte em jogos organisados por outras Ligas, sem previa autorisação do Conselho.

Art. 50.º—A Liga poderá conferir o titulo de membro honorario áquelles que lhe façam donativos de quantia nunca inferior a Rs. 500$000 e aos que lhe hajam prestado valiosos serviços. Os membros honorarios terão franco ingresso em todos os *matches* da Liga.

Art. 51.º—Os clubs colligados não respondem solidaria ou subsidiariamente, pelas obrigações contrahidas pela Liga.

§ Unico.—A Liga é responsavel pelas obrigações contrahidas pelo seu presidente, o qual, por ellas responderá perante o Conselho.

Art 52.º—A Liga é activa e passivamente representada, em juizo ou fóra delle, por seu presidente, ou por quem exercer esse cargo, na forma dos Estatutos.

Art. 53.º—Revogam-se todas as disposições, em contrario.

A Commissão : { Numa de Oliveira.
Mario Cardim.
Luiz Silveira.

Approvada a redacção final em Assembléa Geral Ordinaria, de 20 de Abril de 1906.

BENTO VIANNA ANTONINO MASSARIOL NICOLAU MARMO	Pelo Sport Club Internacional
C. F. TAMKINS R. WILLIAMSON C. LAWÉ	Pelo S. Paulo Athletic Club
DR. GUILHERME RUBIÃO IBANEZ SALLES DR. MARIO CARDIM	Pelo Club Athletico Paulistano
ADHEMAR DE MORAES FABIO LOUREIRO HENRIQUE RUFIN	Pela Associação Athletica do Mackenzie College
ARTHUR RAVACHE C. BRASCHE H. NOBILING	Pelo Sport Club Germania
JORGE COLLET E SILVA JOÃO C. MONTEIRO DR. LUIZ SILVEIRA	Pela Associação Athletica das Palmeiras

DIRECTORIA DA LIGA

DR. ARMANDO PRADO, *Presidente*
C. MILLER, *Vice-presidente*
DR. GUILHERME RUBIÃO, *Secretario*
ARTHUR RAVACHE, *Thesoureiro*

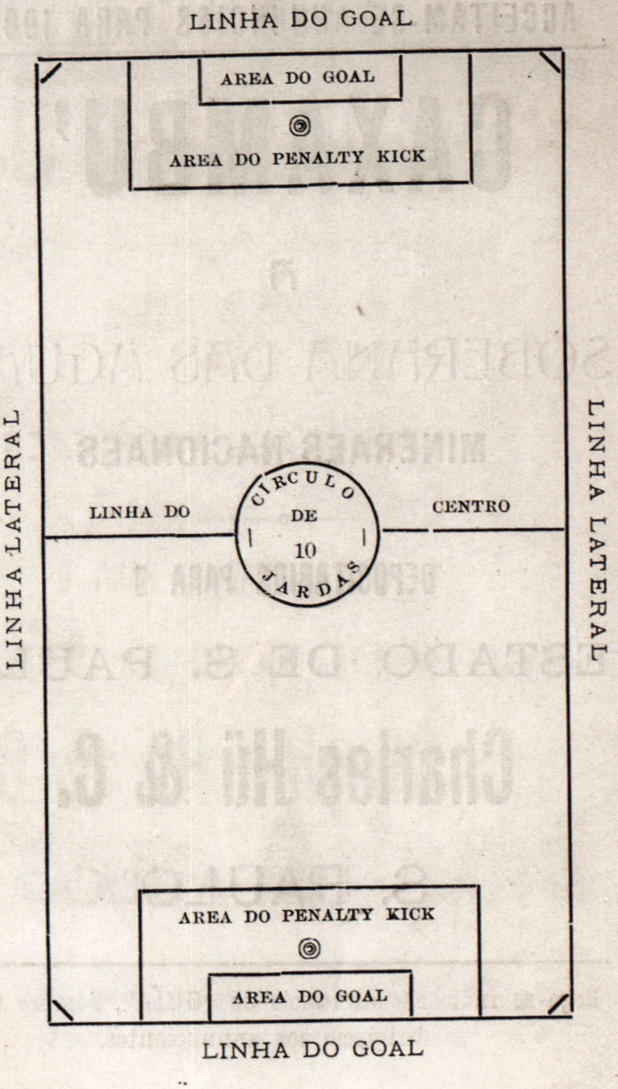

CAMPO DE FOOTBALL

ACCEITAM-SE ANNUNCIOS PARA 1907

CAXAMBU'

A

SOBERANA DAS AGUAS

MINERAES NACIONAES

DEPOSITARIOS PARA O

ESTADO DE S. PAULO

Charles Hü & C.

S. PAULO

Roga-se indicar o annuncio do "GUIA", sempre que se dirigirem aos annunciantes.

Casa Allemã

16-18, RUA DIREITA

SECÇÃO DE

ARTIGOS PARA HOMENS

Artigos Finos!

ULTIMAS NOVIDADES

Casa Allemã

16-18, RUA DIREITA

Regras para o jogo de Football Associação

Approvadas pelo Conselho da "Football Association" de Londres,

TEXTO DAS REGRAS

1.ª REGRA

Numero de jogadores — O jogo deve ser disputado por dois partidos de onze jogadores cada um.

Dimensões do campo — O campo do jogo deve ter a forma de um rectangulo, conforme mostra a figura da pag. 15 e tendo as seguintes dimensões: comprimento maximo, 130 jardas (118m82), minimo, 100 jardas (91m40), largura maxima, 100 jardas (91m40), minima, 50 jardas (45m70).

Idem — O campo do jogo é formado pelas linhas dos *goals* e do *touch*, as quaes, na sua intersecção devem formar angulos rectos. As linhas dos *goals* são as das extremidades e as do *touch* são as lateraes. Os quatro cantos do campo devem ser indicados por bandeiras, em estacas da altura minima de 1m50, A sua metade deve ser marcada por uma linha traçada parallelamente ás linhas do *goal*, assim como o centro deve ser indicado por uma marca visivel, em roda da qual deve ser traçada uma circumferencia, com o raio de 10 jardas (9m14).

e respectivas instrucções para juizes.

e pela Liga Paulista de Football para vigorarem durante o anno de 1906

INSTRUCÇÕES PARA OS JUIZES

O Juiz deve recusar sua sancção ao jogo caso o estado do campo offereça perigo aos jogadores. Quanto ao tempo deve seguir o seu livre julgamento mas, sem razões ponderosas, não deve impedir a sua realisação.

As bandeiras collocadas em pequenas estacas são perigosas; é por isso que se recommenda uma altura minima de um metro e cincoenta. Não se devem permittir mais que quatro bandeiras das quaes uma em cada canto.

O juiz não deve permittir que qualquer bandeira seja removida *mesmo que tal se pretenda fazer com o fim de facilitar o corner-kick.*

TEXTO DAS REGRAS

1.ª REGRA (*Continuação*)

Os goals

Cada *goal* deve ser feito de postes fincados verticalmente na respectiva linha á egual distancia das linhas de *touch*, á 8 jardas [7m32] um do outro e ligados em suas extremidades superiores por uma barra transversal, á altura de 8 pés [2m40] do solo. Tanto a largura dos postes, como a da barra que os liga, não deve exceder á 5 pollegadas [12 centimentos]

A area do goal e da penalidade

A' distancia de 6 jardas [5m48] de cada poste de *goal*, e formando, com a linha deste, angulos rectos, devem ser traçadas outras do comprimento de 6 jardas [5m48], tendo as extremidades ligadas por uma linha parallela á linha do *goal*. O espaço comprehendido por ellas é a area do *goal*. Da mesma maneira mas a distancia de 18 jardas [16m45] de cada poste de *goal*, e formando com a linha deste, angulos rectos, devem ser traçadas linhas do comprimento de 18 jardas [16m45], com as extremidades ligadas por uma outra parallela á linha do *goal*. O espaço comprehendido por ellas é a area da penalidade *(penalty area)*. Uma marca apparente deve ser feita defronte do centro de cada *goal*, a 12 jardas (11 metros) da respectiva linha; será o logar do *penalty-kick*.

INSTRUCÇÕES PARA OS JUIZES

O Juiz deve advertir ao jogador que *propositalmente* deslocar uma bandeira de demarcação, poste de *goal*, ou sua barra transversal ordenando a sua retirada do campo caso reincida.

TEXTO DAS REGRAS

1.ª REGRA (*Continuação*)

A bola

A circumferencia da bola deve variar entre 68 e 70 centimetros e no começo do jogo deve pesar de 372 a 430 grammas.

O seu envolucro deve ser de couro não sendo permittido em sua fabricação o emprego de material que possa causar perigo aos jogadores.

Matches internacionaes

As dimensões do campo de jogo em *matches* internacionaes, devem ser: comprimento maximo, 120 jardas [109^{m}60]; minimo, 110 jardas [100^{m}54]; largura maxima, 80 jardas (73^{m}12); minima 70 jardas [63^{m}98].

2.ª REGRA

Duração do jogo

O jogo deve durar 90 minutos, salvo mutua combinação.

Escolha dos goals

O partido favorecido pela sorte tem o direito a optar pelo ponta-pé inicial *(kick-off)* ou escolha do *goal*.

INSTRUCÇÕES PARA OS JUIZES

O juiz deve tomar nota do tempo perdido, em consequencia de accidente ou de outra qualquer causa, e, caso prolongue o jogo é bom que os *captains* sejam avisados.

Se o juiz não for avisado pelos *captains* de qualquer combinação feita quanto á duração do jogo deve, ordinariamente, deixar que este se prolongue até decorridos 90 minutos.

O juiz não tem poderes para modificar as regras do jogo, quanto á sua duração, uma vez que esta já está nellas estabelecida.

Notae bem qual o *team* que deu o *kick-off*. (Vide as instrucções á regra n. 13)

TEXTO DAS REGRAS

2.ª REGRA (*Continuação*)

Kick-off — O jogo deve ser iniciado por um porta-pé na bola collocada no centro do campo do jogo em direcção á linha do *goal* opposto; os adversarios não se podem della approximar mais de 10 jardas [9^m14] antes que seja jogada e tambem nenhum dos jogadores de qualquer dos lados poderá passar além da linha do centro, antes desse ponta-pé [1].

3.ª REGRA

Intervallo — Não é permittido mudar de *goal* antes do intervallo, o qual, a não ser com consentimento do juiz, nunca deve exceder á 5 minutos.

Feito um *goal*, o lado que perdeu tem direito ao ponta-pé inicial *(kick-off)*, mas depois do intervallo, terá este direito o partido opposto áquelle que o teve no começo do jogo, sempre de conformidade com as disposições da regra 2.ª

4.ª REGRA

Modo pelo qual é feito um goal — A' excepção dos casos previstos por estas regras, será feito um *goal*, quando a bola passar entre os seus postes, por baixo da barra transversal, não tendo sido atirada, batida ou carregada pelas mãos de um jogador do partido que ataca.

[1] Caso não seja cumprida esta regra o jogo deverá ser recomeçado.

INSTRUCÇÕES PARA OS JUIZES

O juiz deve notar que não deve punir a infracção a esta regra com um *free-kick*. E' de seu dever exigir que o *kick off* seja dado em direcção ao *goal* opposto, não admittindo os ponta-pés para traz ou qualquer movimento para diante. Todo o jogador que transpuzer o terreno adversario antes do *kick-off* será advertido e insistindo expulso do campo.

Depois que a bola for posta em jogo, correctamente, pode ser jogada em qualquer direcção.

Se o juiz julgar que a bola não deu uma volta completa sobre si mesma ou não andou uma distancia equivalente á sua circumferencia, [isto é, 68 ou 69 cents.] deve collocal-a de novo no centro do campo e fazer dar o *kick-off*.

O juiz tem autoridade para empedir qualquer perda de tempo inutil e proposital. [Vide s regra n. 13].

As palavras «*não tendo sido atirada*», comprehendem, tambem, o *throw-in* da linha do *touch*; de modo que, se um jogador, dessa linha, atirar a bola dentro do *goal*, adversario não será *goal* mas, sim, um *goal-kick* para o partido atacado.

Pode acontecer que a bola role sobre a linha do *goal* ou mesmo que uma grande parte della a transponha sem que um *goal* seja feito. [Vide a nota 2 á regra que commentamos].

TEXTO DAS REGRAS

4.ª REGRA (*Continuação*)

Deslocação da barra do goal	Si por qualquer motivo, no correr do jogo, a barra transversal for deslocada dos postes do *goal*, o juiz tem o direito de conceder ou não um *goal*, conforme julgar que a bola teria passado abaixo ou acima da barra, si ella não tivesse sido deslocada.
A bola em jogo	A bola continua em jogo quando resaltar de um poste ou barra de *goal*, ou de uma bandeira de demarcação, para dentro do campo, e ainda mesmo batendo nos juizes, quando estes estiverem no campo do jogo.

INSTRUCÇÕES PARA OS JUIZES

O *goal-keeper* mesmo estando atraz da linha do *goal* póde repelir a bola e impedir que o ponto seja feito.

O juiz não deve conceder um *goal* sem que esteja absolutamente certo disso.

Detendo a bola ou repelindo-a, o *goal-keeper* algumas vezes fal-a transpor a linha do *goal*. E, neste caso, quando o juiz estiver em posição de verificar que *toda* a bola transpoz essa linha deve conceder um *goal*.

E' difficil julgar tal caso a menos que se não esteja muito proximo do *goal* sendo portanto de grande importancia que o juiz siga a bola de tão perto quanto possivel, de um a outro extremo do campo, e que procure ver os postes do *goal*, de lado, todas as vezes que estiver eminente um *shoot* ou houver confusão dentro da respectiva *area*.

Quando a bola bater no *referee* ou nos juizes de linha e estes estiverem dentro do campo, continua em jogo mesmo que pudesse transpor qualquer das linhas que o limitam.

Os *linesmen* devem seguir o jogo da linha do *touch*, e tão afastados do campô do jogo quanto possivel, de modo a nunca impedirem os jogadores.

4.ª REGRA (*Continuação*)

A não ser nestes casos, quando ella passar as linhas do *goal* ou do *touch*, tanto no ar como no chão, está fora de jogo. (1)

5.ª REGRA

O throw-in

Quando a bola atravessar a linha do *touch*, um jogador do partido opposto ao daquelle que a jogou para fóra deverá jogal-a para dentro do mesmo ponto em que ella sahiu. Ao arremessal-a, deve ter os dois pés na linha do *touch* e a face virada para o campo do jogo, devendo jogal-a por cima da cabeça, com ambas as mãos, em qualquer direcção e uma vez arremeçada estará em jogo.

De um *throw-in* não póde ser feito um *goal* e o jogador que o der não póde tocar novamente na bola sem que outro o tenha feito.

Para cumprir esta regra e tão somente necessario que o jogador tenha *qualquer* parte dos *dois* pés na linha quando arremeçar a bola

6.ª REGRA

O off-side

Quando um jogador está com a bola ou a arremessa da linha do *touch* para o campo do jogo qualquer outro do mesmo partido, que naquelle momento está mais proximo da linha do *goal* adversario, está fora de jogo *(off side)*, e não póde tocar

(1) Em qualquer destes casos é necessario que a bola *toda* passe além da linha, para que esteja fora de jogo.

INSTRUCÇÕES PARA OS JUIZES

Si a bola transpuzer as linhas de limite do campo, no ar, e voltar novamente para dentro, estará, não obstante, fóra de jogo.

O juiz de linha deve indicar com a bandeira o logar em que a bola sahir e deve collocar-se um pouco atraz de quem tiver de arremeçal-a para verificar se o faz de modo correcto.

Se o juiz de linha tiver indicado com precisão o logar por onde a bola sahiu e o jogador não prestar attenção, jogando-a de outro ponto, o *referee* deve punir tal infracção com um *free-kick*.

O *throw-in* será incorrecto: *a)* se a bola for jogada de lado; *b)* se uma das mãos a impulsionar e outra não fizer mais que dirigil-a; *c)* se o jogador não tiver *qualquer* parte dos *dois* pés na linha no momento de arremeçar a bola; *d)* se o jogador deixal-a simplesmente cahir das mãos ou *e)* se apenas a impulsionar em vez de jogal-a.

O jogador do *throw-in* deve ter a face voltada para o campo de jogo.

O essencial para julgar do *off-side* não é tanto observar o logar em que se acha o jogador no momento que toca a bola sinão OBSERVAR A SUA POSIÇÃO NO MOMENTO EM QUE ESTA LHE É PASSADA POR UM DE SEUS COMPANHEIROS.

E' natural que o juiz, na precipitação do jogo, não possa guardar a posição dos jogadores em cada *kick*, mas deve edu-

6.ª REGRA *(Continuação)*

na bola nem de qualquer maneira impedir um adversario *ou auxiliar o jogo*, antes que ella tenha sido tocada novamente. Não se applica esta regra a um jogador quando mais de dois de seus adversarios se acham mais proximo do que elle, do *goal* dos mesmos. Um jogador não póde estar fora de jogo no caso de um ponta-pé de canto *(korner-kick)* ou de *goal (goal kick)* ou quando a bola tiver sido jogada por um adversario.

car a memoria de modo a poder fazel-o tão frequentemente quanto possivel.

Se um jogador estiver atraz da bola quando outro a jogar é impossivel ficar *off-side* mas se lhe estiver de fronte é possivel o *off-side*.

Em tres unicas condições um jogador não póde estar *off-side*, e são: *a)* quando a bola tiver sido tocada por um adversario; *b)* quando tiver sido dado um *corner-kick*; ou, *c)* um *goal-kick*.

Esta protecção cessa desde que um segundo jogador toque na bola; de modo que um mesmo jogador que não estava *off-side* no momento em que se deu o *corner-kick* (por exemplo) póde ficar *off-side*, sem mudar de logar, desde que, depois de dado o *corner-kick*, qualquer outro jogador tenha tocado a bola. [*]

Não poderá ficar *off-side* o jogador que ~~segurar~~ um seu companheiro que detenha a bola.

Pode dar-se o *off-side* no caso de um *free-kick* ou no de um *throw-in*.

Um jogador tocando a bola faz cessar para os seus adversarios o *off-side* e aquelle que estiver *off-side* não póde impedir aos adversarios *nem de qualquer modo intervir no jogo*.

Se um jogador ficar *off-side* ficará impedido de jogar até que a bola seja novamente tocada, MESMO QUE UM NUMERO SUFFICIENTE (tres) SE INTERPONHA ENTRE ELLE E A SUA LINHA DE GOAL.

Um jogador que estiver *off-side* É OBRIGADO a dar logar aos adversarios e pode ser punido se a sua presença perturbar DE QUALQUER MODO o jogo.

Quando se dá um *goal-kick* nenhum jogador está *off-side*.

[*] seguir

TEXTO DAS REGRAS

7.ª REGRA

O goal-kick — Quando a bola for jogada além da linha do *goal* por um jogador do partido que ataca, será novamente jogada ao campo, por qualquer dos jogadores do partido a que pertence esse *goal* d'um ponto não distante mais de 6 jardas (5m48), do poste do *goal* por cujo lado sahiu.

O corner-kick — Si, porém, a bola tiver sido jogada fora da linha d'este, por qualquer dos jogadores que o defendem, um seu adversario a jogará novamente para dentro, d'um ponto não distante mais de uma jarda (0m92) da estaca do canto mais proximo. (1)

Em qualquer destes casos nenhum jogador póde se aproximar da bola a uma distancia menor de 6 jardas [5m48] antes que ella seja jogada.

8.ª REGRA

O carrying — O *goal-keeper* na sua metade de campo, tem o direito de usar das mãos em defesa do *goal*, mas não póde dar mais de dois passos com a bola nas mãos *[carrying]*.

(1) Para que se dê um *corner-kick* não é necessario remover a estaca do canto.

INSTRUCÇÕES PARA OS JUIZES

E' dever do juiz fazer com que os *goalskicks* sejam dados de conformidade com esta regra, isto é, dentro da metade da area do *goal* mais proximo do ponto por onde sahir a bola.

Assiste-lhe tambem o dever de fazer com que os *corner-kicks* sejam dados correctamente e do lado por onde sahir a bola.

Se um jogador der um *corner-kich* e a bola voltar depois de bater no poste do *goal*, não a pode tocar sem que outro jogador a tenha feito.

O juiz não deve permittir que um *goal-kick* ou um *corner-kick* seja tomado emquanto um adversario se achar a uma distancia menor de $5^{m}48$ da bola.

Se o *goal-keeper*, procurando illudir esta regra, der mais de dois passos fazendo a bola saltar em suas mãos, deve ser punido pelo juiz.

Se a bola for atirada ao solo ou no ar, a grande altura, não ha infracção á regra.

Dentro da metade do campo adversario o *goal-keeper* não póde tocar a bola com as mãos.

8.ª REGRA *[Continuação]*

A charge contra o goal-keeper — Não é permittido carregar contra o *goal-keeper*, salvo quando elle tiver a bola nas mãos, estiver impedindo um adversario, ou quando sahir da area do *goal*.

Substituição de goal-keeper — O *goal-keeper* póde ser substituido durante o jogo, mas o juiz deve ser primeiramente avisado.

9.ª REGRA

A rasteira, o ponta-pé, etc. — Não é permittido a nenhum jogador passar rasteira, dar ponta-pés ou pular sobre o adversario.

INSTRUCÇÕES PARA OS JUIZES

Se o *goal-keeper* atirar a bola dentro do *goal* adversario, o juiz deve conceder um *goal-kick* e não um *goal*, *embora elle esteja dentro da sua metade de campo.*

A penalidade para o *carrying* é um *free-kick* e não um *penalty-kick*.

Se o *goal-keeper* impedir um adversario é permittido que se lhe dê *charge mesmo dentro da* AREA DO GOAL, mas o juiz deve observar que não se o faça de uma maneira desleal visto como lhe é muito difficil proteger-se quando estiver com a attenção no *shoot* eminente contra o *goal.*

Sobreleva notar ainda que é permittido carregar contra o *goal-keeper*, como se fosse outro qualquer jogador, uma vez que elle transponha a *area do goal.*

O juiz deve notar no começo do jogo quem é o *goal-keeper* e não permittir que ninguem o substitua ou use das prerogativas do seu posto, sem que de tal mudança seja avisado pelo *captain* do *team* a que elle pertencer.

Esta regra é importante pois que o juiz applicando-a com rigor toda vez que o julgar necessario, impedirá que o jogo se torne violento.

Póde suspendel-o a todo momento e dar um *free-kick* contra o infractor ou admoestal-o, ou usar destas duas attribuições se a sua conducta ou modo de jogar forem indelicados, perigosos ou susceptiveis de prejudicar a quem quer que seja.

O *free-kick* deve ser tomado do logar em que se der a infracção.

A acção de pular sobre um adversario e a de pular para jogar a bola são bem differentes; e a differença está em que a primeira deve necessariamente ser intencional.

TEXTO DAS REGRAS

9.ᴬ REGRA *[Continuação]*

O uso das mãos	Nenhum jogador póde tocar na bola com as mãos sob nenhum pretexto, á excepção do *goal-keeper*.
Idem	Não é permittido tambem, fazer uso das mãos para segurar ou empurrar um adversario.
A charge	*A charge é permittida mas não de um modo violento ou perigoso.*
Idem	Nenhum jogador póde empurrar um adversario pelas costas salvo quando este estiver empedindo um adversario.

10.ᴬ REGRA

O free-kick	*Quando um free-kick for concedido os adversarios do jogador que o tiver de dar não se poderão aproximar da bola a uma distancia menor que 6 jardas [$5^{m}48$] salvo quando estiverem na linha de seu goal.*

INSTRUCÇÕES PARA OS JUIZES

O juiz deve notar que é unicamente a infracção *proposital* a esta regra que deve ser punida e a punição deve ser immediata e severa.

Sob nenhum pretexto um jogador póde empurrar um adversario com as mãos ou braços, assim como *deve ser severamente punido* toda a vez que usar do joelho contra elle pois que este recurso *é dos mais perigosos.*

A restricção imposta ao uso da *charge* é nova e o juiz deve fazer o possivel para executal-a, não permittindo nunca o uso desse recurso de um modo grosseiro ou perigoso.

Só é permittido, portanto, dar *charge* pelas costas quando o *jogador* estiver *intencionalmente impedindo* um adversario quer *esteja ou não* de frente para o seu *goal.*

O juiz deve notar que o *free-kick* seja dado do logar conveniente e não permittir que se o dê sem o seu signal.

O *free-kick* deve ser tomado sem demora e por nenhum outro motivo deve o jogo ser atrazado.

E' ainda de observar que póde ser feito um *goal directamente* com um *free-kick* concedido por infracção à regra 9.

10.ª REGRA [*Continuação*]

Para que a bola possa ser considerada em jogo é necessario que dê uma volta ou ande uma distancia egual á sua circumferencia.

O jogador do ponta-pé livre [free-kick] não póde tocar de novo na bola sem que primeiramente o tenha feito qualquer outro jogador.

O kick-off [salvo o caso previsto pela regra n. 2], o corner-kick e o goal-kick são considerados free-kicks segundo o sentido desta regra.

11.ª REGRA

O goal e o free-kick

Póde ser feito um goal do um free-kick, mas só quando for este concedido em virtude de infracção á regra n. 9, **NÃO, PORÉM, EM CONSEQUENCIA DE QUALQUER OUTRO FREE-KICK.**

INSTRUCÇÕES PARA OS JUIZES

O *free-kick* não deve ser dado se a bola estiver em movimento na occasião em que se o tiver de dar.

E' preciso notar que um *goal* pode ser feito quer a bola toque ou não em qualquer jogador desde que o *free-kick* seja consequencia de uma rasteira, de um ponta-pé, de se ter pulado sobre o adversario, de se o ter empurrado ou detido com as mãos, ou em virtude de se lhe ter dado *charge* violenta, perigosa ou illegal, ou, finalmente, em virtude de se ter tocado a bola com as mãos. (Infracções á regra 9).

Não deve, porem, esquecer o juiz que o *free-kick* de qualquer infracção ás regras que não as acima mencionadas, não está sujeito a estas prescripções.

Assim é que não póde ser feito um *goal directamente*, de um *kick-off*, de um *corner-kick*, de um *goal-kick* ou de *free-kick* concedidos pelas seguintes infracções:

a] um jogador toca a bola uma segunda vez, antes que ella tenha sido jogada por outro, depois de um *throw-in*, de um *free-kick* ou de um *penalty-kick;*

b] *off-side;*

c] o *goal-keeper* dá mais de dois passos com a bola nas mãos *[carrying];*

11.ª REGRA [*Continuação*]

12.ª REGRA

As botinas, pregos, CHAPAS de metal, etc.

Os jogadores não poderão usar nas botinas ou nas canelleiras, pregos salientes, chapas de metal ou guta-percha. No entanto poderão usar nas so'as das botinas, barras transversaes ou botões de couro, uma vez que não se salientem mais de 12 mm., e tenham os pregos que os prendem á solla, batidos ao mesmo nivel. (1)

As barras transversaes serão chatas, não terão menos de 12 mm. de largura e se extenderão d'um ao outro lado da solla. Os botões serão redondos em plano, não menores de 12 mm. em diametro, e, em nenhum caso, podem ser pontudos ou em forma de cone.

Qualquer jogador que infringir esta regra, será excluido do *match*.

O juiz tem o direito de examinar as botinas, antes de começar o jogo.

(1) As chapas de borracha *molle* podem ser usadas.

INDICAÇÕES PARA OS JUIZES

d] a charge é dada no *goal-keeper* correctamente mas, fóra de tempo;

e] a bola é tocada antes de attingir o solo depois de tel-a o juiz atirado para baixo;

f] a bola não é jogada para frente no *penalty-kick;*

g] o *throw-in* é dado de modo incorrecto;

h[jogo perigoso. Regra n. 13.

E' dever do juiz, se se lhe pede, examinar os sapatos dos jogadores antes de ter começo o *match*, assim como, fazer retirar-se do campo, para o resto do jogo, todo jogador que durante o *match* for encontrado trazendo:

a] pregos não batidos ao mesmo nivel do couro;

b] chapas de metal ou saliencias;

c] gutta-percha nas botinas ou nas canelleiras;

d] barras nas solas ou talões dos sapatos que se não estendam de uma a outra extremidade ou que tenham menos de 12 mm. de largura ou mais de 12 mm. de altura, não sendo transversaes ou justapostas;

e] botões nas solas ou nos talões dos sapatos que não forem redondos ou tenham menos do 12 mm. de diametro, mais de 12 mm. de altura ou sejam pontudos ou em forma de cone.

Durante o jogo o juiz póde applicar esta regra independentemente de qualquer reclamação mas não é necessario que a mencione no *record* do jogo.

Inclue-se nestas prohibições o uso de fivellas ou presilhas metalicas, etc., tanto nos sapatos como nas canelleiras.

TEXTO DAS REGRAS

13.ª REGRA

O Juiz e seus poderes

Será nomeado um juiz a quem competirá fazer cumprir as regras e decidir quaesquer questões, sendo a sua decisão irrevogavel. E' sua obrigação conservar um *record* do *match*, e marcar o tempo do jogo. Em caso de comportamento grosseiro por parte de qualquer jogador, será este admoestado; se a offensa for repetida, o juiz terá plenos poderes para expulsar o offensor ou offensores do campo do jogo.

Na eventualidade de conducta violenta, a expulsão poderá ser feita sem previa admoestação. E neste caso, o juiz enviará o nome ou nomes dos jogadores offensores, á associação a que elles pertencerem afim de que ella tome conhecimento do facto.

O juiz tem o direito de descontar no tempo do jogo, qualquer tempo desperdiçado; suspendel-o quando por causa de escuridão, intervenção dos espectadores ou qualquer outra razão, elle o achar necessario.

Neste caso, cumpre-lhe notificar tal facto á associação sob cuja jurisdicção o *match* estiver sendo disputado, a qual terá todos os poderes para decidir a respeito. (1)

O juiz tem direito de dar um ponta-pé livre [*free-kick*] no caso em que elle achar que a conducta d'um jogador é ou póde ser perigosa, mas não tão gravemente assim, que este facto o auto-

[1] O juiz deve fazer todas as suas notificações dentro do prazo maximo de 3 dias a contar do dia da occurencia, á «Liga».

INDICAÇÕES PARA OS JUIZES

O juiz decide de tudo não sendo os *linesmen* mais do que seus simples auxiliares e cujas decisões podem por elle ser annulladas.

Deve tomar nota dos *goals* feitos e do tempo; prolongar a duração do jogo tanto quanto se houver despendido com accidentes, etc., e fazel-o terminar quando se tiver exgottado o tempo marcado.

Se porém o jogo for suspenso em virtude de qualquer incidente (vide o texto desta regra) deve o juiz enviar neste sentido uma communicação á Liga, dentro de trez dias da data da occurrencia.

NO QUE CONCERNIR AO JOGO BRUTO O JUIZ TEM AMPLOS PODERES PARA DECIDIR Quando considerar a conducta de um jogador perigosa ou prejudicial póde punil-o com um *free-kick* e ao mesmo tempo advertil-o E SE HOUVER REINCIDENCIA EXPULSAL-O DO CAMPO.

Em caso de conducta violenta NÃO É NECESSARIA, PARA A EXPULSÃO, A ADMOESTAÇÃO PREVIA.

O juiz não póde acceitar desculpas das faltas commettidas e deve communical-as dentro de trez dias á associação sob cuja jurisdicção o *match* estiver sendo jogado.

O juiz deve evitar:

a] discussão no campo ou fóra delle com os jogadores, representantes officiaes ou da imprensa;

b] de apontar ou de por a mão sobre o jogador quando o advertir;

c] deter ao primeiro lance todo jogo brutal.

Recommenda-se ao juiz acertar a hora com os *linesmen* no começo do jogo e depois do *half-time* assim como deve ser

13.ª REGRA *[Continuação]*

rise a usar dos poderes mais altos de que está revestido. O poder do juiz extende-se ás offensas commettidas durante uma suspensão temporaria do jogo ou quando a bola estiver fora deste.

14.ª REGRA

Os Juizes de linha — Serão nomeados dois juizes de linha, sujeitos á decisão do juiz aos quaes incumbirá dizer quando a bola está fóra de jogo e a que partido pertence o ponta-pé de canto *[corner-kich]*, o ponta-pé do *goal [goal-kik]* e o *throw-in*, e auxiliar o juiz para que o jogo corra de accôrdo com as regras. No caso de intervenção descabida ou de conducta irregular, o juiz póde substituir o juiz de linha, devendo notificar o facto á associação a que elle pertencer, afim de que a mesma tome conhecimento da occorrencia.

INSTRUCÇÕES PAEA OS JUIZES

muito cuidadoso no descontar o tempo perdido por motivo de accidentes, etc. Deve dar o signal de terminar o jogo, no momento exacto quer a bola esteja ou não em jogo.

O unico caso em que o jogo póde ser prolongado é o do *penalty-kick*—Vide regra n. 17.

Recommenda-se especialmente aos juizes não se fiarem em sua memoria para marcar a hora, numero de *goals*. etc., devendo tomar nota em papel a hora do inicio do jogo e aquella em que, sem incidentes, deve terminal-o. E' então facil accrescentar as perdas de tempo e suspensões temporarias do jogo.

Os *goals* devem tambem ser notados na ordem em que forem feitos pelos *teams*.

As funcções de juizes de linha limitam-se ao seguinte: advertir ao juiz quando a bola está fóra e a que partido pertence o *carner-kick*, o *goal-kick*, ou o *throw-in*, assim como, chamar a sua attenção sobre todo jogo brutal ou comportamento grosseiro.

Devem ainda, quando consultados pelo juiz, dar a sua opinião sobre *qualquer* caso duvidoso e, *bem assim*, *fazer-lhe notar qualquer infracção ás regras que tenha escapado á sua attenção.*

O *referee* tem o direito de substituir o juiz de linha que descabidamente intervenha no jogo ou se comporte de modo irregular.

Este direito porem só deve ser exercido em casos extremos e provavelmente uma simples advertencia será sufficiente para evital-o.

TEXTO DAS REGRAS

15.ª REGRA

O jogo e a decisão do juiz

Em quanto o juiz não proferir a sua decisão sobre qualquer incidente, a bola continua em jogo.

16.ª REGRA

Havendo uma suspensão temporaria do jogo, por qualquer causa, não tendo a bola sahido fora das linhas do *touch* ou do *goal*, este será recomeçado pelo juiz, que do lugar onde foi elle suspenso, atiral-a-ha para baixo não podendo ser jogada por qualquer jogador, antes que tenha tocado em terra. Si a bola, quando jogada pelo juiz, ainda cahir fóra do campo sem ter sido tocada por qualquer jogador, aquelle a jogará novamente para *baixo*.

17.ª REGRA

O free-kick

Por infracção ás regras 5, 6, 8, 10 e 17, o juiz dará ao partido adversario um ponta-pé livre *(free-kick)* do logar em que se deu a infracção.

BIBLIOTHECA MUNICIPAL - S. PAULO

104/07

INSTRUCÇÕES PARA OS JUIZES

A bola está em jogo até que o juiz dê o signal. A sua decisão porém deve ser prompta e quando estiver em duvida deve consultar o juiz de linha.

Se o juiz de linha não quizer irtervir na decisão o juiz deve dar um signal para que o jogo prosiga.

. . . .

DADA A SUA DECISÃO O JUIZ NÃO A PÓDE MODIFICAR UMA VEZ QUE O JOGO JÁ TENHA SIDO RECOMEÇADO.

Se o jogo for suspenso em virtude de accidente ou qualquer outra causa, não sendo para se dar um *penalty-kick*, para o *half-time* ou para se o finalizar, o juiz deve recomeçal-o atirando a bola PARA BAIXO do logar em que foi elle suspenso, não podendo ninguem jogal-a antes que toque o solo, sob pena de ser esta infracção punida com um *free-kick*.

Se, quando jogada PARA O SOLO, a bola sahir do campo, sem ter sido tocada por qualquer jogador, o juiz deve novamente jogal-a á terra.

O JUIZ PÓDE DEIXAR DE CONCEDER UM FREE-KICK AO PARTIDO OFFENDIDO SE PARA ESTE FOR VANTAJOSO CONTINUAR O JOGO.

Deve ainda notar que só a infração *voluntaria* é que deve ser punida.

TEXTO DAS REGRAS

17.ª REGRA (*Continuação*)

O penalty-kick

No caso de uma infracção proposital á regra 9, fóra da area da penalidade *(pernalty-area)*, ou dentro dessa area, por qualquer dos jogadores do partido que ataca, o juiz dará um ponta-pé livre *(free-kick)* ao partido adversario do logar em que occorreu a infracção.

Si, porém, a infracção a regra 9 for commettida dentro da area da penalidade *(penalty-area)* por qualquer jogador do partido que defende, o juiz dará aos adversarios um ponta-pé de penalidade *(penalty-kick)*, que deverá ser tomado da respectiva marca, observando-se as seguintes regras: todos os jogadores, a excepção do *goal-keper* adversario *que não póde transpor a sua linha de* GOAL, e o jogador que tiver de dar o ponta-pé, conservar-se-ão fóra da area da penalidade. A bola deve ser jogada para deante e estará em jogo logo que for dado o ponta-pé. D'um ponta-pé de penalidade *(penalty-kick)* póde ser feito um *goal*, porém o jogador que o der, não póde mais tocar na bola antes que ella tenha sido jogada por outro. Si for necessario, o tempo do jogo poderá ser prolongado para que se dê um ponta-pé de penalidade. Caso o jogador que o der não jogue a bola para frente ou a toque antes de outro o ter feito, o juiz dará ao partido adversario um ponta-pé livre *(free-kick)*. O juiz póde deixar de cumprir esta regra caso julgue que, fazendo-a cumprir, dará vantagem ao partido que incorreu na penalidade.

Se em consequencia de um *penalty-kick* a bola passar entre os postes do *goal*, sob a barra transversal, o *goal* assim feito, não póde ser annullado sob pretesto de qualquer infracção commettida pelo partido atacado. (1)

[1] Caso a bola tenha *apenas* tocado o *goal-keper* antes de passar a linha do *goal*, no momento de terminar o jogo, o *goal póde assim mesmo* ser considerado feito.

INSTRUCÇÕES PARA OS JUIZES

Se um jogador extender os braços para deter um adversario mesmo que o não segure com as mãos, será punido como se o tivesse feito.

Se a bola (quando for dado o *penalty-kick)* bater no poste ou na barra do *goal* e voltar, o jogador que deu o *kick* não a póde tocar novamente sem que outro o faça sob pena de ser punido com um *frre-kick*.

O *goal-keeper* para defender o *penalty-kick* NÃO PÓDE TRANSPOR A SUA LINHA DE GOAL.

O juiz sem estar perfeitamente seguro de que todos os jogadores se acham em suas posições não deve dar o signal do *penaliy-kick*.

Se algum jogador infringir voluntariamente esta regra deve ser advertido e em caso de insistencia expulso do campo.

O *penalty-kick* póde ser dado MESMO DEPOIS DE TERMINADO O TEMPO DO JOGO.

Ainda neste caso o juiz deve se lembrar da *voluntariedade* da infracção para punil-a.

O juiz póde deixar de dar um *penalty-kick* caso julgue ser mais vantajoso continuar o jogo.

Deve ainda notar o juiz a importante modificação feita ás regras |pela qual um *goal*, que resultar de um *penalty-kick*, não póde ser annullado sob pretesto de infracção ás regras commettida pelo partido defensor.

Em geral os juizes incidem no erro de punir *simplesmente* com o *penalty-kick* uma falta que lhe dá o direito de expulsar do campo o infractor.

O facto de conceder o *penalty-kick* não dispensa o juiz do dever de expulsar do campo o infractor desde que a offensa commettida justifique esse seu acto.

AGUAS MINERAES DE S. LOURENÇO

UNICOS DEPOSITARIOS

Herm. Stoltz & Comp.

R. COMMERCIO, 12

SÃO PAULO

As qualidades physicas e moraes dos jogadores de football por N. J. Tunner e Egène Fraysse. Estudo baseado sobre o trabalho de E. Weber. Traduzido do francez e publicado no "Estado de S. Paulo" por Luiz Fonseca.

I

LINHA DE FORWARDS

Bem poucos são os *teams* de S. Paulo; ou talvez nenhum, que têm linhas de *forwards* homogeneas, regulares, que desenvolvam jogo de combinação. Quasi todos os jogadores fazem um jogo pessoal, de *driblings*, sacrificando deste moda o resultado de um *match* e quiçá de um campeonato.

Temos assistido a *matchs* em que os jogadores, principalmente dos extremos systematicamente teimam em não por em pratica o jogo de passes que é a base principal de todo o ataque. O resultado é facil de prever: entram em luta com os *full-backs* inimigos e são quasi sempre vencidos. Esse systema é tão inveterado que até o publico que assiste aos *matches* intervem censurando-o. Em casos taes é frequente ouvir-se, pronunciadas por mais de uma pessôa, as seguintes phrases: «Passe a bola!» «Não faça *dribling!*»

Mas, passemos a outra ordem de considerações afim de que este e outros defeitos sejam sanados.

Toda a theoria do jogo dos *forwards* consiste em tornar o ataque, por uma divisão egual de forças, tão vigoroso quanto seja possivel, sem contudo atacar mais a um ponto do que a outro.

O jogo dos *forwards* deve ser um jogo de conjuncto, de combinação, sendo a sua divisa a seguinte: *um por todos e todos por um.*

O trabalho de uma linha de *forwards* bem exercitada é effectivamente do uma grande precisão mechanica.

Será excusado accrescentar que só pelo exercicio regular e constante poderá ella chegar a uma homogeneidade perfeita.

Para que um *forward* attinja a esta perfeição, nunca se deve esquecer de que não é mais do que um dos anneis de uma cadêa que deve estar constantemente estendida. Todo o segredo do jogo de combinação consiste neste axioma.

O *forward* não deve abandonar a posição que lhe foi indicada pelo *captain*, a menos que não queira implantar a desordem entre os seus companheiros.

A funcção dos cinco jogadores da linha de *forwards* é *driblar* a bola fazendo-a avançar para o *goal* inimigo. Só agirão assim, *porém, desde que tenham verificado que o passe é inutil ou impossivel*. Verificado que esta ultima tactica se tornou uma necessidade, não deverão hesitar em pol-a em pratica. O *center* passará então a bola aos jogadores dos extremos e estes, que devem ter jogo combinado, passal-a-ão um ao outro. Por sua vez, os jogadores dos extremos, todas as vezes que fôr preciso, deverão passar a bola para o *center* ou mesmo para os extremos oppostos.

A proporção que a bola vae avançando para o campo inimigo, os *forwards* devem acompanhal-a mas não em massa, amontoados, uns sobre outros, e sim em linha, de forma que entre elles haja uma certa distancia afim de que o passe possa ser effectuado e produza resultado.

Desde que os *forwards* se tenham aproximado sufficientemente do *goal* inimigo deverão passar rapidamente a bola dos extremos para o centro afim de que o *center-forward*, ou qualquer outro jogador que esteja bem collocado, possa *shotar*. Este *shot* deve ser dado o mais perto do *goal*, que for possivel, pois é raro ser o *goal* vasado por uma bolla *shotada* de longe, desde que o *goal-keeper* tem o tempo necessario de rebatel-a calmamente.

Quando o *center*, conduzindo a bola, consegue aproximar-se do *goal*, os jogadores dos extremos deverão convergir com precisão para o ponto em que elle se achar. afim de auxilial-o o mais que for possivel.

Em resumo, o jogo dos *forwards*, no ataque, consiste no seguinte: o *center* deve passar a bola para os extremos, salvo quando se achar nas proximidades do *goal* inimigo, caso em que deve *shotar*. Os jogadores dos extremos devem, dois a dois, fazer um jogo combinado, passando a bola para o centro sem demora, desde que toda a linha se tiver approximado sufficientemente do *goal*. *Dá duas vezes quem dá a tempo*, deve ser a divisa do *forward*, desde que passou a bola para o *center*, a quem compete julgar da opportunidade de fazer um *goal*.

Ao ser organisado um *team* o respectivo *captain* deve attender bem ás qualidades e capacidade de cada um dos seus homens. Escolherá os seus *forwards* entre os mais resolutos, os mais promptos em tomar uma resolução, velozes na carreira e de prompta decisão.

Como se vê, o *football* exige dos jogadores, mais que qualquer outro jogo, um conjuncto de qualidades especiaes. A tactica scientifica de um *team* moderno não se adquire senão pelo desenvolvimento natural do pensamento e pela experiencia. *Os melhores teams tem sido sempre os que sabem por em pratica um jogo bem combinado.*

A resolução prompta e a calma são duas qualidades essenciaes a todo bom *forward;* a força physica é um elemento secundario. Todavia, as qualidades exigidas dos *forwards* differem segundo a posição que têm de occupar.

O *center-forward*, entretanto, deve possuir todas as qualidades exigidas de um bom *footballer;* deve ter sangue frio, principalmente por occasião dos embolos; deve saber *shotar* tão bem com o pé direito como com o esquerdo, usando de preferencia da ponta ou do lado do pé, afim de imprimir á bola toda a força possivel.

Em um *team* qualquer o *center-forward* é, assim como o *goal-keeper*, o jogador sobre que pesa a maior responsabilidade e por consequencia o mais vigiado e atacado; é sobre elle que convergem em um momento dado as forças combinadas da defesa; é, por assim dizer, a mola principal sobre que repousa o ataque.

Elle será entretanto menos perseguido quando a bola estiver no seu proprio campo, mas ainda nesta occasião não deixa de ser o principal ponto de apoio do ataque. Deverá então aproveitar-se de todas as occasiões que se apresentarem para desenvolver o seu systema de tactica e por em pratica o jogo de combinação que tiver adoptado.

O *center-forward*, quando a sua linha avança para o *goal* inimigo, deve ver qual dos dois extremos occupa posição mais favoravel afim de, sem a minima exitação, passar-lhe a bola.

E' quasi desnecessario assignalar que é indispensavel que elle não dê a entender aos jogadores do *team* inimigo o jogo que pretende fazer. Se as exigencias da situação determinam a passagem da bola, para longe ou para perto, é preferivel executar esse movimento fazendo passes rasteiros, pois, se for feito um passe alto, principalmente quando reina o vento, a bola poderá ir cahir junto dos *full-backs* adversarios.

A combinação entre os cinco *forwards* quer os do centro quer os dos extremos deve ser completa, sob pena de reinar a desordem. Os extremos da linha são divididos em extremo direito e extremo esquerdo, sendo formado cada um delles de dois jogadores: meio extremo e extremo. As qualidades exigidas de cada um desses jogadores são um tanto differentes; assim, os que jogam no extremo esquerdo devem poder servir-se facilmente do pé esquerdo e vice-versa. O jogador meio extremo, aquelle que está mais proximo do *center*, deve possuir até um certo ponto as mesmas qualidades que este ultimo, pois a sua missão tem por fim manter as communicações entre o *center* e o extremo.

Os jogadores dos extremos devem ser bastante rapidos, pois, sempre se apresentarão occasiões em que elles se poderão utilisar desta qualidade. Assim, quando tiverem recebido a bola do centro ou do outro extremo, facilmente, e sem receio de serem alcançados, poderão escapar em direcção ao *goal* onde chegarão sem mais consequencias, agindo ahi segundo o exigirem as circumstancias.

Vamos agora nos referir a uma pratica de que falamos no principio deste artigo, muitissimo usada por todos os nossos *teams* e que tem dado pessimo resultado: os jogadores dos extremos commettem sempre a falta de guardar por muito tempo a bola, na esperança de poder conduzil-a até á porta do *goal*. Esta demora em passar a bola permitte quasi sempre aos *full-backs* adversarios, apossarem-se della, ficando por essa fórma prejudicado o ataque, e perdida muitas vezes uma excellente occasião de fazer *goal*. Um jogador experimentado, entretanto, prevê esta possibilidade; não hesita em se separar da bola, passando-a para o centro ou para o outro extremo, antes que os *full-backs* inimigos, em luta com elle, della se apossem.

Por occasião do ataque a linha mais perigosa será sempre aquella que demonstre menos hesitação em passar a bolla, mas só a pratica é que póde indicar qual é o momento mais opportuno de fazer o passe.

Além dessas qualidades exigidas dos jogadores da linha de *forwards* são elles obrigados á ter outras, talvez mais importantes e que deverão pôr em pratica quando o *team* a que pertencer fôr obrigado a collocar-se na defensiva; tal como se se tratasse de um batalhão que, accossado pelo inimigo, fosse obrigado a bater em retirada. Em taes condições elles devem procurar apossar-se da bola quando estiver em poder dos adversarios, cortando um *dribling*, interceptando um passe, procurando emfim, por todos os meios ao seu alcance retomar a offensiva. São raros os *teams* que põe em pratica, dadas essas condições, esse systema de jogo. Póde-se considerar como regra geral que, quando a bola se achar perto do *goal*, os *forwads* devem perseguir os *full-backs*, impossibilitando-os de se apossarem d'ella. Em taes condições, quando os jogadores estão embolados deante do *goal*, desde que os *forwards* vejam que não podem *schotar* com exito, deverão passar a bola aos *half-backes* afim de que estes possam *schotar*, dada a melhor posição em que se devem achar.

As relações dos *forwards* com os seus companheiros de *team* pódem ser brevemente definidas do seguinte modo: devem elles soccorrer os *half-backs*, ajudando-os desde que o inimigo os persiga; da mesma sorte os *half-backs* devem auxilial-os no ataque. Os *half-backs* representam no jogo um papel semelhante ao desempenhado em tempo de guerra pela infanteria montada. São uteis no ataque como na defeza, formando uma especie de linha de communicação, em caso de necessidade, entre todos os *forwards*.

O *dribling* scientifico tem pouco valor no *football* moderno. Todavia, o jogador deve saber servir-se dos seus pés para conduzir a bola deante de si, pois as occasiões de *driblar* apresentam-se frequentemente. Além disso o jogador deve, por meio de fintas com o corpo, ou com as pernas, enganar o seu adversario sobre a direcção que pretende dar á bola. Os *trucs* empregados com este fim são tão numerosos como engenhosos.

Em geral cada jogador tem o seu systema especial de fazer *driblings*. A audacia e a rapidez de um bom *dribleur* não tem limites, pois devem passar a bola por cima da cabeça do seu adversario com a mesma facilidade com que a dirigem terra a terra.

A experiencia, porém, tem demonstrado que um jogador, desde que tem a lutar com adversarios experimentados, está impossibilitado de *driblar* por muito tempo, não só porque tal systema de jogo não pode ser prolongado indefinidamente, como tambem porque será, mais cedo ou mais tarde, dominado pelo numero, a não ser que um adversario mais esperto lhe tenha já roubado a bola. E' este o caso em que o jogo de passes deve ser posto em pratica; se o *dribleur* se vir atacado, deverá passar a bola para o lado a um dos seus companheiros que esteja bem collocado e que possa continuar a caminhar em direcção do *goal* adversario e, regra geral, [para a qual chamamos a attenção dos que lutam e são sempre vencidos pelos *full-backs* adversarios] nunca deve pretender, com *driblings*, vencer um adversario a não ser que todas os communicações com o resto do *team* estejam cortadas.

Pelo exposto verifica-se que o *dribling* não é mais que um meio secundario; toda a sciencia do jogo dos *forwards* reside no passe, principalmente na opportunidade de ser feito.

II

OS HALF-BACKS

A defesa de um *team* compõe-se de tres *half-backs*, dois *full-backs* e um *goal-keeper*.

O papel mais importante, porém, está reservado aos *half-backs*, como adeante veremos.

Uma linha de *forwards* de um *team* bem exercitado saberá sempre aproveitar-se do privilegio concedido pelas regras do jogo, que permittem a um jogador qualquer receber a bola nas proximidades do *goal* inimigo sem que por isso esteja *off side*, desde que entre elle e o *goal* haja tres jogadores, incluido neste numero o *goal-keeper*.

Os *forwards* poderão então esperar tranquilamente a bola, distanciados do seu proprio *team*, propriamente por traz dos *half-backs* dos adversarios, e então, não existindo mais do que tres jogadores deante de si, não terão grandes difficuldades a vencer para chegarem ao *goal* inimigo.

Afim de evitarem esta manobra, esta tactica, foi necessario, reforçar a primeira linha de defesa, a linha de *half-backs*, com um dos *full-backs*, cuja missão é sustentar e apoiar a linha de *forwards*, ficando assim os *half-backs* mais desembaraçados para perseguirem e inutilisar o jogo dos *forwards* adversarios.

As funcções dos *half-backs* e dos *full-bachs* pouco differem. Se estes estão encarregados da defeza tambem os outros são muitas vezes obrigados, ainda que momentaneamente, a substituil-os.

De accôrdo com a tactica moderna só um dos *full-backs* é obrigado a manter-se dentro dos limites da sua linha, a menos que as circumstancias do momento autorisem o contrario; o outro joga sempre com os *half-backs*.

Esta tactica tem como vantagem, além de outras, fazer com que os jogadores inexperientes da linha de *forwards* adversaria estejam sempre *off-side*, porque entre elles e o *goal* não haverá tres inimigos, desde que um dos *full-backs* está jogando com a linha de *halves*.

Resulta do exposto que, em um campo regulamentar é impossivel a um só *full-back* mover-se com a rapidez necessaria afim de acudir ao outro lado desguarnecido do campo. Desta missão poré estão incumbidos ou o proprio outro *full-back* ou qualquer dos *halves* que estiver mais em condições de prestar soccorro a esse ponto desguarnecido.

Este systema tem a vantagem de repartir mais egualmente o trabalho da defesa, applicar mais forças sobre um mesmo ponto, quer para resistir a uma *charge*, quer para permittir a defesa, por esse modo menos estafada, seguir a sua linha de ataque e combinar os seus osforços com ella.

Outrora os tres *half-bachs* deviam sosinhos resistir aos aos cinco *ferwards* adversarios. Em taes condições, principalmente quando se tratasse de jogadores de força egual, era constantemente vencida pela de *forwards*.

Além disso, um *team* perdia muito terreno antes de poder deter o ataque, e muitas vezes esta retirada precipitada da primeira sobre a segunda linha de defesa occasionava uma certa desordem que impedia os *half-backs* de passar a bola aos seus *forwards*, e, se estes conseguiam apoderar-se della, aquelles, fatigados pelos repetidos ataques dos adversarios, eram incapazes de auxilial-os sustentando-os.

Taes foram as razões que militaram em força da nova disposição da primeira linda da defeza, que ficará assim até que a regra do *off-side* seja modificada.

Um bom *half-back*, para poder desempenhar as funcções que lhe são confiadas, deve saber deliberar com rapidez para reagir contra a tactica dos *forwards* do campo adverso afim de não lhes dar tempo de pol-a em pratica. Emfim, elle deve jogar segundo as necessidades do momento. deve poder tornar-se util tanto no ataque como na defesa. As suas funcções são, por consequencia, multiplas. Deve ser rapido no receber e no passar a bola aos *forwards* do seu *team;* deve ser um bom *passador*, exercitando em dar *hicks* ou fazer passes com um ou outro pé, segundo a posição que occupa, deve tambem saber fazer jogo de cabeça.

Será escolhido dentre os mais ageis, pois terá como missão ir arrebatar a bola de um adversario, ou obrigal-o a passal-a, A sua tactica lhe indicará o que melhor tem a fazer em certos casos espinhosos: asssim, se depois de se ter apossado da bola estiver impossibilitado de passal-a vantajosamente a um dos seus *forwards*, devem verificar rapidamente se poderá passal-a a outro *half-bach*, no caso contrario deve passal-a ao *full-back* que estiver mais bem collocado se ainda reconhecer que esta manobra é desvantajosa, não terá outro recurso senão *driblar*. Mas este caso é excepcional, regra geral, *na defeza como no ataque o half-back deve evitar fazer driblings e dar kicks fortes.*

Na defeza será ás vezes mais util atormentar, perseguir, os *forwards* inimigos, cortando-lhes a carreira, do que usar de outros recursos; em resumo, os *full-backs* não pódem desempenhar bem as suas funcções de defensores senão quando os *half-backs* os ajudam a repellir ou afastar o ataque dos *forwards*.

Bem differente é o jogo dos *half-backs* no ataque. O seu papel, segundo dissemos, é de ponto de apoio dos *forwards*, para passar a bola áquelle dentre elles que occupe a posição mais vantajosa, prestando tambem auxilio aos *full-backs* na defeza.

Os *half-backs* não devem dar fortes *kicks*, a não ser quando se apresentar occasião de fazer *goal*.

Emfim, são elles que se acham mais bem collocados para pôr a bola de novo em jogo, quando ella tiver sahido pelas linhas do *touch*.

Actualmente a regra obriga o jogador que põe a bola de novo em jogo a segural-a com as duas mãos, e a atiral-a para o campo por cima da cabeça na direcção que julgue melhor, tudo isso olhando de face para o terreno.

Outróra a bola era atirada para o campo com uma só mão e em linha recta, como no Rughy.

A regra foi em seguida modificada e em logar do jogador atirar a bola para o angulo direito da linha de *touche*, foi auctorisado a lançal-a para o ponto do terreno que lhe parecesse mais conveniente, dando um salto; mas certos jogadoros adquiriram logo uma tal habilidade que chegaram até a atirar a bola ás portas do *goal* inimigo. O jogador ficou então obrigado a servir-se das duas mãos e em 1895 fou supprimido o salto.

O *half-back* deve enviar a bola, da linha de *touche* para o campo, com promptidão e na direcção do *goal* inimigo. A's vezes lhe será mais vantajoso enviar a bola a um dos seus *full-backs* ou ainda a um dos *half-backs*, se estes estiverem em condições de tirar proveito desta manoora.

A regra prohibe ao jogador, que atire a bola para o campo da linha do *touche*, tocal-a antes de qualquer outro. Elle póde entretanto sophismar esta regra atirando a bola com força contra um jogador do campo opposto, de modo a fazel-a saltar, podendo então tocal-a impunemente.

III

OS FULL-BACKS

Pelo que dissemos no artigo anterior, verifica-se que, de accôrdo com a tactica moderna, a funcção dos *half-backs* está intimamente ligada á dos *full-backs* e que comquanto theoricamente sejam estes em numero de dois, na pratica um *team* não joga senão com um *full-back*, desempenhando o outro as funcções de *half-back*. Todavia os dois *full-backs* devem sempre fazer um jogo combinado, de modo que a linha que elles têm que proteger nunca fique desguarnecida e, se um delles é obrigado a tomar a offensiva, o outro deverá ficar na defensiva. Por exemplo: se um dos *full-backs* se vê forçado, pelas peripecias do jogo, a ir ao campo inimigo em perseguição de um adversario, quer para dar-lhe uma *charge*, quer para detel-o na carreira, deverá poder contar com o seu companheiro, que se preoccupará com a bola, tratando de reconquistal-a, se elle não puder executar a sua pretendida manobra. O jogo dos *full-backs* depende em grande parte do jogo dos *half-backs*; elles deverão agir segundo a tactica adoptada por esta primeira linha de defesa e particularmente segundo a tactica adoptada pelo *half-back* que estiver na sua frente. Se o *half-back* dá uma *charge* num dos *forwards* inimigos e o obriga a passar a bola, o *full-back* deve caminhar para a frente, de modo a poder interceptar este passe. Em summa, os cinco jogadores que formam a linha de defesa dêvem adoptar uma e unica tactica. O *full-back* presta toda a attenção ao *half-back* que tem deante de si, sustentando; se este dá uma *charge* em um adversario, forçando-o a passar a bola, aquelle deverá agir de modo a apoderar-se della antes que o adversario tenha podido aproveitar-se do passe.

Não deve jámais *driblar*, salvo em caso raro, mas desembaraçar-se da bola por meio de fortes *kicks* na direcção de uma das azas, se estiver perto do seu *goal*, conservando-a sómente em seu poder o tempo absolutamente necessario. Deve exercitar-se assiduamente em todos os generos de *kicks*,—á direita ou á esquerda, por traz, de lado, no ar, proximo ao chão, no chão, com a ponta, os lados dos pés e calcanhares. Deve saber apossar-se da bola, quer venha ella com muita ou com pouca força, deve paral-a antes de dar o *kick*, aparando-a com os calcanhares.

Antes de tudo, não se deve esquecer que ás vezes é mais importante collocar bem a bola, passal-a convenientemente, do que envial-a para longe. Como se vê, o *full-back* deve ter tanta habilidade em usar dos pés como da cabeça, afim de estar apto em quaesquer eventualidades a proteger o *goal-keeper*, soccorrendo-o rapidamente, sem contudo impedil-o de agir.

Seu papel, pois, é dos mais complicados e, consequentemente, dos mais fatigantes, e exige daquelle que está encarregado de desempenhal-o julgamento prompto, sangue frio, habilidade e coragem. Só estas faculdades poderão guial-o quando, por exemplo, fôr obrigado pelas circumstancias a passar a bola ao *goal-keeper*, manobra um tanto arriscada, devendo, porém, em taes condições, evitar que o *goal-keeper* seja impedido por um adversario.

Analysando-se o systema de tactica adoptado pelas linhas de defeza verificar-se-á que cada jogador marca um dos *forwards* do campo opposto. Os *full-bvcks* e os *half-backs* combinam entre si e decidem qual o jogador dos extremos que elles deverão marcar; o *center-half* trabalha talvez mais independente que os dois outros, marcando de preferencia o *center-forward*. Por exemplo: supponhamos que a bola venha do extremo direito: o *full-back* e o *half-back* da esquerda marcarão os dois *forwards* do extremo direito. O *full-back* da direita approximar-se-á do seu camarada afim de coadjuval-o em caso de necessidade, mantendo-se um pouco para traz, afim de deter a bola e della se apossar no caso em que esta passasse o *full-back* e o *half-back* da esquerda. O *center-half* marcará o *center-forward*, e o *half-back* da direita occupará tal posição que lhe permitta interceptar todo o passe entre os *forwards* do extremo esquerdo. Esse systema egualisa, melhor que qualquer outro, as forças da defeza, e permitte utilisar melhor as qualidades de defeza dos *full-bachs*.

Segundo opiniões abalisadas, as vantagens deste systema são assim explicadas:

1.º Na maior parte dos casos impede os *forwards* de se apossarem da bola;

2.º Se, por accaso, della se apossarem, esta disposição da defeza inutilisa todo o seu jogo de combinação, pois não haverá entre os *full-backs* e os *half-backs* espaço livre em que elles possam manobrar;

3.º Colloca *off-side os forwards* do campo inimigo e nullifica qualquer esperteza.

4.º Exige da defeza menor numero de qualidades individuaes, egualando as suas forças.

IV

O GOAL-KEEPER

O *goal-keeper* é o jogador que desempenha o papel mais importante em um *team;* sua missão é defender o espaço comprehendido entre os dois postes do *goal* [7^m20], tendo, por consequencia, de empregar uma actividade consideravel neste espaço limitado. Constitue por si só a ultima linha de defeza; sobre elle convergem em um momento dado todos os *forwards* inimigos. Assim, deve ser escolhido dentre aquelles mais dotados sob o ponto de vista do sangue frio, agilidade, corpulencia e altura.

Outr'ora o *goal-keeper* defendia o seu *goal* simplesmente por meio de *kicks*, altos ou rasteiros; hoje, devido ao jogo combinado da linha de *forwards*, elle tem que empregar meios de defeza variados Apertado de perto pelo ataque, que não lhe permitte muitas vezes siquer repellir a bola com o pé, todos os meios legitimos de que elle lançar mão para salvar o seu *goal*, seja a que preço fôr, são bons.

Poderá então apossar-se da bola atirando-a em seguida tão longe quanto lhe seja possivel ou applicar-lhe um forte socco.

Desde que elle tem que apoderar-se da bola e atiral-a, deverá dirigil-a para um dos lados do *goal* e nunca para a frente pois, quanto mais para o lado elle atiral-a menos facil será aos jogadores inimigos *schootar* com exito. Deverá tambem agir de modo que a bola caia nas proximidades de um de seus companheiros de *team* afim de que este della se apodere para afastal-a do seu *goal*.

Infelizmente, não tem sido esta a norma seguida por muitos dos nossos *goal-keepers*, que systematicamente só defendem o seu *goal* por meio de fortes ponta-pés, ou soccos, sem direcção deixando de usar dos outros systemas a que nos acabamos de referir· Em um *match* do campeonato do anno atrazado a derrota de um *team* teve como origem um ponta-pé do *goal-keeper*, que, tendo todo o tempo sufficiente para apoderar-se da bola e atiral-a para um dos lados, preferiu entretanto aquelle systema de defesa. A bola, assim rebatida, bateu em um dos jogadores adversarios e voltou para o *goal* vasando-o.

O Snr. Cruisbank, extraordinario *goal-keeper* do *team* fluminense, que aqui esteve em 1902, 1903 e 1904, revolucionou o systema de defesa dos nossos *goal-keepers* que, mais bem orientados, começaram a por em pratica os processos de defesa por elle seguidos e que são os que acabamos de citar e outros de que vamos tratar.

Mas o *goal-keeper*, em virtude da regra que o auctorisa a fazer uso das mãos, tem numerosos meios de defeza á sua disposição, conforme o exigirem as circumstancias. A regra geral, porém, é que elle nunca deve abandonar a area do *goal* que está sob a sua guarda, a não ser em casos excepcionaes, quando, por exemplo, um dos adversarios consegue escapar sôsinho com a bola e não ha mais esperanças de detel-o.

Neste caso ainda o seu julgamento deve ser o seu unico guia, pois, se calculou mal a distancia que separa o seu ou seus adversarios da bola e aquella que existe entre a bola e elle proprio, o erro é irreparavel e o *goal* fica sem defensor.

Esta manobra é menos perigosa desde que o adversario, depois de ter passado a ultima linha de defesa, avança, *driblando;* o *goal-keeper* neste caso não deverá hesitar em partir sobre seu adversario, o mais rapidamente que for possivel quer para apoderar-se da bola, quer para obrigal-o a *schootar*. Em taes condições deverá mesmo, se assim o exigirem as circunstancias de momento, precipitar-se sobre a bola e apoderar-se della, sem se preocupar com o atacante e com os perigos desta manobra que, talvez, accarrete a queda do adversario. Deve agir do mesmo modo por occasião dos *embolos* e quando a bola se acha defronte e perto do *goal*.

Como se vê, é sufficiente um segundo de hesitação por parte do *goal-keeper* para que o *goal* seja vasado; elle não tem tempo de reflectir duas vezes, sua decisão deve ser rapida e segura e a ella deve seguir-se uma execução tão prompta como o pensamento. Deve-se exigir do *goal-keeper* todas as qualidades inherentes ao bom jogador, taes como: decisão prompta e sangue frio, agilidade e força physica, e uma como que obediencia rapida dos musculos á vontade, que faça passar immediatamente da immobilidade á acção, no momento preciso em que o espirito concebe a opportunidade do movimento. Esta obediencia, porém, só se póde adquirir por uma longa pratica.

A habilidade individual é a primeira qualidade exigida de um *goal-keeper*.

O seu jogo, porém, comquanto dependa em grande parte do jogo dos *full-backs*, é o unico que não affecta, de um modo apreciavel, o jogo de seus companheiros de *team*.

A estatura e o peso são vantagens preciosas a que se deve attender quando se escolhe um *goal-keeper*, mas não são as unicas exigiveis, conforme dissemos ha pouco.

Cada vez que for possivel o *goal-keeper* deve servir-se das mãos; se quizer desembaraçar-se da bola deve apanhal-a com as mãos e atiral-a para o ponto mais conveniente. Esta maneira de agir é sempre mais segura do que dar um ponta-pé na bola quando ella vem rolando pelo chão.

Nunca deve dar soccos na bola a não ser quando não tiver tempo de segural-a e envial-a para longe com um ponta-pé. Este ultimo processo é o mais seguro pois o socco pode ser dado em falso e a bola entrar no *goal*, principalmente se estiver molhada. Cumpre accrescentar que é preferivel que elle se apodere da bola quando ella está no ar do que quando vem rolando pelo chão, pois neste ultimo caso arrisca-se a ser enganado por um ricochete, proveniente quer dos accidentes do terreno, quer do effeito que ella trouxer.

Quando vir que a bola se dirige para o *goal*, impellida por um kick ou em poder de qualquor adversario, deve ficar na posição de um corredor que se prepara para partir, isto é, deve inclinar o corpo para frente, tocando no chão com a ponta dos pés e não com os calcanhares, afim de poder evoluir em todas as direcções que possa tomar a bola, de modo a repelil-a com vantagem, quer venha ella da direita ou da esquerda, pelo alto ou pelo chão.

E verdaderamente maravilhoso ver um bom *goal-keeper* defender o seu *goal*, principalmente quando o atacam de todos os lados, rebatendo todos os *shoots*, evoluindo em todas as direcções sem perder o seu sangue frio, presença de espirito e equilibrio.

Actualmente ha dois *goal-keepers* em S. Paulo que jogam mais ou menos de accôrdo com o que acabamos de expor. Um delles é o Snr. Thompson, do *Sport Club Internacional*.

Vimol-o rebater bolas difficilimas, aparar a pé firme *schoots* violentos, e tudo isto com uma calma admiravel. Sabe collocar-se de modo a estar em condições de agir com efficacia, e vae corajosamente arrebatar a bola dos pés do adversario, sem temer as consequencias desse acto.

Achamos o seu jogo muito parecido com o do extraordinario Snr. Cruicshank, o mestre dos *goal-keepers* brasileiros.

O outro é, se não nos enganamos o Snr. Satler, do segundo *team* da *Associação Athletica do Mackenzie College*. A especialidade do jogo deste Snr. consiste em apanhar quasi todas as bolas com as mãos, atirando-as para a direita, esquerda ou frente do *goal*, segundo exigem as circumstancias.

E' de pequena estatura mas é muito agil, muito calmo e furta-se com grande habilidade ás *charge* dos adversarios.

Os outros *goal-keepers* em geral usam e abusam dos soccos e dos ponta-pés. Nem por isso entretanto deixam de jogar bem, como de facto jogam. Seria preferivel, porém, que jogassem segundo as regras, principalmente com calma.

Por occasião de dar o *goal-kick* o *goal-keeper* deve fazer o possivel para dirigir a bola para o ponto do campo em que se acham collocados os seus *forwards*, afim de que estes possam recomeçar logo o ataque.

Emfim, um ultimo conselho: o *goal-keeper* deve usar luvas guarnecidas, na palma, com borracha de superficie aspera, afim de que a bola se estiver molhada, não escape das suas mãos

V

O CAPITÃO

As numerosas qualidades que deve possuir um jogador para desempenhar convenientemente as funcções de capitão de um *team* são as mesmas exigidas de um general; seu *team*, que precisa ter uma confiança illimitada no seu chefe, é um pequeno exercito que elle deve saber commandar, instruir e dirigir.

Um *team* que tem confiança illimitada na capacidade do seu capitão possue já um dos elementos que deve conduzil-o á victoria, mas a força dos seus onze jogadores depende em grande parte da habilidade de seu chefe em manobral-os e fazer-se obedecer. Se elle não gozar da confiança dos seus homens não conseguirá que lhe obedeçam, e, para que possa manter a disciplina deve ter a maior autoridade sobre os seus subordinados, pois o successo depende da obediencia passiva destes. Um *team* que discute as ordens e o modo porque o seu chefe dirige o jogo não fará nada que preste, e como este é responsavel pela bôa conducta dos seus subordinados, sua autoridade deve ser absoluta.

O capitão de um *team* deve ter qualidades especiaes, innatas.

Ninguem se transforma em bom general, pois a sciencia do commando não está ao alcance de todos, nasce com o individuo.

Em taes condições, a escolha de um capitão deve ser feita com cautela e não tendo em vista simplesmente o jogo pessoal de um jogador ou as suas bôas relações de camaradagem. Uma vez escolhido, porém, sua autoridade deve ser reconhecida e suas ordens executadas sem recriminações.

O primeiro dever de um capitão, desde o momento em que formou o seu *team* e collocou os jogadores segundo as aptidões de cada um, será combinar os elementos, por ventura heterogeneos, de que disponha, afim de tirar delles o melhor partido. Estudará depois as mudanças a fazer no ataque e na defesa, tendo em vista as qualidades dos jogadores, o estado do terreno e a força dos adversarios. Comquanto seja indispensavel que cada *team* desenvolva um jogo combinado, todavia é de mau aviso manter esse jogo em todas as circumstancias. O mesmo succede com relação ás posições occupadas pelos jogadores; se o capitão verifica que tal ou tal jogador não tem as condições exigidas para continuar na posição que occupa deve mudal-o, collocando-o em um posto mais em relação com as suas aptidões.

Se verificar que alguns dos seus subordinados estão jogando com lentidão, deverá encorajal-os; se notar que outros desenvolvem um jogo pessoal, sem se preoccuparem com os seus companheiros, e que outros, finalmente, exaltam-se, perdem o sangue frio, deve, custe o que custar, chamal-os á ordem, pois taes jogadores são perigosos, implantam a desordem em um *team*.

Antes de começar o *match* o capitão deve reunir o *team* para transmittir-lhe o seu plano de combate, prevendo todas as eventualidades que se possam apresentar, indicando o modo de agir, afim de que os seus subordinados sejam guiados por um só e unico pensamento, o seu. Terminado o *match*, fará sentir a cada jogador os erros de tactica que tiver commettido e as razões pelas quaes tal ou tal maneira de jogar é preferivel a qualquer outra. Uma bôa demonstração vale mais que dez censuras, e o capitão terá tudo a ganhar fazendo-se comprehender dos seus subordinados. Elle proprio deve jogar sem procurar occasiões para se distinguir.

Deverá munir-se de bastante paciencia, ser emprehendedor, não temer o julgamento de quem quer que seja desde que ache conveniente ensaiar uma nova tactica.

Durante os *matchs* deve occupar uma posição que lhe permitta ver tudo que se passa no campo; sendo preferivel que jogue em uma das linhar da defesa, principalmente como *center-half*, pois nesta posição estará mais em condições de desempenhar a importante funcção de que está investido.

De uma manobra do capitão depende muitas vezes a victoria de um *team*.

Liga Paulista de Football

PRESIDENTE — Dr. Armando Prado
VICE-PRESIDENTE — C. Miller
1.º SECRETARIO — Dr. Guilherme Rubião
2.º » — A. Moraes
1.º THESOUREIRO — A. Ravache
2.º » — J. Collet e Silva

CONSELHO:

Dr. Luiz Silveira (A. A. P.)
Bento Vianna (S. C. I.)
C. P. Tomkins (S. P. A. C.)
Max Engelhardt (S. C. G.)
H. Ruffim (A. A. M. C.)
M. Cardim (C. A. P.)

O MAIOR DEPOSITO DE IMPERMEAVEIS DE S. PAULO

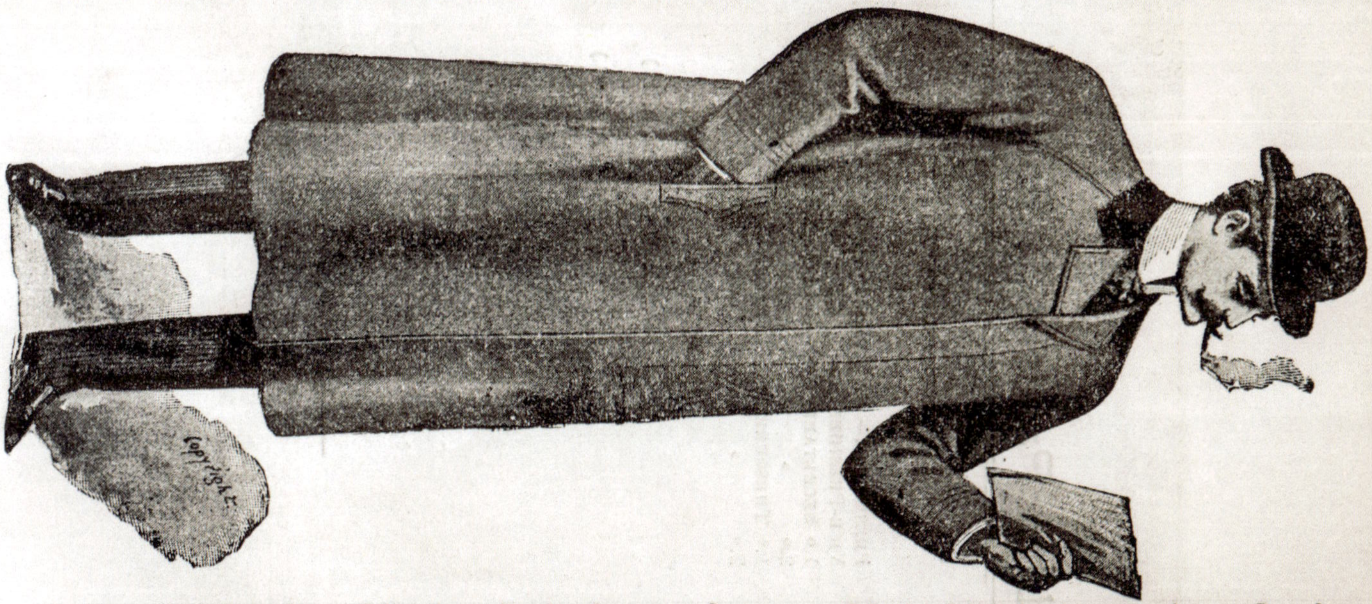

Impermeaveis Inglezes-Capas, Sobretudos e Ponches-Capas com Capus e com Pelegrino-Sobretudos Impermeaveis sem Borracha

Grande variedade em côres e em medêlos—PREÇOS EXCEPCIONAES

CASA CLARK — Rua S. Bento, 8

OS PREMIOS DOS CAMPEONATOS DE. FOOTBALL

Taça offerecida pela Liga Paulista (segundo teams) — Taça "C. Costa" 1902-1904 — Taça "A. Penteado" 1905-1907

ACCEITAM-SE ANNUNCIOS PARA 1907

Charles Hü & C.

CASA ESPECIAL

de Vinhos Finos e de Meza

Aguas Mineraes

LICORES

CONSERVAS FINAS

ATACADO E VAREJO

Rua Libero Badaró, 115

SÃO PAULO

Roga-se indicar o annuncio do "GUIA", sempre que se dirigirem aos annunciantes.

S. PAULO ATHLETIC CLUB

FUNDADO EM MAIO DE 1888

O detentor da taça «Casemiro da Costa» si bem que não tenha probabilidade de ser vencedor do campeonato deste anno é todavia um digno adversario e um temivel concurrente ás primeiras posições, possuindo um team bastante disciplinado.

DIRECTORIA:

Presidente—R. Gray, R. do Carmo N. 1.
Vice-Presidente—T. Hobbs.
Secretario—C. P. Tomkins, R. Maranhão N. 50.
Thesoureiro—G. H. Brodie, Avenida Hygienopolis.

COMMITTÉE:

C. W. Miller
D. S. Nelson
R. Williamson
J. N. Whyte

Campo—O campo de exercicios do club é á Rua Consolação, 125, (telephone n. 809) por onde passam os bonds de Villa Buarque (via Consolaçã) Avenida e Araçá. (Vide horario no fim).

Cores—As cores que usa o S. P. Athletic Club são: azul e branca, sendo a camisa em listas azues e brancas e calça azul escuro.

Datas—Eis as datas que o club fixou para varios *sports* durante o anno:

FOOTBALL

Maio	6	versus	A. A. Palmeiras
»	20	»	S. C. Germania
»	24	»	A. A. Mackenzie
Junho	3	»	S. C. Internacional
»	29	»	C. A. Paulistano
Julho	8	»	S. C. Germania
Agosto	5	»	S. C. Internacional
»	15	»	A. A. Mackenzie
Setembro	8	»	C. A. Paulistano
»	16	»	A. A. Palmeiras
Outubro	12	Athletic Sports	

CRICKET FIXTURES

DATE	VERSUS	WHERE PLAYED	Result
April 22	Santos A. C.	S. PAULO	
June 17	Santos A. C.	SANTOS	
Aug. 26	Santos A. C.	SANTOS	
Set. 7, „ 8, „ 9	State of Rio V State of S. Paulo	SANTOS	
Nov. 4	Santos A. C.	S. PAULO	

TENNIS FIXTURES (Prado Jr. Cup)

DATE	VERSUS	WHERE PLAYED
June 10	C. A. Paulistano	S. P. A. C.
„ 14	Santos A. C.	S. P. A. C.
July 14	C. A. Paulistano	Velodrome
Aug. 12	Santos A. C.	SANTOS

Club Athletico Paulistano

FUNDADO EM DEZEMBRO DE 1900

O Club Athletico Paulistano foi o vencedor das provas do campeonato durante o anno passado tendo conquistado a taça Penteado depois de brilhantissimas pugnas.

DIRECTORIA

PRESIDENTE—Antonio Prado Junior, Avenida Hygienopolis.
VICE-PRESIDENTE—Luiz Fonseca, General Jardim, 84.
1.º SECRETARIO—Clovis Glycerio (reeleito).
2.º SECRETARIO—Jorge Miranda Junior.
1.º THESOUREIRO—Numa de Oliveira, General Jardim, 72.
2.º THESOUREIRO—Savanel Gama.

COMMISSÃO DE CAMPO

Dr. Guilherme Rubião
Ibanez Salles
Macedo Soares
Eurico Vergueiro
Jorge Miranda
Savanel Gama

Cores do Club—As cores do Club são: branca e vermelha, sendo para o 1.º team a camisa branca com as iniciaes C. A. P. em cor vermelha, calção branco com lista vermelha e bonet vermelho com iniciaes brancas; o 2.º *team* tem o uniforme differente só na camisa, que é feita em listas vermelhas e brancas.

Séde Social—Continua a séde social installada junto ao campo de *football*, no Velodromo, por onde passam os bonds da Avenida, Araçá, Villa Buarque (via Consolação). [Vide horario].

Campo—Continua no Velodromo Paulista possuindo, alem do terreno para football, tres quadras de tennis, um frontão para pelota basca, piscina de natação e explendidas acommodações para os socios em quartos illuminados á luz electrica, assim como chuveiros, lavatorios duchas e quartos para os socios dos clubs visitantes.

Datas—O Paulistano disputará os matches do campeonato nas seguintes datas:

Junho	10	versus	A. A. Palmeiras
»	14	»	A. A. Mackenzie College
»	24	»	S. C. Germania
»	29	»	S. P. Athletic Club
Julho	15	»	S. C. Internacional
»	22	»	A. A. Palmeiras
»	29	»	S. C. Germania
Setembro	8	»	S. P. Athletic Club
»	20	»	A. A. Mackenzie College
Outubro	7	»	S. C. Internacional

Teams—Farão provavelmente, parte do primeiro e segundo *teams* os Snrs. Brito, Jorge Miranda Junior, Savanel Gama, J. B. Figueiredo, Cassio de Barros, Berwasky Cerqueira, Eurico Vergueiro, Werneck, Joaquim Prado, Fabio Prado, Ibanez Salles, Macedo Soares, Mario Tibiriça (ruivo) Firmo Vergueiro, Jorge Chaves, e outros.

Turma de Pelota—A. Melchert Netto, Guilherme Rubião. Luiz Gonçalves, Savanel Gama, A. Pederneiras, Macedo Soares, Sylvio Pacheco, Candido Rocha, O. B. Pereira, Jorge Miranda Junior, Jorge Chaves, Eurico Vergueiro.

Escaphandristas — G. Paula Souza, Eurico Vergueiro, Ruben Salles, Humberto Rubião, Ruy Vergueiro, J. Redondo, Nicolau Vergueiro, Mario Beco [capitão] Macedo Soares e outros.

Team de Tennis—Carlos Laué, Clovis Glycerio, J. Bierrenbach, Antonio Prado Junior, Martinho Prado Netto, Luiz Prado, Rocio Aranha, Maercio Munhós, Marcio Munhós, Augusto de Abreu, C. Klingelhoeffer, C. Tomkins, Cassio de Barros, M. Cardim.

Eis as datas dos jogos de tennis;

DATA		NOME DOS CLUBS	LOCAL
Junho	10	S. Paulo Athletic Club	S. P. A C.
Julho	8	Santos A. Club	C. A. P.
Julho	14	S. Paulo Athletic Club	C. A. P.
Agosto	19	Santos A. Club	Santos

Capitão C. LAUÉ

São os Melhores

CHARUTOS

POOCK

SÃO OS MELHORES

São os Melhores

Sport Club Internacional

FUNDADO EM 19-8-1899

O Internacional continua a ser enthusiastico propagador da educação physica e especialmente do football.

Conta. este anno, poder enfrentar os seus adversarios nas luctas do campeonato, com um team forte e disciplinado.

DIRECTORIA:

PRESIDENTE HONORARIO—Antonio de Souza Queiroz.

PRESIDENTE EFFECTIVO—João Carlos de Mello—R. Paraizo N. 14.

VICE-PRESIDENTE—Dr. Armando Prado.

1.º SECRETARIO—Antonio de Souza Queiroz, R. Consolação N. 18.

2.º SECRETARIO—Julio Ribeiro.

1.º THESOUREIRO—Antonio Massariol, R. 7 de Abril N. 62.

2.º THESOUREIRO—Victor Leite Mamede.

DIRECTORES:

Bento Vianna
Nicolau Marmo
Johanes Manteufel

Representante na Liga – Bento Vianna.

Cores do Club: Preto e vermelho, sendo a camisa com listas vermelhas e pretas, calção preto e bonet metade de cada cor.

Campo de exercicio—Muito bem installado fica á Rua Consolação, 153 A, por onde passam os bonds de Villa Buarque [via Consolação] Avenida e Araçá [vide horario no fim].

Séde Social—A séde social do Club continua á Rua José Bonifacio esquina da Rua S. Bento N. 2, com varias salas para bilhar, leitura, esgrima, *box*, etc. A aula de Gymnastica está sob a direcção dos Snrs. Nicolau Marmo e Carlos de Aguiar e funcciona ás terças e sextas feiras; a de esgrima sob a direcção dos Snrs. Joaquim Barros e Edmond Plauchut e funcciona ás segundas e quintas feiras; e a de *box* sob a direcção do Snr. N. Montowsky funccionando ás quartas e sabbados.

Datas—Os *matches* do campeonato serão disputados pelo club nas seguintes datas:

Maio	3	versus	A. A. Mackenzie College
»	13	»	S. C. Germania
Junho	3	»	S. P. Athletic Club
Julho	1	»	A. A. Palmeiras
»	15	»	C. A. Paulistano
Agosto	5	»	S. P. Athletic Club
»	19	»	S. C. Germania
Setembro	7	»	A. A. Mackenzie College
»	30	»	A. A. Palmeiras
Outubro	7	»	C. A. Paulistano

Teams—Farão, provavelmente, parte do primeiro e segundo teams os seguintes jogadores: Osorio, Menezes, Mario Prado (capitão) Juvenal Prado, Argemiro, Aquino, Leo, Aguiar, Ormundo, Acacio Faria, Pereira, Paulo Sohn, Dinorah Assis, Rodovalho, Quartim, Lauro, Afranio Gama, Synesio, S. Flores, Orlando Leite, F. Pompeo e outros.

Numero de socios 200.

Associação Athletica do Mackenzie College

FUNDADA EM 18-8-98

No Mackenzie a rapaziada não descura do football em cuja propaganda se esforçam sempre com crescente enthusiasmo.

Ainda este anno o seu team está organisado de forma a poder dar trabalho aos concurrentes da taça «Penteado».

Cores — As cores da Associação Atsletica do Mackenzie, são: branca e vermelha, sendo a camisa vermelha com gravata branca e a calça branca.

Campo — O campo de jogo fica situado junto ao edificio do Collegio, por onde passam os bonds da rua Maranhão.

Datas — Para os *matches* do campeonato o Mackenzie marcou as seguintes datas:

Maio	3	versus	S. C. Internacional
»	24	»	S. P. Athletic Club
Junho	14	»	C. A. Paulistano
Julho	14	»	S. C. Germania
Agosto	15	»	S. P. Athletic Club
Setembro	7	»	S. C. Internacional
»	20	»	C. A. Paulistano
Outuro	12	»	A. A. Palmeiras
Novembro	1	»	S. C. Germania
»	15	»	A. A. Palmeiras

Teams—Fazem parte do primeira e segundo teams os Snrs. J. Roque, Pinto, C. Lefevre, Pyles, C. Rehder, Munhós, Ruffim, Martins, Fabio, Andrade, H. Ruffim, Olyntho, Satyro, Adhemar, O. Martins, Paulo Galleano, Gullo, Avila, Bibi, Miranda, Salerno e outros.

Sport Club Germania

FUNDADO EM 7-9-99

DIRECTORIA PARA 1906

PRESIDENTE—Dr. João Paulo Lehfeld, R. Commercio N. 15.
VICE-PRESIDENTE—H. Friese.
SECRETARIO—C. Brasche, R. Victoria N. 50.
THESOUREIRO—H. Nobiling, R. S. Antonio, 75.
REPRESENTANTE NA LIGA—A. Ravache.
CAPITÃO—R. Büngner.
SUPPLENTE—A. Kirschner.

Cores do Club—Preto e azul, sendo a camisa metade de cada cor, a calça preta com lista azul e o bonet em listas azues e pretas.

Campo—O actual campo do Germania é no Hypodromo Paulista, no prado da Mooca.

Séde Social—R. do Commercio N. 15, sobrado.

Datas—As datas que o Germania marcou este anno para jogar os matches do campeonato são as seguintes:

Maio	13	versus	S. C. Internacional
»	20	»	S. P. Athletic Club
»	27	»	A. A. Palmeiras
Junho	24	»	C. A. Paulistano

Julho	8	»	S. P. Athletic Club
»	14	»	A. A. Mackenzie Cellege
»	29	»	C. A. Paulistano
Agosto	12	»	A. A. Palmeiras
»	19	»	S. C. Internacional
Novembro	1	»	A. A. Mackenzie College

Teams—Farão, provavelmente, parte do primeiro e segundo teams os seguintes srs.:

Handschick, Ritscher, Vaz Porto III, Büngner, Kirschner, Thiele, Vaz Porto I, Fuller, Friesi, Stani, Einführer, Brasche, Marques, Melke, Carvalho, Arnoldi, Richter II, Linz, Witte, Heinke, Lojacomo, Kauschus, etc.

Numero de socios—250.

Associação Athletica das Palmeiras

FUNDADA EM 9-11-1902

A Associação Athletica das Palmeiras não obstante ter ficado em ultimo logar nas provas do campeonato do anno passado continua filiada á Liga visto como foi vencedora do match que disputou com o Club Athletico Internacional de Santos que pretendeu substituil-a entre os clubs de primeira categoria.

DIRECTORIA

PRESIDENTE—Alberto de Menezes Borba, R. de S. Bento, 27.
VICE-PRESIDENTE—Dr. Sylvio Maia, Avenida Tiradentes, 17.
1.º SECRETARIO—Dr. Luiz Silveira (Redacção do «São Paulo»)
2.º SECRETARIO—Jorge Collet e Silva, R. D. Veridiana, 20.
THESOUREIRO—João Carneiro Monteiro, R. Duque de Caxias, 34.
DIRECTOR SPORTIVO—Jorge Mesquita.

Campo—O campo de jogo do Palmeiras, com todas as dimensões exigidas e perfeitamente grammado, fica situado na aprazivel chacara da Floresta. O transporte é feito pelos bondes da Ponte-Grande.

Cores—As cores são: branca e preta, sendo calção branco e camisa preta e branca.

Bandeira—A bandeira é branca tendo uma lista preta em diagonal com as iniciaes A. A. P.

Datas—Os *matches* do campeonato da A. A. das Palmeiras são nas seguintes datas:

Maio 6 versus S. P. Athletic Club
» 27 » S. C. Germania
Junho 10 » C. A. Paulistano
Julho 1 » S. C. Internacional
» 22 » C. A. Paulistano
Agosto 12 » S. C. Germania
Setembro 16 » S. P. Athletic Club
» 30 » S. C. Internacional
Outubro 12 » A. A. Mackenzie College
Novembro 15 » A. A. Mackenzie College

Teams — Os *teams* se constituirão dos seguintes jogadores: Jorge Mesquita, Raphael Sampaio [capitão], José Rubião, Pelayo Arruda, Orlando Penteado, Raul Guimarães, Thomaz Collet, Sylvio do Amaral, Deodoro de Campos, Mario Egydio, Plinio Rublão, Duarte Netto, José Palhares, A. Neves, Agenor Corrêa, J. Itaborahy, A. Cintra, Renato Azevedo, Valencio de Barros, Dagoberto Guimarães, Julio Carvalho, Synesio Braga, A. Cassanha, Sylvio Maia, Mario Maia, Durante de Camargo, Ulysses Fagundes, etc., etc.

Séde — A séde da Associação é na chacara da Floresta Ponte Grande]. Além do sport de *foot-ball*, proporciona outros divertimentos aos seus associados taes como *gymnastica*, *tennis*, *remo*, *boliche*, *tiro ao alvo*, *basketball* [para senhoritas] etc, etc.

Telephone n. 803.

Correspondencia — Para a Redacção do «São Paulo».

DATAS

1902	1903
29—5	17—9
7—6	14—7
15—6	28—6
—	—
15—11	12—10
—	—
20—7	19—7
11—5	21—6
8—5	24—6
—	—
27—7	5—7
—	—
3—8	9—8
4—10	29—8
10—8	30—8
29—6	2—8
—	—
17—8	23—8
8—6	5—7
—	—
13—5	21—5
—	—
31—8	26—7
2—5	15—8
24—8	27—9
—	—
—	—
20—9	11—5
—	—
14—7	7—9

dos resultados parciaes do triennio de 1902 a 1904, inclusive

Taça "CASIMIRO DA COSTA"

dos Clubs	RESULTADOS			PONTOS																	
				S. P. A.			S. C. I.			S. C. G.			A. A. M. C.			C. A. P.			A. A. P.		
	1902	1903	19 4	1902	1903	1904	1902	1903	1094	1902	1903	1904	1902	1903	1904	1902	1903	1904	1902	1903	1904
zie v Intenac.	2—2	5—0	4—0				1	0	2				1	2	0						
zie v Paulstano	2—2	0—0	1—0										1	1	0	1	1	2			
:. v Paulisano	3—1	5—0	2—0				0	0	0							2	2	2			
ia v Palmiras	—	—	3—0							—	—	0							—	—	2
:. v Mackuzie	3—2	3—0	3—0				0	2	2				2	0	0						
no v Palmeiras	—	—	5—1													—	—	2	—	—	0
ia v Athleic	4—0	4—1	1—0	2	2	2				0	0	0									
ia v Interac.	2—0	3—1	1—0				0	0	2	2	2	0									
no v Athltic	4—0	2—0	1—1	2	0	1										0	2	1			
as v Macknzie	—	—	4—1										—	—	2				—	—	0
ia v Paulitano	2—0	5—0	2—0							0	0	0				2	2	2			
a v Palmeras	—	—	5—0	—	—	2													—	—	0
v Germaia	3—0	1—1	3—2	2	1	2				0	1	0									
zie v Paulstano	3—0	1—0	2—1										0	0	0	2	2	2			
ia v Interac.	1—1	4—3	4—0				1	2	2	1	0	0									
v Paulistno	1—0	4—0	0—0	0	2	1										2	0	1			
v Palmeins	—	—	3—0	—	—	2													—	—	0
no v Germnia	1—1	2—0	1—0							1	0	0				1	2	2			
v Interna.	3—0	1—0	5—0	2	2	2	0	0	0												
no v Palmiras	—	—	1—0													—	—	2	—	—	0
v Mackenie	3—0	3—0	1—0	2	2	2							0	0	0						
as v Interac.	–	—	5—1				—	—	2										—	—	0
no v Intenac.	3—0	5—0	5—2				0	0	0							2	2	2			
zie v Germnia	2—1	2—0	3—2							0	0	0	2	2	2						
. v Athlet:	0—0	3—0	4—1	1	2	2	1	0	0												
as v Germnia	—	—	5—0							—	—	2							—	—	0
as v Internc.	–	—	2—0				—	—	2										—	—	0
zie v Athleic.	4—4	2—1	5—0	1	2	2							1	0	0						
ie v Palmiras	—	—	3—1										—	—	2				—	–	0
zie v Germnia	2—0	3—0	1—0							0	0	2	2	2	0						
				12	13	18	3	4	12	4	3	4	9	7	6	12	13	18	—	—	2

Resumo dos resultados do triennio de 1902 a 1904, inclusive

Taça "Casimiro da Costa"

CLUBS	MATCHES				GOALS		TOTAL dos Pontos
	Jogados	Ganhos	Perdidos	Empatados	Pró	Contra	
S. P. Athletic Club.	26—13	19	2	5	67	11	43
C. A. Paulistano. .	26—13	19	2	5—5	55	17	43
A. A. Mackenzie College .	26—13	9	12	4—2	40	44	22
S. C. Internacional.	26—13	8	15	3	36	62	19
S. C. Germania . .	26—13	4	19	3—3	20	55	11
A. A. Palmeiras. .	10—5	1	9	0	7	38	2
TOTAL . . .	70	60	60	10	225	225	140

DATA

1905	1906
7—9	3—5
21—5	6—5
4—6	13—5
2—7	20—5
3—5	24—5
9—7	27—5
18—6	3—6
29—6	10—6
13—5	14—6
17—9	24—6
30—7	29—6
7—5	1—7
24—9	8—7
14—7	14—7
28—5	15—7
27—8	22—7
1—10	29—7
20—8	5—8
10—9	12—9
1—6	15—8
6—8	19—8
12—10	7—9
8—7	8—9
6—8	16—9
1—11	20—9
23—6	30—9
22—10	7—10
22—6	12—10
15—8	1—11
27—9	15—11

dos resultados parciaes do triennio de 1905 a 1907, inclusive

Taça "PENTEADO"

...es dos Clubs	RESULTADOS			PONTOS																	
				S. P. A.			S. C. I.			S. C. G.			A. A. M. C.			C. A. P.			A. A. P.		
	1905	1906	19[07]	1905	1906	1907	1905	1906	1907	1905	1906	1907	1905	1906	1907	1905	1906	1907	1905	1906	1907
...nzie v Internac.																					
...ic v Palmeiras																					
...ac. v Germania																					
...nia v Athletic																					
...nzie v Athletic																					
...nia v Palmeiras																					
...ac. v Athletic																					
...tano v Palmeiras																					
...tano v Mackenzie																					
...nia v Paulistano																					
...tano v Athletic																					
...iras v Internac.																					
...nia v Athletic																					
...nzie v Germania																					
...tano v Internac.																					
...iras v Paulistano																					
...tano v Germania																					
...ic v Internac.																					
...iras v Germania																					
...nzie v Athletic																					
...nia v Internac.																					
...nzie v Internac.																					
...tano v Athletic																					
...ic v Palmeiras																					
...tano v Mackenzie																					
...iras v Internac.																					
...tano v Internac.																					
...nzie v Palmeiras																					
...nia v Mackenzie																					
...iras v Mackenzie																					

Resumo dos resultados do triènnio de 1905 a 1907; inclusive

Taça "PENTEADO"

CLUBS	MATCHES				GOALS		TOTAL dos pontos
	Jogados	Ganhos	Perdidos	Empatados	Pró	Contra	
TOTAL . . .							

Club Athletico Internacional de Santos

Fundado em 27 de Outubro de 1902

DIRECTORIA:

PRESIDENTE—A. Peixoto Miller
VICE-PRESIDENTE—Sydney Munn.
1.º SECRETARIO—Renato Adamzyck
2.º SECRETARIO—Francisco S. Dantas
1.º THESOUREIRO—Ed. Wucherer
2.º THESOUREIRO—B. Standen
1.º DIRECTOR—H. Tross
2.º DIRECTOR—Candido Mendonça

COMMISSÃO DE JOGOS

B. Turner, primeiro capitão de football
H. Cross, segundo capitão de football
Ed. Wucherer, primeiro capitão de cricket
V. Cross, segundo capitão de cricket
R. Adamsyck, primeiro capitão de lawn-tennis
J. Gray, segundo capitão de lawn-tennis

Campo—Medindo 100 metros de frente por 250 de fundo e com acommodações para os sports de football, cricket, lawn-tennis e cyclismo, é situado á avenida Anna Costa n. 6 À, por onde passam os bonds de José Menino e Gonzaga.

Cores—As cores do Club são azul e vermelha dispostas no meio da seguinte maneira: camisa em listas verticaes e calção azul e na bandeira, em metade de cada cor tendo no centro o monogramma do club em amarello.

Teams—Os jogadores que constituirão o primeiro e segundo teams são mais ou menos os seguintes: C. Turner [capitão], H. Cross, [segundo capitão] Tros, V. Cross, Adamsyck, J. Gray, Ed. Wucherer, Wright, Argemiro de Souza, Tomsom, Walter, Th. Joyce, O. Pilar, E. Moraes, G. Cox, C. Murrahy, Linz, Hampshire, Abreu, L. Fortunato, M. Verdinassi, A. Miller, [torcedor mór] A. Guerra, Durval, Damasceno, Stander, E. Vergueiro, A. Lopes, Durval, F. Lopes, Mc. Ewen Junior, Leoncio.

Numero de socios, 150.

Sport Club Americano

FUNDADO EM 21-5-903

O Sport Club Americano é uma das mais adeantadas Sociedades Sportivas de Santos e disputou com muita galhardia a sua filiação á Liga Paulista de Football em match que jogou com o seu rival o Club Athletico Internacional.

DIRECTORIA:

PRESIDENTE—C.el Bento Ernesto Guimarães.
VICE-PRESIDENTE—Arliond de Castro;
1.º SECRETARIO—Layre de Castro;
2.º SECRETARIO—Octavio Ribeiro;
THESOUREIRO—Francisco Ribeiro.

DIRECTORES:

Sizino Patusca!
José Procopio de Araujo
J. E. Pereira
Octavio Lara Campos

ASSEMBLÉA GERAL:

PRESIDENTE—Carlos Nogueira Gama;
VICE-PRESIDENTE—Jonas Pacheco;
1.º SECRETARIO— Candido Borba;
2.º SECRETARIO—Silvio Caldeira.

Cores—Verde e amarello dispostas nas camisas em listas.
Ground—R. Visconde de Eembarl n. 1 A.
Caixa do Correio n. 164.
Endereço Telegraphico, BEG.
Numero de Socios, 125.
Séde Social—R. Antonio Prado, 68.

ACCEITAM-SE ANNUNCIOS PARA 1907

Quereis Verdadeiro

VINHO BORDEAUX ?

PROCURAE

OS DE

A. LAPA & C.

R. S. Bento, 55

S. PAULO

Roga-se indicar sempre o annuncio do "Guia"

CAMPEONATO BRASILEIRO DE FOOTBALL

Taça "BRAZIL"

LIGA METROPOLITANA DE FOOTBALL

Fundada em 21 - 5 - 905

Está definitivamente instituido o Campeonato Brazileiro de Football sob a direcção da Liga Metropolitana, fundada na Capital da Republica por iniciativa do Football and Athletic Club.

A sua directoria para 1906 é a seguinte:

PRESIDENTE—Francis H. Walter.
VICE-PRESIDENTE—R. A. Brooking.
SECRETARIO—J. Rocha Gomes.
THESOUREIRO—Antonio Pinto.

O Campeonato do Rio de Janeiro vae ser disputado pelos Clubs da primeira Divisão para a conquista da Taça «Casa Colombo».

Ao Campeonato dos segundos *teams* só poderão concorrer os clubs da primeira Divisão.

Constitue premio dessa prova a Taça Caxambú. A Liga em Assembléa Geral de 11 de Fevereiro estabeleceu o Campeonato Brazileiro de Football.

A esse campeonato só poderão concorrer as Ligas dos Estados da Republica reconhecidas pela Liga Metropolitana.

No Campeonato Brazileiro as Ligas se farão representar por um *scratchteam*.

O premio do Campeonato Brazileiro de Football é de offerta do Exmo. Snr. Presidente da Republica e consta de riquissima Taça denominada «Brazil».

O primeiro Campeonato Brazileiro se realisará na Capital da Republica e os demais na do Estado que for o seu vencedor.

Os clubs filiados á Liga são os seguintes:

F. WALTER

PRESIDENTE DA LIGA METROPOLITANA DE FOOTBALL

Fluminense Football Club

O Fluminense Football Club fundado a 21 de Julho de 1902 é um dos mais antigos da capital e forte concorrente da Taça «Colombo» que começará a ser disputada a 3 de Maio com o match entre este Club e o Paysandú Cricket Club. Valoroso concorrente da «Caxambú Cup» o Fluminense tem grande probabilidade de ser o vencedor do Campeonato dos segundos teams.

DIRECTORIA

PRESIDENTE—Francis Walter.
VICE-PRESIDENTE—Dr. Guilherme Guinle
1.º SECRETARIO—Carlos Sardinha.
2.º SECRETARIO—Antonio Vaz de Carvalho.
1.º THESÓUREIRO—Luiz Borgerth.
2.º THESOUREIRO—Raul Rocha.

GROUND COMMITEE

Victor Etchegaray, *Captain*
Oscar Cox
Felix Frias Junior
Franz Waitz
Mario Rocha

Representantes junto á Liga—Francis H. Walter e Victor Etchegaray.

Campo e Séde Social—R. Ganabara 54 A.

Cores—Encarnado e verde com entrelista branca.

Pavilhão—Encarnado e verde com monograma do Club.

Bonds—Os que servem para o seu campo são os de Larangeiras e Aguas Ferreas.

“AU BON DIABLE”

RUA DIREITA, 47 e 49

(CASA FUNDADA EM 1878)

ENORME SORTIMENTO DE ROUPAS PARA MENINOS

DE TODOS OS TAMANHOS

SOBRETUDOS E CAVOURS forrados á seda e confeccionados na melhor casa de Paris.

ROUPAS BRANCAS DE QUALIDADE SUPERIOR

CAPAS E PONCHES DE BORRACHA

à prova de qualquer chuva

Sobretudos de casimira impermeavel para o frio e chuva. Optimos jaquetões de panno montagnac pelludo. COLLETES DE MALHA. Camisas, ceroulas, meias e luvas de lan,

Sobretudos para homem desde 25$000!

Ditos para meninos desde 8$000!

PREÇOS SEM COMPETENCIA

The Rio Cricket & Athletic Association

O Rio Cricket, composto em sua maioria de membros da colonia ingleza, foi fundado em Setembro de 1897.

DIRECTORIA

PRESIDENTE—Geo Cox.
VICE-PRESIDENTE—F. H. Tarver.
SECRETARIO—W. T. Ginns.
THESOUREIRO—C. B. Mawson.
Representantes junto á Liga—C. B. Mawson, R. A. Brooking.

GROUND COMMITTEE

H. Jeans, *Captain do football.*
R. Morrissy, » » *cricket.*
D. D. Moore, » » *tennis.*
E. A. Tootal.
G. H. Graig.
H. E. Gwyther.

Campo e Séde Social — Rua da Constituição, [Icarahy].

Cores—Verde escuro e amarello.

Bonds—Para os passageiros de S. Domingos os de Icarahy e para os passageiros de Nitheroy os de Santa Rosa.

ACCEITAM-SE ANNUNCIOS PARA 1907

HAT STORE

SECÇÃO

de Artigos Extrangeiros

Praça Antonio Prado

Trust Villela

Football and Athletic Club

Este Club, constituido em sua maioria de moradores dos bairros da Tijuca, Engenho Velho e Andarahy foi fundado a 27 de Setembro de 1903.

Entre os concurrentes ao proximo Campeonato o Athletic não é dos mais fracos, conquanto tambem não seja dos mais fortes.

DIRECTORIA

PRESIDENTE—1.º Tenente Santiago Rivaldo.
VICE-PRESIDENTE—José da Rocha Gomes.
1.º SECRETARIO—Lindolpho Costa.
2.º SECRETARIO—Gaspar Leite.
1.º THESOUREIRO—Armando de Carvalho.
2.º THEZOUREIRO—Arnaldo W. Campello.
PROCURADOR—João Leite.

GROUND COMMITTEE

Hildebrando Paranhos.
Alberto Alvarenga.
John Walalmsley.
Alvaro Alvarenga.

Campo—O campo de training continua a ser na Rua Asylo Izabel.

Séde Social (provisoria)—R. Haddock Lobo, 187 A.

Cores—Branca e vermelha.

Pavilhão—Vermelho e branco em listas horisontaes tendo no angulo superior esquerdo o monograma do Club.

Bonds—Os bonds que servem ao seu campo são: Asylo Izabel, Andarahy (Leopoldo) e Villa Izabel.

ACCEITAM-SE ANNUNCIOS PARA 1907

BYINGTON & C.

EMPREITEIROS

Engenheiros Electricistas, Hydraulicos
Mechanicos, Agentes e Importadores

RELAÇÕES COMMERCIAES
com as mais importantes fabricas americanas e européas

Unicos Agentes das MACHINAS de ESCREVER

REMINGTON

70 % das Machinas de escrever do mundo inteiro, são da
Remington Typewriter C.º

Rua do Commercio, 4-A

Ender. Telegr.: ALTON – S. PAULO
Telephone, 845 – S. PAULO – Caixa Postal P

Botafogo Football Club

O Botafogo Football Club foi fundado á 12 de Agosto de 1904.

DIRECTORIA:

PRESIDENTE—Joaquim Antonio de Souza Ribeiro Filho.
VICE-PRESIDENTE—João Leal.
SECRETARIO—Antonio Pinto.
THESOUREIRO—Alfredo Chaves.

GROUND COMMITTEE

Octavio Werneck, *Captain*
Normann Hime

Rapresentantes junto a Liga—Joaquim A. de S. Ribeiro Filho e Antonio Pinto.

Cores—Preto e Branco.

Pavilhão—Listas horisontaes, pretas e brancas, com o escudo no centro e dentro do escudo o monogramma do Club.

Campo—Rua Real Grandeza n. 11.

Sede Social—Rua de S. Clemente n. 182.

Bônds—Gavea, Largo dos Leões, Humaytá e S. Clemente.

Data dos jogos Athleticos—12 de Agosto.

ACCEITAM-SE ANNUNCIOS PARA 1907

CASA AMERICANA

RUA S. BENTO N. 41-A

Unica casa no genero em conservas servas apropriadas para **Lunchs, Picnics,** etc.

Deposito do ELIXIR ORALINE

SUCCO DE UVAS DE WELCH

(Unico Legitimo)

Perfumarias dos mais afamados fabricantes—**Tutocito, Talco boricado** para assaduras nos bébés **Tutocito Spiro** contra **Suores fetidos. Biscoutos Americanos—Fructas da California.**

CASA AMERICANA

SÃO PAULO

The Bangú-Athletic Club

O Bangú Athletic foi fundado no dia 17 de Abril de 1904 e inaugurado officialmente no dia 12 de Junho do mesmo anno.

DIRECTORIA

PRESIDENTE HONORARIO – João Ferrer
PRESIDENTE – William French
VICE PRESIDENTE—James Hartley
1.º SECRETARIO – Andren Procter
2.º SECRETARIO—Jorge J. Dias
1.º PROCURADOR—Joaquim Alvares
2.º PROCURADOR – John Hellowell
CONSELHO FISCAL—José Villas Bôas e Thomaz Hellowell

Captain – James Hartley

Campo— O Campo do Club está situado na Estação de Bangú, E. de F. C. do Brazil.

Séde Social—A séde social é na mesma Estação de Bangú, Rua Estevão.

Cores—As cores do Club são: Camisa encarnada e branca e calção azul.

Pavilhão – Ainda está em projecto.

HORARIO DOS TRENS

Central para Bangú

Expresso	5.20	manhã
Mixto	7.30	»
Expresso	11.15	»
»	2.30	tarde
»	4.10	»
»	5.60	»
De S. Diogo	6.45	»
Expresso	8.5	»

Bangú para Central

Expresso	5.10	manhã
»	7.55	»
»	9.20	»
Mixto	2.15	tarde para S. Diogo
Expresso	6.31	»
»	9.20	»

A grande festa sportiva annual foi marcada para 17 de Junho.

C. F. CRUICKSHANK

CAPTAIN DO PAYSANDÚ CRICKET CLUB

Paysandú Cricket Club

Fundado em 1892, o Paysandú é um dos mais antigos centros de sports da Capital e forte concurrente a Taça «Colombo».

DIRECTORIA

PRESIDENTE—C. D. Simmons
VICE-PRESIDENTE—C. Henderson
THESOUREIRO—E. J. Smart
SECRETARIO—C. H. Pullen
Cricket Captain—V. N. Tatam
Football » C. F. Cruickskank
Tennis » E. L. Harrison

Cores—Azul escuro e branco.

Campo—Rua Paysandú [entre Ipyranga e Guanabara).

Bonds—Os que servem para o campo são os de Botafogo e Larangeiras.

ACCEITAM-SE ANNUNCIOS PARA 1907

VANORDEN & C.º

IMPORTADORES DE PAPEL

Typographia - Papelaria - Encadernação - Fabrica de Livros em branco - Carimbos de borracha - Stereotypia e Zincotypia

RUA DO ROSARIO, 7, 9 e 11

Caixa do Correio, 143

Telephone, 814

S. PAULO

America Football Club

O America Football Club foi fundado em 18 de Setembro de 1904 e pertence a segunda divisão.

DIRECTORIA

PRESIDENTE—Alfredo Mohrstedt.
VICE-PRESIDENTE—Durval Medeiros
1.º SECRETARIO—Gustavo Garnett
2.º SECRETARIO—Romeu Maina
1.º THESOUREIRO—Jayme de F. Machado
2.º THESOUREIRO—Bruno Mohrstedt
CAPTAIN—Victor Villas Boas.
Representantes junto A Liga—Amilcar Teixeira Pinto e Gustavo Garnett.

Séde Social—Rua Pedro Alves n. 55 [Praia Formosa].

Campo—O campo do Club está situado fronteiro á sua séde social.

Bonds—Os bonds que passam pelo campo são os de Praia Formosa.

O Guia de Football

É encontrado nos seguintes logares:

EM S. PAULO

CASA CLARK—R. S. Bento, 8
CASA VANORDEN—R. Rosario, 9
LIVRARIA "ALVES"—R. S. Bento, 45

EM SANTOS

R. 15 de Novembro, 13

EM CAMPINAS

Barão de Jaguara, 21-A

NO RIO DE JANEIRO

LIVRARIA ALVES
CASA CLARK—R. Ouvidor, 67-B

EM PETROPOLIS

AGENCIA DA CASA CLARK

NA BAHIA

CASA CLARK—R. Formosa, 31

e em todas as demais agencias da Casa Clark

Correspondencia para

R. S. BENTO, 45

S. PAULO

DAT

Maio
»
»
»
»
Junho
»
»
»
Julho
»
»
»
»
»
Agosto
»
»
»
»
Setembr
»
»
»
»
Outubro
»
»
»
»

DATA DOS MATCHES DA LIGA — 1906

CLUBS eam e 2.º team	Resultados 1.º team	 2.º team	Numero de pontos F. F. C. 1. T	 2. T	 B. F. C. 1. T	 2. T	 F. & A. C. 1. T	 2. T	 RC & AA 1. T	 2. T	 P. C. C. 1. T	 2. T	 B. A. C. 1. T	 2. T
C v F. F. C.														
A. A. v F. & A. C.														
C. v B. F. C.														
A. C. v B. A. C.														
C. v B. A. C.														
C. v B. F. C.														
C. v B. A. C.														
A. C. v B. F. C.														
A. A. v P. C. C.														
A. A. v B. F. C.														
C. v B. A. C.														
C. v F. & A. C.														
C. v B. A. C.														
A. A. v B. A. C.														
C. v F. & A. C.														
C. o F. F. C.														
A. A. v F. F. F.														
A. C. v B. F. C.														
C. v B. F. C.														
A. C. v B. A. C.														
A. A. v P. C C.														
C. v F. & A. C.														
C. v B. A. C.														
A. A. v B. A. C.														
C. v B. F. C.														
A. A. v B. F. C.														
C. v F. & A. C.														
A. A. v F. F. C.														
C. v B. A. C.														
A. A. v F. & A. C.														

O Football nas Escolas

O football não é somente cultivado em S. Paulo pelas Sociedades sportivas que o incluem entre os exercicios physicos de que fazem propaganda.

Tambem nas escolas, tanto particulares como do governo, os professores, em exacta quanto louvavel comprehensão de seus deveres como educadores, tem delle feito assidua propaganda com os mais proveitosos e animadores resultados para seus discipulos.

Esta pratica foi iniciada nos collegios dirigidos por inglezes taes como o Hydecroft College, o Anglo-Brasilian School, etc., e mais tarde seguida pelos congeneres nacionaes.

Damos em seguida o nome de alguns clubs e teams escolares:

Sport Club Anglo-Brasileiro [do Gymnasio Anglo-Brasileiro]

1.º TEAM

Forwards Guimarães, J. Cintra, James, Nilo e Arantes;
Half-backs Del Nero, Juarez, Jorge;
Full-backs Decio, Damasceno;
Goal-keeper Junqueira,

Sport Club Lyceu [do Lyceu do Sagrado Coração de Jesus]

1.º Team

Forwards Ernesto, Abelardo, Pellegrine, Castro, Valmore;
Half-backs Barboza, Juvenal, Caetano;
Backs Almeida, Calista;
Goal-keeper Helio.

Team do Arouche (do Grupo Escolar do Arouche)

Forwards Orlando, Jayme (capitão), Queiroz, Annibal, Belleza;
Half-backs J. Pereira, Afrodisio, Leal;
Backs Pereira, Dúdú;
Goal-keeper Juliano.

Triumpho Team [do Grupo Escotar do Triumpho]

Forwards A. Guimarães, Alfredo Borges, Benedicto Aguiar (capitão), Helio, Gilberto Araujo;
Half-backs Phelippe, Justiniano Lisboa, Didaco Gabrielli;
Backs Leopoldino Meira, Pedro L. Leite;
Goal-keeper Antonio Lisboa.

Teams da Escola Modelo Annexa á Normal

Primeiro

Forwards Eugenio, Pinto, Vianna, Renato, Cunha;
Half-backs Machado, Torres, Brant;
Backs Caruzo, Nestor;
Goal-keeper Alvaro.

Segundo

Forwards Barone, Roberto, Amilcar, Amaral, Juvenal;
Half-backs Annibal, Prado, Raul;
Backs Alencar, Oscar;
Goal-keeper Maia.

TERCEIRO

Forwards Azambuja, Martinho, Guimarães, Luiz, Aristides;
Half-backs Salles, Gilberto, Abilio;
Backs Motta, Mesquita;
Goal-keeper Celso.

Liberdade-Team (do Grupo Escolar da Liberdade)

Forwards Clicco, Flexa, Allegretti, Jadel, Saturnino;
Half-backs Angelo, Alberto, Caminha;
Backs Cezar, Mesquita;
Goal-keeper Brito.

PAPELARIA
TH. WENDT
SÃO
PAULO

PAPELARIA

TYPOGRAPHIA, ENCADERNAÇÃO, PAUTAÇÃO

RISCAÇÃO E DOURAÇÃO

FABRICA DE LIVROS EM BRANCO

COMPLETO SORTIMENTO

DE

ARTIGOS PARA ESCRIPTORIO

E

OBJECTOS DE FANTASIA

Cardozo, Filho & Motta

RUA DIREITA, 35

TELEPHONE, 341 Caixa Postal, 151

SÃO PAULO

HORARIO DOS BONDS
QUE PASSAM PELOS DIVERSOS CAMPOS
DE FOOTBALL

Linha da Villa Buarque (via Consolação)—*Partidas do Largo de S. Bento.*

M 6,09 6,36 7,03 7,30 7,54 8,24 8,51 9,18 9,45 10,12 10,39 11,06 11,33 T 12,00 12,27 12,54 1,21 1,48 2,15 2,42 3,09 3,36 4,03 4,30 4,57 5,24 5,51 6,18 6,45 7,12 7,39 8,06 8,33 8,59 9,27 9,55 10,23 10,54 11,19 11,47 12,15

Linha Avenida (v. Rua S. Amaro)—*Partidas Rua José Bonifacio.*

M 4,26 4,43 5,01 5,35 5,53 6,11 6,29 6,45 7,03 7,21 7,39 7,45 7,55 8,04 8,13 8,22 8,31 8,40 8,49 8,57 9,05 9,14 9,23 9,32 9,41 9,50 9,59 10,08 10,17 10,26 10,35 10,44 10,51 11,00 11,09 11,17 11,25 11,34 11,43 11,52 T 12,01 12,10 12,19 12,27 12,35 12,41 12,53 1,02 1,11 1,20 1,29 1,37 1,45 1,54 2,03 2,12 2,21 2,30 2,39 2,47 2,55 3,04 3,13 3,22 3,31 3,40 3,49 3,57 4,05 4,14 4,23 4,32 4,41 4,50 4,59 5,07 5,15 5,24 5,33 5,42 5,51 6,00 6,09 6,17 6,25 6,34 6,43 6,52 7,01 7,10 7,19 7,27 7,35 7,44 7,53 8,02 8,11 8,20 8,45 8,51 9,03 9,15 9,25 9,35 9,45 9,51 10,13 10,27 10,35 10,45 11,00 11,09 11,23 11,37 11,51

Linha do Araçá (Cerqueira Cesar)—*Partidas L. S. Bento.*

M 5,10 6,00 6,57 7,45 8,35 9,24 10,20 11,08 11,58 T 12,52 1,40 2,35 3,25 4,13 5,07 5,57 6,45 7,40 8,38 9,28 10,18

Linha A. Branca e Lapa (v. S. Ephigenia)—*Partidas de L. S. Bento.*

M 4,24 5,36 6,48 7,36 8,00 8,48 9,12 10,00 10,24 11,12 11,36 T 12,24 12,48 1,36 2,00 2,48 3,12 4,00 4,24 5,11 5,36 6,24 6,48 7,36 8,00 8,48 9,12 10,10

Partidas da Lapa

M 5,00 6,12 7,24 8,36 9,24 9,48 10,36 11,00 11,48 T 12,12 1,00 1,24 2,12 2,36 3,24 3,48 4,36 5,00 5,48 6,12 7,00 7,24 8,12 8,36 9,24 9,48 10,46

Linha A. Branca e Lapa (v. Palmeiras)—*Partidas do L. S. Bento.*

M 6,00 7,12 8,24 9,36 10,48 12,00 T 1,12 1,24 3,36 4,48 6,00 7,12 8,24 9,36

Partidas da Lapa

M 6,36 7,48 9,00 10,12 11,24 T 12,36 1,48 3,00 4,12 5,24 6,36 7,48 9,00 10,10

Linha da Rua Maranhão—*Partidas do Largo S. Bento.*

M 4,15 5,00 5,45 6,00 6,15 6,30 6,45 7,00 7,15 7,30 7,45 8,00 8,11 8,22 8,33 8,44 8,55 9,06 9,17 9,28 9,39 9,50 10,01 10,12 10,23 10,34 10,45 10,56 11,07 11,18 11,29 11,40 11,51 T 12,02 12,13 12,24 12,35 12,46 12,57 1,08 1,19 1,30 1,41 1,52 2,03 2,14 2,25 2,36 2,47 2,58 3,09 3,20 3,31 3,42 3,53 4,04 4,15 4,26 4,37 4,48 4,59 5,10 5,21 5,32 5,43 5,54 6,05 6,12 6,27 6,38 6,49 7,04 7,15 7,26 7,37 7,59 8,10 8,25 8,40 8,55 9,10 9,25 9,40 9,55 10,10 10,25 10,40 10,55 11,10 11,25 11,40 11,55 12,10 12,25

Partidas da Rua Maranhão

M 4,37 5,22 6,07 6,22 6,37 6,52 7,07 7,22 7,37 7,52 8,07 8,22 8,33 8,44 8,55 9,06 9,17 9,28 9,39 9,50 10,01 10,12 10,23 10,34 10,45 10,56 11,07 11,18 11,29 11,40 11,51 T 12,02 12,13 12,24 12,35 12,46 12,57 1,08 1,19 1,30 1,41 1,52 2,03 2,14 2,25 2,36 2,47 2,58 3,09 3,20 3,31 3,42 3,53 4,04 4,15 4,26 4,37 4,48 4,59 5,10 5,21 5,32 5,43 5,54 6,05 6,16 6,27 6,38 6,49 7,00 7,11 7,28 7,37 7,48 7,59 8,21 8,32 8,47 9,02 9,17 9,32 9,47 10,02 10,17 10,32 10,47 11,02 11,17 11,32 11,47 12,02 12,17 12,32 12,47

* * FABRICA DE LIVROS É ENCADERNAÇÃO * *

DE CARDOZO, FILHO & MOTTA

RUA DIREITA, 35 — SÃO PAULO

796
G1

Resumo histórico do *Club Athletico Paulistano*

Club Athletico Paulistano

1918

Resumo
Historico

do Club Athletico Paulistano

Secção de Obras do Estado de S. Paulo

RESUMO HISTORICO

DO

CLUB ATHLETICO PAULISTANO

SECÇÃO DE OBRAS
d' "O ESTADO DE S. PAULO"
São Paulo — 1918

INTRODUCÇÇÃO

APRESENTAMOS hoje, aos socios do Club Athletico Paulistano, neste pequeno folheto, um resumo historico da nossa associação, que, ha quasi dezesete annos, vem pugnando pelos sports em S. Paulo, notadamente o de football. Resolvemos fazer isso não por vaidade, com o intuito, um tanto estreito, de menosprezar as outras entidades que, no nosso meio, tambem trabalham pelos mesmos alevantados fins, mas simplesmente para reavivar os nossos feitos e as nossas crises, afim de que a agremiação sportiva, que tem o seu nome ligado ás principaes conquistas dessa natureza na nossa cidade, não desvie da sua rota verdadeira.

A historia de uma collectividade não deve conter apenas os factos esplendorosos, desses que, nas epocas em que se assignalaram, despertaram sympathias e alliciaram adeptos adventicios. Se assim fosse não haveria até hoje uma instituição literaria, politica ou sportiva, porque as sociedades que se fundam para determinado escopo, estão, infelizmente, sujeitas a vicissitudes, vencidas só pelas vontades fortes.

O C. A. Paulistano teve diversas phases brilhantes. Percorrendo os seus archivos, descobre-se mesmo este facto, aliás lisonjeiro: o club teve mais triumphos do que contrariedades. Seria um erro, e gravissimo aliás, se porventura apagassemos, com uma esponja, o passado triste, em que a sociedade esteve prestes a sossobrar. Nessas crises, temporarias é certo, se se constatou a apostasia de muitos associados, todavia se destacaram exemplos admiraveis de dedicação. Quando se previa a dispersão definitiva, sobresaiam-se, como que por encanto, lutadores tenazes, que não abandonaram o club, amparando-o nos momentos mais criticos. Taes crises, lamentaveis na occasião, tiveram o merito de formar um grupo de abnegados, o qual, com energia, elevou o nome da associação, defendendo-a denodadamente em todas as circumstancias.

Os socios sinceros, que temos certeza de os ter, que procurem imitar, daqui por diante, os exemplos dos que se mostraram mais fortes durante a existencia da nossa associação. Todos, sejam quaes forem os seus recursos, devem porfiadamente trabalhar pelo engrandecimento do C. A. Paulistano, a que estão reservados outros mais bellos destinos.

Não se julgue que a inauguração da nossa séde, fructo de um esforço enorme, é o epilogo de uma jornada, que a muitos parecerá extraordinaria. Não. Ha muita, muita cousa a fazer. Ficar a dormir sobre os louros conquistados em tempos idos, e sobre os de agora (felizmente os nossos teams de football obtiveram, ultimamente admiraveis triumphos nos campeonatos de fottball promovidos pela entidade directora dos sports em S. Paulo), será o peor serviço prestado ao club, que precisa ainda, até que, na nossa terra, se comprehenda verdadeiramente a utilidade do desenvolvimento dos sports, desempenhar um papel importantissimo, exigindo portanto, de todos os consocios, o maior desprendimento, a maxima dedicação, e, se fôr possivel, os melhores sacrificios. Nem em todas as epocas a sociedade se acha em condições de proporcionar, aos associados, os mais bellos feitos que a destaquem das outras. A vida sportiva está sujeita a surprezas. Isto é uma banalidade corrente entre os sportmen, mas que nem todos se submettem a essa verdade, que já tem fóros de aphorismo. Os apaixonados arraigados não comprehendem, ou, por outra, comprehendem, mas querem, egoisticamente, que as surprezas se voltem contra os antagonistas. Pois, não deve ser assim: o C. A. Paulistano já se viu em sérios embaraços, devido, em parte, á má comprehensão que varios socios tinham dos seus mais elementares deveres. E, quando surgiam os imprevistos, e foram muitos, estabeleceu-se por vezes a confusão, o que determinou a debandada.

Oxalá que, de hoje em diante, as crises, por que passar o C. A. Paulistano, encontrem os socios firmes nos seus postos, impassiveis ante as revezes e promptos para todas as lutas tendentes a levantar e a manter o nome da nossa gloriosa sociedade.

A DIRECTORIA

O 1.º *team* do Club Athletico Paulistano em 1902.

A FUNDAÇÃO

O Club Athletico Paulistano fundou-se em 1900. A sessão de installação realisou-se numa das salas da Rotisserie Sportman, que ficava no predio da rua S. Bento n. 61, justamente onde hoje funcciona a Associação Paulista. Presidiu a essa reunião o sr. dr. Bento Bueno, secretario do Interior, comparecendo muitos rapazes da nossa élite, que receberam o titulo de socios fundadores. Entre outros, cujos nomes vêm numa noticia publicada no *Estado* em principios de 1903, contavam-se os srs. Renato Miranda, Olavo de Barros, Clovis Glycerio, Martinho Prado Netto e Oscar da Costa Marques.

Quaes os fins do club? Não foram bem delineados na epoca. Pretendia-se, com a reunião dos diversos rapazes que constituiam a mocidade elegante, iniciar-se a pratica dos sports geraes — o cyclismo, a pelota, a gymnastica e outros, que porventura apparecessem, e que fossem julgados uteis á educação physica da juventude. Era uma empresa arrojada, a que se projectava, visto a população paulista ser avessa a taes exercicios, considerados extravagancias de moços educados fóra do paiz. E tanto assim que, nos jornaes do tempo, a secção sportiva era reduzidissima. O turf, a pelota e o cyclismo constituiam a primordial preoccupação de certa parte do publico. Mas a imprensa limitava-se a cogitar de outros assumptos.

Do football, a agremiação, que surgia, não tratava. Não existia? Existia, sim. Havia já tres sociedades que o cultivavam, senão com enthusiasmo, ao menos por curiosidade: S. P. Athletico, o Sport Club Internacional e Associação Athletica do Mackenzie College. Mas, entre os rapazes fundadores, não houve a intenção de formar *équipes* de *football*. Entretanto, logo após a installação, os directores entraram em negociações com a firma Prado Chaves & Companhia, proprietaria do Velodromo Paulista, para nesta praça de sports poderem os socios divertir-se á vontade.

Quando se entabolavam as negociações, appareceu um concorrente sério, perigoso mesmo: o Sport Club Internacional, que tinha identica pretensão. O sr. Renato Miranda, o dedicadissimo socio do Paulistano, que o levava realmente ao sério, saiu a campo, e impediu que a grande praça fosse arrendada ao Internacional, que não se achava satisfeito com o seu campo, cheio de altos e baixos, da Chacara Dudley. Por este motivo, houve, durante alguns mezes, certa rivalidade — rivalidade sem consequencias, porque ainda não haviam nascido os adeptos fervorosos e intransigentes, que só muito mais tarde se arregimentaram para agir.

Certa vez, em começos de 1901, já o club formado, com os seus planos mais ou menos traçados, Renato Miranda, Clovis Glycerio e Sylvio Penteado foram assistir a uma pugna de *football*.

Eram contendores os primeiros quadros do Sport Club Internacional e da A. A. Mackenzie College. O *match* realisava-se no campo ingreme da rua Itambé, que servia de recreio do collegio. Os tres associados do Paulistano ficaram na cerca, que servia de archibancada, apreciando as peripecias, pouco interessantes, do *match*.

O sr. Ibanez Salles, meia direita do Mackenzie, que os conhecia, no *half-time,* convidou os seus amigos a entrarem no campo, afim de, mais de perto, gosarem o formidavel encontro...

Os referidos socios gostaram do torneio. O sr. Ibanez Salles, vendo-os enthusiasmados, lembrou a conveniencia do Paulistano desenvolver esse sport, muito em voga na Inglaterra e nos Estados Unidos. As difficuldades não seriam difficeis de vencer: se por acaso faltassem jogadores elle se compromettia a levar ao Velodromo, para os ensaios preliminares, os seus collegas do estabelecimento de ensino que cursava.

Essa primeira tentativa, ao que parece, falhou. O Paulistano, apesar das facilidades offerecidas, não se animou a acceitar os conselhos do futuro defensor do seu primeiro *team.*

Em 12 de Outubro do mesmo anno, effectuou-se, na séde do São Paulo Athletic, uma festa sportiva, daquellas que marcaram epoca em S. Paulo. Lá se encontraram, nesse dia, socios do Internacional, do Mackenzie e do Paulistano, que tomaram parte nas corridas razas e com obstaculos. Novamente o sr. Ibanez Salles insistiu com os seus companheiros, para que adoptassem o *football.* Tal insistencia surtiu effeito: os nossos homens tomaram então a resolução de introduzir o referido *sport.*

Jorge Miranda Filho foi incumbido de comprar a bola, e, num domingo, no Velodromo, realisava-se o primeiro treino. A rapaziada gostou. Verificara que era um esplendido exercicio, e deliberou, com mais persistencia, entregar-se ao novo *sport.* Succediam-se os exercicios, e o Velodromo era franqueado ao publico. Muitas familias, com alguma assiduidade, o frequentavam. O numero de socios ia augmentando desta fórma.

Não contentes com isso, lançaram mão de outros meios de propaganda. O incansavel sr. Renato Miranda fez logo o hymno de guerra "alle-goack!" e a nossa pacata população ouvia, de quando em quando, a gritaria dos moços bizarros, que, em bondes especiaes, annunciavam pelas ruas a existencia do grupo sportivo que tinha de occupar posição saliente no nosso meio.

Olavo de Barros, Renato Miranda, Jorge Miranda, Oscar, João e Thiers da Costa Marques, Clovis Glycerio, Alvaro Rocha, "Paulistanos da gemma", formaram o primeiro nucleo de jogadores. A seguir, vieram: Ibanez Salles, que se salientava na linha de frente do Mackenzie e Guilherme Rubião, que pertencia ao Internacional. Com esses elementos, já a sociedade constituira a sua principal *eleven,* que, dahi ha tempos, devia enfrentar, com vantagem, os adversarios os mais organisados.

Em 1901, realisava-se, na séde do Sport Club Internacional, á rua José Bonifacio, a primeira reunião da Liga Paulista de Football. A ella compareceu, representando o Club Athletico Paulistano, o sr. Olavo de Barros, que acceitou todas as medidas propostas.

Footballers dos Clubs Paulistano e São Paulo Athletic, que disputaram o campeonato de 1902.

A TAÇA "CASEMIRO DA COSTA"

A Liga Paulista foi fundada em Novembro de 1901. Tinha ella por fim congregar todos os clubs de *football*, que se achavam exparsos. Os *matches*, que se feriam, não podiam constituir um incentivo para o progresso do "Football Association". Tornava-se necessario um campeonato. Teve a iniciativa de promovel-o o sr. Casemiro da Costa, *captain* do Sport Club Internacional, que offereceu um bellissimo trophéu.

O C. A. Paulistano entrou, como commummente se diz, com o pé esquerdo. No primeiro embate, contra o S. Paulo Athletic, perdeu por quatro a zero. Foi o maior *score* obtido, naquelle anno, pelo formidavel *team* dos inglezes, pois o Internacional, Mackenzie e Germania, só por tres *goals* haviam sido derrotados. Foi o quanto bastou para dizer-se, á bocca pequena, que o nosso quadro era o mais fraco de todos aquelles que concorriam á justa sportiva. Calumnia? Verdadeiramente, não. Nós não tinhamos, na occasião, preparo sério. Os rapazes apresentaram-se em campo desorganisados, e sem enthusiasmo algum. Por parte do valente *captain* de então (Renato Miranda), não houve a preoccupação de fazer treinar antes, nas suas posições exactas, todos os *foot-ballers* designados. Guilherme Rubião, um *full-back*, passou para o *goal*. Na frente, os da esquerda jogaram na direita, os da direita na esquerda.

Mas, esse resultado, para os socios imprevisivel, constituiu, o que se póde dizer, uma lição. E a crença arraigada, de que o Paulistano era o peor *team*, serviu de estimulo aos denodados *sportmen*, que, desde ahi, deram em trabalhar com mais coragem e mais persistencia. Dias depois, o club enfrentava, vantajosamente, o *team* do Mackenzie College, que, pela sua antiguidade e pelo treino, estava destinado a embaraçar a derrota triumphante do São Paulo Athletic.

O Internacional, tambem da velha guarda, com um nucleo, já formado, de perfeitos jogadores, e que pretendia tirar a taça offerecida pelo seu devotado *captain* Casemiro da Costa, soffreu a sua primeira derrota, por tres a um, um mez depois do nosso triste insuccesso com os inglezes.

O feito mais brilhante do primeiro anno, entretanto, estava marcado para Junho. Até ahi, os rapazes se mostraram infatigaveis. Não os embriagaram as gloriolas obtidas com o Germania e o Internacional. Queriam elles, á viva força, tirar a desforra dos quatro a zero. Era uma obsessão. Os exercicios succediam-se, e nenhum dos escalados deixava de a elles comparecer. Dois, ás vezes tres dias por semana, os *footballers* reservavam as horas da tarde para o preparo. Prejudicavam alguns, até, os seus interesses particulares. Já então Jorge Miranda Filho se notabilisara no *goal*, Alvaro Rocha era apontado como um dos melhores *forwards*, Ibanez um extrema direita de primeira agua, Olavo de Barros um *center-half* arrojado e incansavel.

E foi assim que, num celebre dia de Junho, aliás bellissimo, cheio de luz, o Paulistano venceu o maior dos seus antagonistas da epoca. Foi apenas por um ponto marcado por Alvaro Rocha; mas o jogo revelado pelos rapazes brasileiros, segundo affirmam os jornaes do tempo, foi excepcional. Não houve falhas nem fraquezas. Conhecendo

Aspecto das archibancadas do Velodromo no dia do desempate da taça, em 1902.

perfeitamente o valor do adversario, as suas habilidades, os seus recursos, o Paulistano, não tendo uma educação sportiva ainda completa, foi forçado, logo que conquistou o *goal* da victoria, a cuidar exclusivamente da defesa.

Nas rodas sportivas, repercutiu este facto. Assegurava-se, e com certa razão, que os britannicos aqui residentes, embora não fossem tão fortes como os do seu paiz, eram invenciveis, porque, desde tenra edade, haviam sido educados nos sports.

Depois, os factos, até alli, comprovavam essa asserção: esse *team* não perdera um só *match*, o seu *goal*, aliás defendido por um jogador mediocre, não fôra vasado. Coube, pois, ao Paulistano a honra de, pela primeira vez, não só vasar o *goal*, como sobrepujar o *team*.

Data dahi a fama do nosso club. Os habitantes de S. Paulo, que se mostravam ainda frios e indifferentes, abandonaram os outros sports, já em decadencia, e deram preferencia ao *football*.

Os cavalheiros da mais fina sociedade inscreveram-se como socios. As familias, cansadas das *matinées*, das corridas de cavallos, dos passeios, começaram a fazer ponto de reunião nos campos do Velodromo, dos Inglezes e do Parque Antarctica. Os *matches*, dessa data em diante, transformaram-se em verdadeiros acontecimentos.

Foi facil, ao nosso primeiro quadro, com o prestigio extraordinario que adquirira, levar de vencida os contendores mais modestos. Passou bem o Germania, o Internacional e o Mackenzie. Desta forma empatou, em 1902, com o S. Paulo Athletic. Foi o primeiro desempate. O jogo, que foi no Velodromo, tornou-se memoravel — e será, se um dia se fizer a historia completa desse sport na nossa terra, obrigado a figurar numa pagina de honra. Perdemos, é certo. Perdemos pela pequena differença de um ponto (2 a 1). Mas, os bravos jogadores se houveram com rara energia, fazendo a mais terrivel das pressões. Note-se que o *team* foi surprehendido: o S. Paulo Athletic, conscio do preparo dos nossos, investiu, nos primeiros minutos, com um vigor nunca visto. Fez dois pontos quasi que simultaneamente. Apesar dessa entrada fulminante, capaz de implantar a desordem e de provocar o desanimo, o Paulistano soube-se manter com inquebrantavel firmeza, e atacar com tenacidade, sem cessar, em toda a segunda parte do jogo. Charles Miller, o valoroso *captain* do São Paulo Athletic, mediu bem o esforço do antagonista, pois, saudando-o, fez-lhe elogios os mais confortadores.

*
* *

Em 1903, a nossa sociedade subiu de importancia. Jorge Mesquita e Geraldo de Toledo, campeões do Internacional, passaram para as nossas hostes. O *team* era, sem exaggero, formidavel. Tinha-se a certeza, nos meios sportivos, de que elle iria, de ponta a ponta até o fim do campeonato. Realmente, no primeiro encontro com o seu poderoso rival, facilmente o collocou em situação subalterna. Este, e mais outros exitos, fizeram com que os nossos denodados sportsmen se descurassem, não se importando mais com os *treinos* e mesmo com os *matches*. Era natural esta metamorphose na maneira de encarar os factos. O triumpho, em todos os tempos, foi embriagador, e não ha poder humano que convença os heróes das vicessitudes possiveis do dia de amanhan. Estavam reservadas, nesse anno, ao Paulistano, as mais desagradabilissimas surpresas. O primeiro club, que o embaraçou, foi o Mackenzie, então fraquissimo e diminuido no conceito de todos. Dias a seguir, numa tarde de Agosto, de desgosto como dissé um fino chronista do tempo, dia chuvoso e feio, o nosso primeiro *team* perde por quatro a zero, justamente do S. Paulo Athletic! Repetia-se a historia de 1902. No principio, tambem o club dos inglezes mostrara a vereda por que tinha de seguir o Paulistano, se porventura quizesse, como parecia querer, vencer e destacar-se.

Agora, ensinava (triste ensinamento) que não ha nada melhor que um dia depois do outro, e que um contendor, por mais organisado e mais firme, está sujeito a revezes inesperados.

Em todo caso, é justo que se assignale o seguinte: os nossos socios aprenderam a nova lição, e voltaram, como no anno anterior, a obedecer aos salutares principios, sem a observancia dos quaes não pode haver um *team* adextrado. E assim foi que o Paulistano, após esse interregno desconsolador, entrou pela mesma estrada do começo, obtendo, no fim, egual numero de pontos que o seu competidor. Era o segundo desempate. Mas este era mais sério. Se o nosso *team* estava deveras preparado, se possuia uma "équipe" de campeões, o São Paulo Athletic não o era menos, visto contar, além de Miller, Boyes e Jeffery, com novos jogadores vindos da Inglaterra, destacando-se, entre elles, o admiravel extrema esquerda Pool e o *center-half* Robinson.

O *match* teve lugar na Antarctica. A Liga resolvera, ante uma reclamação do S. Paulo Athletic, fazer disputar o torneio num campo neutro.

O Paulistano foi infeliz. Pela segunda vez se viu derrotado pelo antagonista, e por identico numero de pontos que no *match* do anno anterior. Convém, no entanto, ponderar que houve estas circumstancias, que não se registaram na outra occasião. Jeffery, *back* do Athletic, commettera um *hands* e a falta não foi punida e o juiz, não se soube porque razão, mandou terminar a pugna muito antes da hora.

Estas irregularidades foram objecto de uma reclamação, que a Liga, sob o fundamento de que as decisões dos juizes eram irrevogaveis, não attendeu.

Semelhante questão, por pouco, ia provocando uma scisão no seio do club, pois Olavo de Barros e Renato Miranda não se conformaram com o veredictum da Liga, e a maioria dos socios, todavia, era de parecer que se désse por findo o inc dente, o que desgostou profundamente o nosso esforçad presidente.

No anno seguinte, feita as pazes, entre os socios do clu agora dirigido pelo sr. Numa de Oliveira, e, a despeito d desillusão, em que se achavam certos jogadores em virtud de não ter o *team* conquistado a taça, o Paulistano não s deslocou da sua bellissima posição. Falar de 1904 é o mesm que falar de 1903. Quasi os mesmos factos, quasi os mesmo resultados. O Paulistano ganhou todos os *matches,* co excepção dos com o São Paulo Athletic. Empatou com est no fim do anno e foi vencido por 1 a 0. Como se vê, nenhu ma variante.

Na apparencia, já se sabe. Ai de nós se fossemos descre ver, meticulosamente, todas as refregas, o delirio da assis tencia, os aspectos do Velodromo: tinhamos que encher mu tas paginas e ainda assim não seriamos rigorosament fieis.

O 2.º *team* do C. A. Paulistano em 1902.

Segundo team do C A Paulistano em 1902

Joaquim Prado

A SCISÃO DE 1905

Ia já o campeonato de 1905 em meio, estando o Paulistano na frente de todos os clubs, quando de repente, em certo jogo (com o Internacional), o sr. Jorge Mesquita, por motivos até hoje ignorados, resolveu eleger-se *captain* do *team* com o intuito de ter a honra de receber a taça.

O sr. Guilherme Rubião, inimigo de discussões, e que era, effectivamente, o *captain* do *team*, cedeu. A directoria não se conformou com essa rebeldia e officiou ao sr. José Rubião (vice-*captain*) para que dirigisse o *team*.

Num dia em que a directoria se reunia, para tratar destas e outras questões, o sr. Jorge Mesquita, esquecendo-se do respeito que devia aos directores, insistiu na sua pretensão O sr. Numa de Oliveira, como lhe cumpria, fez valer a sua autoridade, e, declarando que não acceitava imposições, convidou o sr. Jorge Mesquita a retirar-se. Seguiu-se então o que era inevitavel: a directoria manteve na posição de *captain* quem lhe merecia confiança, o sr. dr. Guilherme Rubião, e o sr. Jorge Mesquita, melindrado com essa resolução, retirou-se do club. Por solidariedade, outros socios, que figuravam nos principaes quadros do Paulistano, o acompanharam, ficando o primeiro *team*, de um momento para o outro, sem os seus melhores elementos.

Eis, na sua maior simplicidade, o que foi a celebre scisão de 1905. Não houve mais nada. Incidente minimo. Nada de extraordinario se lhe encontra. De um lado, um socio quer satisfazer uma pretensão, não tendo a maioria necessaria do outro, o director do club a pugnar pela disciplina e pela ordem.

Pois bem: este caso assumiu proporções espantosas. A imprensa delle se occupou durante largo tempo. As secções livres dos jornaes vieram cheias de mofinas e de explicações dos interessados. Estabeleceu-se polemica, e séria, entre os letrados do club e os dissidentes, que foram cerrar fileiras na Associação Athletica das Palmeiras, então modesta e despretenciosa. As razões, apresentadas por estes ultimos, eram estas: que o mais perfeito jogador de um *team* deve ser o seu *captain*, porque, do contrario, não é possivel impôr a disciplina.

Achava-se nessas condições o sr. Jorge Meesquita, e, portanto, a elle competia o encargo de dirigir os onze. Esse dogma sportivo, introduzido da forma a mais original no nosso seio, felizmente não encontrou defensores. E o Paulistano, para seguir á risca o seu programma, não transigiu, — e proseguiu, com calma e sem desfallecimentos, nos seus trabalhos.

Não ha duvida: o choque recebido foi enorme. Uma entidade, como a nossa, que só trabalhava pelo *football*, que grangeara amigos esforçados e admiradores enthusiastas devido a esse sport, tinha que fatalmente se resentir da eliminação, ex-abrupto, a que fôra forçada, dos seus principaes jogadores.

O Paulistano chegara ao apogeu. Tinha *teams* invenciveis. Eram optimas as suas condições financeiras. Pouco antes da divisão, por iniciativa do presidente, o Velodromo se transformara. O campo fôra gramado de novo. As archibancadas foram caprichosamente pintadas. Construiram-se tres quadras de *tennis*. Por baixo das archibancadas, os jogadores encontravam todo o conforto — quartos bem illuminados, banheiros, apparelhos para massagens, etc. Fez-se um tanque enorme para natação na alameda dos pinheiros. Uma parede, para o jogo da pelota, foi levantada. Importaram-se, da Europa, varios apetrechos para *tennis e foot-ball*. Tudo isto, com todos os detalhes, consta do relatorio da directoria enviado á assembléa, reunida em principios de 1905. Nelle não figurava esta informação, mas que a damos aos socios: as negociações, para a compra do Velodromo, estavam bem adiantadas. Radiante futuro em perspectiva, emfim.

Os sonhos, porém, se desfizeram. Não porque houvesse falta de homens de energia, de homens aptos e de vontade. A crise se manifestou, effectivamente, porque, no nosso paiz, não se comprehende ainda o que seja o amor ao club, e o povo, o seu unico amparo, é voluvel, e tanto adora hoje um idolo como outro amanhan. Assim como houve scisão no club, houve tambem nos apreciadores. Uns ficaram com o Paulistano; outros com o Palmeiras. De sorte que os *matches* em que os nossos valorosos socios participavam, perderam de interesse, o que constituia um prejuizo incalculavel.

A reacção se estabeleceu. A directoria, por capricho comprehensivel, quiz levantar o club, lançando mão de todos recursos imaginaveis. Os da velha guarda foram chamados aos seus postos. Olavo de Barros e Alvaro Rocha, já aposentados, promptificaram-se a defender, ainda com sacrificio, as velhas côres vermelha e branca. Havia ainda mais um torneio a disputar. Seria triste se o Paulistano, cheio de louros em 1905, perdesse. Era com o Mackenzie College — *team* disciplinado, forte. E — oh successo! — o Paulistano, mesmo com os veteranos, mesmo com o moral abatido, vence o adversario por dois *goals* a zero.

Mas, não havia forças que, de sopetão, erguessem o seu nome glorioso. O Paulistano, pois, resignado, passou para a penumbra — mas para uma penumbra honrosa e digna.

E, seja dita a verdade, não guardou rancor aos seus inim gos declarados. O unico acto de represalia, que adoptou, era inevitavel que adoptasse, foi o de exigir a expulsão, d Liga Paulista, do *footballer* rebelde. Conseguido isso, esqu ceu-se do resto. Mais tarde, perante a entidade que dirigia *football,* defendeu com calor o projecto, tendente a revoga a pena a que fôra punido o sr. Jorge Mesquita.

Depois, para não ser accusado de invejoso e perfido, ir transigente e mau, pugnou pela entrada do Palmeiras d Liga, que se retirara della, em virtude de um facto, que aliá não depunha muito a favor dos magnatas do *football.*

Em 1908, o sr. Antonio Prado Junior, então presidente d Paulistano, desejando que S. Paulo formasse um poderos *scratch* para se bater com os argentinos, espontaneament foi convidar os campeões da Floresta. Não o attenderam. A recusa, entretanto, não demoveu os nossos dirigentes de pu gnarem, sempre que houvesse opportunidade, pela harmoni e pela concordia no sport paulista. E não nos arrependemo de ter procedido dessa forma. Afinal, que motivo séri existia para a formação de partidos que se iam fatalment degladiar? Um caso de somenos, que subiu a circustancia excepcionaes devido unicamente á intolerancia de um s homem, não valia uma separação arraigada, e não podi servir de pretexto para lutas, que nada teriam de proficuas

Fracassada a primeira tentativa de entendimento, não descoroçoou a nossa juventude. No anno ulterior, Jorge Miranda Filho, desejando concluir a obra iniciada pelo presidente, chegou a um accôrdo com o Palmeiras, tendo pleiteado, com ardor sincero, a sua volta para o seio da entidade maxima.

O desempate da taça "Casemiro da Costa". Um *goal*, feito por Ibanez Salles, annullado pelo juiz.

O PAULISTANO E O DESENVOLVIMENTO DO FOOT-BALL EM S. PAULO

Podemos nos gabar, sem receio algum, de termos concorrido, com grandes elementos, para o desenvolvimento do *football* em S. Paulo, introduzido pelos inglezes aqui domiciliados. Esse sport, antes da fundação do nosso club, como já assignalámos era cultivado por diminuto numero de moços — os alumnos do Mackenzie College e os socios do Internacional.

Os primeiros jogavam, eram mesmo ardorosos defensores das suas côres; os do Internacional tambem nada ficavam a dever aos seus primitivos rivaes, no que dizia respeito ao progresso, em S. Paulo, desse sadio exercicio. Entretanto, o esforço, que ambos faziam, não apparecia fóra. Só era conhecido pelos que, por obrigação ou por devotamento, assistiam ás raras justas promovidas pelos mais antigos. Cá fóra, a população quedava-se indifferente. Não sabia da existencia do novo divertimento, dando a sua preferencia ás corridas de cavallos e á pelota.

Foi o Paulistano que popularisou o *football*. Popularisou é bem o termo, porque, antes delle, nenhum club se resolvera a fazer propaganda. Os primeiros socios eram, effectivamente, escandalosos. Queriam, á força, provocar a attenção de todos. E não se poupavam. Um domingo qualquer, reuniam-se varios rapazes, pertencentes ao club, e partiam, em bondes, por essas vias publicas afóra. A algazarra era grande. Todo o mundo vinha á porta, para se saber do que se tratava. O que é isso? São loucos? Estão, acaso, no seu juizo perfeitos esses pelintras? Eram as perguntas que saiam de todas as boccas. Não tardavam as explicações. Era um club, que praticava um sport britannico, e que, de certo, ganhara alguma partida...

Nestas condições, por mais frio que se mostrasse, o publico via-se obrigado a se contentar com essa informação gratuita, dada por meio de *hurrahs!, alle-goaks* estridentes, e vozerio infernal. Além destas, havia outra circumstancia: os socios eram filhos das melhores familias, que se compraziam em admirar as suas excentricidades. Ora, chamar a attenção do povo, era o melhor réclame e o mais poderoso estimulo. Sabe-se, hoje, o papel que representa o povo no sport: é o elemento indispensavel para a prosperidade dos clubs. E um club, que não seja prospero, que não tenha renda, não pode aperfeiçoar-se. Na Europa, não succede assim: lá, com ou sem publico, as agremiações evoluem, realisam perfeitamente os seus fins. E porque? Nos paizes do Velho Mundo tudo é barato, e, além disso, os governos, scientes da utilidade dos sports, protegem todo e qualquer emprehendimento que vise robustecer a mocidade. Mas, no Brasil, não se encontram dessas facilidades. Os arrendamentos de terrenos, destinados á construcção de campos, de quadras, de archibancadas, elevam-se a enormes quantias. Exigir dos associados quotas exaggeradas, é concorrer para o aniquilamento das associações.

Por outro lado, conseguindo o Paulistano distinguir-se logo no principio, manteve a curiosidade da nossa mais fina sociedade, e, quando esta pretendeu retirar-se das archibancadas, já não o poude, visto não dispensar mais um *match* de *football*.

A rivalidade com o São Paulo Athletic, indubitavelmente, foi na realidade um factor do desenvolvimento. O equilibrio das forças e os admiradores que ambos possuiam, faziam com que o resto dos habitantes acorresse ao Velodromo. Este antagonismo, sportivo unicamente, pois nunca houve adversarios mais leaes, mais respeitadores das boas regras, entretanto, não foi muito longe. Durou trez annos, findos os quaes, o Athletic, já com bastantes louros, passou para segundo plano, deixando sozinho em campo o Paulistano.

Data da scisão a decadencia do *football*. Como fizemos sentir no capitulo anterior, os aficionados antigos se dividiram, e, desgostosos uns pelo enfraquecimento das nossas *equipes*, e outros pela retirada da Liga do Palmeiras, fugiram dos campos, desilludindo-se por completo. De nada valeram as boas intenções da Liga, que promovera a visita, á nossa cidade, dos *teams* extrangeiros — o South Africa e o Scratch Argentino. Sem o desejar, está claro, os directores do *football*, com essas visitas, accentuaram ainda mais essa indifferença, pois o nosso povo teve occasião de constatar, com tristeza, a nossa inferioridade em materia de *football*. Absolutamente, não é nosso intuito não dar o devido apreço á iniciativa dos directores da Liga daquella época. Foi util a vinda de *elevens* extrangeiras, porque os paulistas aprenderam muito. Foi util, effectivamente, mas só quanto á parte technica; mas fez com que, de maneira indirecta, o povo fugisse das praças de sport, aborrecido, como se achava, não só pela desorganização com que as agremiações se apresentavam, como tambem pela série ininterrupta de conflictos e outros factos deploraveis que se registavam.

Esse desanimo não perdurou por muito tempo, felizmente. As crises, com algum esforço, foram vencidas, e, já em 1909, o *football* retornava ao seu antigo explendor. E a quem se deve este feliz renascimento? Incontestavelmente ao Paulistano. Com orgulho podemos proclamal-o. E' certo que a volta do Palmeiras para o seio sportivo paulista despertou a nossa sociedade elegante, que se mostrava arredia e in-fensa a tudo que se referia ao *football*. Mas, negar que o Paulistano contribuiu para o congraçamento, é uma ini-quidade. No capitulo "A scisão de 1905" relatamos, por alto, os factos que precederem a reentrada do Club da Flo-resta para a Liga. Por elles se verifica que o Paulistano, desinteressadamente, esquecendo-se de resentimentos ve-lhos, se bateu na Liga, pelo seu competidor, como se tra-tasse do seu proprio nome, das suas proprias tradições. Por conseguinte, se o *football* se ergueu do marasma em que jazia, o nosso club tem uma parte saliente nesse resurgi-mento admiravel.

Não ficou, por ahi, a sua acção, no sentido de reavivar o sport no nosso Estado. Aos successos, que precederem á sci-são da Liga Paulista, tem ligado o seu nome o Club Athle-tico Paulistano.

A TAÇA "PENTEADO"

Conquistada, definitivamente, pelo São Paulo Athletic, o tropheu "Casemiro da Costa", não demorou muito a surgir um outro, para ser disputado pelos clubs colligados. O proprio S. Paulo Athletic offerecera um premio á Liga Paulista. Precedeu-o, entretanto, o grande industrial Antonio Alvares Penteado, que offertou uma rica taça, confeccionada pelos melhores ourives de Pariz, e a qual ficou denominada "Penteado".

No primeiro anno (1905) o Paulistano, sem uma derrota, consegue ganhal-a. Foi um acontecimento magnifico. Não ha memoria, nos annaes, de muitos feitos destes.

O S. Paulo Athletic, que, pode-se dizer, era o unico concorrente serio, teve as suas vissicitudes — entre outras a victoria do Paulistano e os empates, imprevisiveis, com o Mackenzie e Internacional. Mas, o Paulistano foi de vento em pôpa, resistindo-lhe apenas seriamente, em certa occasião, o Sport Club Germania, que se apresentava fortissimo, com o concurso valioso de Freeze, Tomy e Stani, *footballers* novos, vindos da Allemanha. Ainda assim, porém, não lo-

grou o exito completo, visto ter apenas conquistado o mesm
numero de *goals*.

No anno subsequente, como declaramos no capitulo ant
rior, o nosso club não estava apparelhado para as luta
Privado do concurso, innegavelmente poderoso, dos qu
mais tarde, se chamaram dissidentes, ficou com as suas *équ*
pes desorganisadas. Fizeram-se sacrificios immensos. Jorg
Miranda Filho, o denodado campeão, *goal-keeper* insuper
vel, elevado merecidamente ao cargo de *captain*, não se po
pou, no intuito de manter o prestigio da sua *eleven*, pel
qual sempre trabalhara, com afinco e vontade. Comtudo, er
humanamente impossivel, dado o imprevisto da scisão, faz
resurgir as glorias do Paulistano. Pois, para se obter aquel
estupendo resultado, que foi o triumpho de 1905, se levar
quasi seis annos, como se podia, num só anno, reerguer a
équipes, e tornal-as, como outr'ora, perigosas aos advers
rios? Naquella época, ainda não andava em voga, como hoj
o processo de desviar jogadores de outras entidades. Cad
club, se quizesse viver, se quizesse destacar-se, contav
unica e exclusivamente com os seus recursos, quer dize
com os seus socios. Seria um escandalo chamar para o se
seio gente extranha...

O Paulistano, logicamente, tinha que mobilisar o seu s
gundo *team*. Este, porém, soffrera egualmente um sensiv
desfalque. A unica solução que havia era adestrar os fie
e os outros, do terceiro *team* e da divisão infantil, que fora
inopinadamente promovidos.

E foi o que se fez. E' claro que, ante essa mudança, o
teams não se achavam em condições de sobrepujar o
adversarios, que eram o Palmeiras e o Germania.

Os directores não desanimaram. As adversidades, que s
succediam lamentavelmente, não os demoveu do seu pr
gramma. Soffrendo tudo com paciencia, preparavam, pel
calada, a reacção.

Tirou o terceiro lugar nesse anno de 1906. Não satisfeit
com essa collocação, o que, seja dito a bem da verdade, j

era um successo, um dos directores, o presidente, no intuito louvavel de apressar o adestramento dos *teams* de *football*, teve ideia de contratar, na Inglaterra, os serviços profissionaes de um *trainer*. Nesse sentido apresentou uma indicação, pedindo á directoria que se esforçasse pela vinda de um competente ensaiador de *football*. A indicação foi recebida com applausos geraes, e, consequentemente, approvada por maioria de votos.

Escreveu-se então para a Inglaterra, onde se achava, em viagem de recreio, um dos socios. Este, logo que recebeu a incumbencia, entendeu-se com o director do club *Fulham*, que pertencia á primeira liga britannica. Foi convidado o *trainer* dessa agremiação, sr. John Hamilton, considerado o mais competente dos profissionaes nesse mister na grande terra do *football*.

Hamilton acceitou, sem discussão, o convite, embarcando em Março de 1907, a bordo do "Aragon", com destino á nossa patria.

Em Abril, já o tinhamos aqui no nosso meio. Começou, sem demora, a trabalhar. De manhan, ahi pelas oito horas, já estava no Velodromo, a ensinar aos petizes como é que se davam os *kicks*, como é que se passavam as bolas, e como é que se deviam collocar, quer no ataque, quer na defesa. De tarde, dava instrucções aos rapazes do primeiro e segundos *teams*. E assim prestou os seus serviços por espaço de quatro mezes, findo os quaes retornou para o seu paiz.

Os resultados, como era natural, não foram immediatos: o Paulistano continuou na mesma posição nessa temporada, sendo supplantado pelo Internacional (que tirou a taça) e Americano, club da cidade de Santos. Começaram a falar — que o Paulistano, apesar dos seus dispendios, da boa vontade dos *footballers*, e do trabalho efficaz do seu *trainer* João Hamilton, nada conseguira, permanecendo estacionario. Ora, era coisa absurda imaginar que, no curto lapso de quatro mezes, um só homem pudesse apresentar uma *équipe* com todos os elementos de exito. No Reino Unido, e na terra dos Wilson e dos Roosewelt, um *team* é instruido na pratica do sport por muito tempo, por annos até. O brasileiro ha de ser o eterno sonhador. O progresso lento, para elle, não existe; ha de ser tudo feito de afogadilho, e as metamorphoses, como nos lindos tempos das Princezas Encantadas, precisam ser rapidas e offuscantes! O que não se realisar deste modo, não tem valor algum. Esforços, coragem revelada, boas intenções, tudo o mais não presta.

Não repararam, os que dessa maneira sentenciavam, que a semente ficou. Os trabalhos de Hamilton, se não appareceram na occasião, deram os seus frutos mezes depois. Tanto que, no anno de 1908, já o Paulistano se punha na vanguarda de todos os concorrentes, tendo-se batido com valentes *teams*, entre os quaes o Internacional e o Americano.

Chamado ao convivio da Liga, o Palmeiras se apresentou em publico. Posto tivesse estado no ostracismo, não abandonara os exercicios. Vinha com a mesma força, e com os mesmos "torcedores" (numerosos, por signal). A quasi todos levou de vencida. Só o Paulistano o enfrentou. No primeiro *match*, ganhou por dois a um. O Club da Floresta não se conformou, e desafiou-o para outro *match*. Acceito, delle resultou um empate. Os dois chegaram com identico numero de pontos até o fim da temporada. Houve o desempate, que se effectuou no Parque Antarctica — e o Palmeiras, finalmente, bateu o adversario. A estação foi concorridissima. Os chronistas affirmavam que o resurgimento do *football*, era um facto, occupando o Palmeiras o mesmo lugar que, no triennio de 1902-1904, o veterano São Paulo Athletic.

No anno de 1910, o nosso club pretendeu praticar as mesmas façanhas. Foi muito bem até ao meio do anno; no encontro com o Palmeiras, o seu rival, foi de uma grande infelicidade, o que desanimou os socios, que, dahi por diante, se desinteressaram dos outros torneios.

Em 1911, houve uma especie de fusão com o Internacional. Formou-se um *team* formidavel, destinado a vencer os antagonistas que apparecessem. Engano. Esse *team* só teve o merito de amedrontar. Soffreu o primeiro revez, e foi quanto bastou para desempenhar papel secundario.

O *captain* comprehendeu que errou ao ter feito fusão com um dos clubs da Liga. Emendou-se no anno ulterior, em que a nossa *équipe* alcançou a segunda collocação.

E' justo que destaquemos, aqui, as figuras mais eminentes dessa época: Jorge de Miranda Filho, infatigavel capitão; Rubens de Moraes Salles, que desde 1907 começou a fazer parte do primeiro *team* e que, em 1910, foi classificado, por Mac Owen, o primeiro *center half* do Brasil; J. F. Macedo Soares, que conduziu o *team* por varios annos; Fernão de Moraes Salles, Asdrubal e Annibal Gonçalves, Armando Pederneiras, Antonio Brito, Astbury (jogadores), Antonio Prado Junior, J. Carlos de Macedo Soares, Adolpho Merchet Netto e João Didier (directores) e outros.

Foi esse o nosso papel na disputa da decantada taça "Penteado". Decantada é o termo pois ella, apesar de muitos a terem conquistado, desappareceu, com todas as glorias e toda a champagne...

O 1.º *team* do C. A. Paulistano em 1910

O TENNIS E OUTROS SPORTS

O Paulistano distinguiu-se, em quasi toda a sua existencia, devido ao *football*. Entretanto, embora a preoccupação da maioria dos seus socios fosse essa, directores houve, desde a sua fundação, que tentaram despertar a curiosidade dos socios para outros sports. No começo, era o cyclismo. Mas, este, já não provocava interesse algum: tinha decahido, e os moços da epoca desejavam variar. Muito natural este facto. As familias paulistas, as principaes, tinham enviado os seus filhos para a Europa e Estados Unidos, e elles, quando voltaram, achavam uma semsaboria correr numa bycicleta. Queriam coisas novas, mais empolgantes, e que, a um tempo, os tornassem fortes e enthusiasmassem o povo. Assistiram a grandes torneios, não só de *football*, como *base-ball*, *rugby*, *tennis* e S. Paulo, para esses rapazes, estava na altura de possuir campeões nesses generos de *sport*.

O povo, como ninguem ignora, deu preferencia ao *sport* bretão. Tolice seria, por conseguinte, contrariar os seus desejos.

Tendo, porém, o nosso club attingido a elevado grau de desenvolvimento, isto ahi por 1905, o presidente de então, sr. Numa de Oliveira, realisou varias reformas no campo do Velodromo. Datam dahi a construcção de quadras de tennis e o levantamento de uma parede para pelota. Formaram-se campeonatos internos para a pratica desses *sports*, dando-se valiosos premios aos vencedores. Além disso, fez-se um grande tanque para natação, ao fundo do Velodromo, onde os rapazes se exercitavam nas horas vagas.

A situação deploravel, criada com a retirada de muitos associados, não esmoreceu, de fórma alguma, os directores. Um destes, o sr. Antonio Prado Junior, em 1906, organisou um campeonato de *tennis*, offerecendo uma taça, que recebeu o seu nome. Foram convidados para disputal-a, e acceitaram o convite, o São Paulo Athletic e Santos Athletic Club. No primeiro anno, ganhámos o trophéu, o que constituiu um exito, pois não tinhamos ainda jogadores notaveis. Depois, o São Paulo Athletic e o Santos, formados quasi que exclusivamente de inglezes, conhecedores, portanto, desse elegante *sport*, passaram para a frente. Comtudo, não deixaram os nossos socios de cultival-o e tanto assim que o Paulistano, tres annos depois, apresentava bons elementos, entre os quaes se salientavam C. Laúé, Maercio Munhoz, Mario Cardim, Clovis Glycerio, Antonio Prado Junior e Martinho Prado Netto.

AS RELAÇÕES INTERESTADUAES E INTERNACIONAES

Desde 1902 que disputamos *matches* interestaduaes. No Rio, havia apenas um club organisado — o Fluminense, que vinha com frequencia a S. Paulo. E o Paulistano e o Internacional, ao menos duas vezes por anno, eram convidados para ir até á Capital da Republica. Nos primeiros annos, não fomos felizes. Tivemos uma derrota e um empate. Aqui, tambem não logramos vencer o nosso antagonista, que contava com um excellente grupo de *footballers* inglezes — Cruishank, Mutzembeck, Cox e outros. No anno seguinte, porém, os supplantámos. Fizemos, nessa occasião, uma *tournée* sportiva ao Rio. O *team* foi reforçado com Hermann Frieze, pertencente ao Sport Club Germania. Foram dois os *matches* — e dos dois sahimos vencedores.

Depois, poucos jogos houve. Só muito mais tarde, por 1907, é que nos batemos novamente com entidades cariocas. Dizer o que elles foram não vale a pená. Eramos bem succedidos nuns; eramos mal succedidos noutros.

Não foram muitas as refregas internacionaes em que o Paulistano tomou parte. Contribuiu, é certo, com os seus jogadores para as sensacionaes pugnas com o South Africa em que Jorge Miranda deslumbrou os terriveis profissionaes, e com os argentinos.

Em 1910, foi organizado um *team* pelo *captain* Rubens Salles, para bater-se com os famosos amadores do Corinthians, da Inglaterra. Esse *scratch*, que entrou na arena com o nome de Paulistano, sahiu derrotado por muitos *goals*.

Quando da segunda visita dos argentinos, a nossa sociedade bateu-se com esse *scratch* formidavel, onde brilhavam os Browne e os Hayes, vencendo-o, com espanto geral, por quatro a tres.

Seguiram-se, em 1913, os jogos contra os italianos e portuguezes. No primeiro, fizemos bonito, e no segundo, contra todas as probabilidades, fomos vencidos pela differença de um ponto.

Finalmente, no anno passado, encontrou-se a nossa *équipe* representativa com o Dublin, de Montevidéo, e, posto não estivesse muito preparada para a luta, supplantou-o. Foi a unica derrota que esse quadro estrangeiro soffreu no Brasil.

O PAULISTANO E A FUNDAÇÃO DA ASSOCIACÃO PAULISTA

Em 1912, o *football* declinara. O Velodromo offerecia o triste espectaculo das archibancadas vasias. Não havia mais enthusiasmo. Todos os dedicados, que até ao anno anterior se mantinham a postos, debandaram. As sociedades, ante a indifferença dos antigos apaixonados, viviam com difficuldades. Estavam, na sua maioria, ás portas da dissolução. Já se dizia, e com pezar, que o *football* tinha sido uma vez...

Quaes os motivos dessa dispersão? Ah os motivos! Contal-os, um por um, é trabalho fatigante. Vamos nos referir a alguns, para que posteriormente, a nossa attitude seja julgada com justiça.

Em primeiro logar, eram raros os *matches* em que não havia conflictos. Por dá cá aquella palha — um cochilo do juiz, uma simples observação de certo espectador exaltado, um tranco qualquer, — os *teams* se insurgiam, transformando os *matches* em touradas. Disso resultavam, inevitavelmente, as scenas de pugilato. *Footballers* se engalfinhavam. Intervinha a policia, intervinha a assistencia.

Era o chaos. Nada ficava resolvido e a Liga Paulista, com o seu prestigio abalado, transformou-se em tribunal permanente, para derimir as contendas. Mas, mesmo que ella decidisse com criterio e com justeza, a concordia não se restabelecia. Por mais energia com que agisse, as feridas ficavam abertas e as scenas de circo, vergonhosas por todos os titulos, se repetiam a cada passo.

Demais, já não havia aquelle escrupulo dos tempos idos para a escolha de jogadores. As sociedades, para levar vantagem sobre as suas congeneres, não indagavam dos precedentes dos que defendiam as suas côres e as suas tradições. Fulano jogava bem? Tinha bom *kick*, driblava com facilidade, resistia aos embates? Prompto — era o quanto chegava para ser admittido, com todas as honras, como *footballer*, e dos mais festejados. Não se cuidava saber se o individuo tinha educação, se era polido, se conhecia as bôas regras de cortezia e delicadeza. Isso, para as sociedades, não tinha importancia. Consequencia: no campo, por vezes, ouviam-se phrases em baixo calão.

Os rapazes distinctos, de mistura com os outros, se sentiam offendidos e reagiam. O povo, não acostumado com essas grosserias e discussões, fugia dos *grounds*, enojado de tantas irregularidades. De uma feita, num *match* extraordinario, foi vista sómente uma senhora nas archibancadas! E essa senhora, aliás pertencente a uma distincta familia, foi obrigada a retirar-se, em virtude do procedimento inqualificavel de certo *sportman* improvisado...

Estes e outros incidentes deploraveis, que se tornaram communs, originaram a formação de dois partidos no seio da Liga: um, era favoravel á selecção rigorosa, quer dizer, exigia que os *teams* fossem constituidos de rapazes delicados e distinctos; outro achava que semelhante exclusivismo não era sportivo, porque tanto o rico como o pobre tinham direito de jogar.

Com quem estava a razão? Verdade, verdade, com nenhum dos dois partidos. A selecção rigorosa, tal como a preconizavam, era um absurdo, porque um operario, desde que tenha educação, sabe se portar tão bem como um rapaz da *élite*. Por outro lado, a corrente contraria egualmente exaggerava, porque dar, como desejava, ampla liberdade a todos, representava um perigo: os maus elementos, que os ha em todas as classes é certo, mas que são mais numerosos entre o proletariado, se confundiriam com os demais, e dessa confusão, evidentemente, o *football* nada teria a lucrar. Os partidarios da porta franca a gregos e troyanos argumentavam ainda que, na Gran Bretanha, fazem parte das Ligas de primeira ordem entidades compostas de operarios. Esse argumento não podia ter valor nenhum, pois, nesse paiz, os operarios recebem instrucção desde tenra edade, o que não succede entre nós.

Os homens, entretanto, nunca chegaram a accôrdo satisfactorio. Sendo assim, a scisão, no seio da Liga Paulista de Football, era fatal. Faltava um pretexto. Este não tardou a surgir.

Ao começar o campeonato de 1913, e terminados os preparativos, houve uma desintelligencia entre a Liga Paulista e a nossa sociedade, por causa do campo. Entendia aquella que o Paulistano não devia fazer certas e determinadas exigencias quanto ao pagamento do aluguel, por parte dos clubs. O sr. João Didier, thesoureiro nessa epoca, não cedeu.

Isto, porém, parece que não ia ter outras consequencias, pois a Liga silenciou sobre o caso.

Estava marcado um encontro entre o Paulistano e o Americano. Fizeram-se annuncios nos jornaes. Affixaram cartazes nos bondes e nas paredes. Quer nos annuncios, quer nos cartazes, dizia-se que o encontro seria no Velodromo, até alli considerado campo official. Quatro ou cinco dias antes da realisação do *match*, um dos directores do Americano dirigiu-se a um membro da directoria do Paulistano, e declarou que o jogo seria disputado no Parque Antarctica, visto a Liga ter deliberado considerar official o campo do Germania. A nossa directoria não se submetteu á resolução tomada á sua revelia, e communicou que os seus *teams* não jogariam senão no Velodromo.

Veiu o domingo marcado. O Paulistano ficou no Velodromo, á espera dos contendores e o Americano foi para o Parque Antarctica. A quem coube os dois pontos da praxe? Ao Americano, que obedecera ás ordens da Liga.

A' vista disso, o Paulistano enveredou pelo caminho que lhe cumpria: officiou á Liga, communicando que, dalli por diante, não faria mais parte della.

Que deveria fazer o nosso club? Dar por terminada a sua tarefa? Dissolver-se?

Não entenderam desse modo os directores da epoca. O sr. João Didier, logo depois, communicou o facto ao sr. Edgard Nobre de Campos, um dos directores do Palmeiras. Foi aventada a idéa, na palestra entre os dois entabolada, da fundação de outra Liga, de que participariam o Paulistano e Palmeiras, este ultimo fóra daquella entidade desde 1910. Intervieram, a seguir, os srs. João Bierremback Lima e Aristides Machado, socios do Mackenzie, que tambem se achavam desgostosos com os incidentes relatados.

Reunidos, certa vez, os dirigentes dos clubs mencionados, foi deliberado definitivamente a fundação da Associação Paulista de Sports Athleticos, que hoje é a soberana dos sports no Estado de S. Paulo.

O pavilhão do novo campo.

A TAÇA "JOCKEY CLUB" E A REMODELAÇÃO

Lançadas as bases da Associação Paulista, organisou-se immediatamente um campeonato, a que deviam concorrer o Paulistano, o Palmeiras e o Mackenzie. O Santos Football Club foi tambem convidado — mas não acceitou. Sendo poucos os clubs, a directoria resolveu que cada *team* disputasse, em vez de dois, tres *matches*, tornando o campeonato mais interessante.

O Paulistano, no anno inicial, levou vantagens sobre os seus contendores. Passou o Palmeiras por tres vezes e o Mackenzie uma vez. Esta ultima associação, porém, ganhou da nossa *équipe* nos *returns matches,* por *scores* elevados.

Em 1914, já a Associação contava com seis clubs, vindo filiar-se a ella a Associação Athletica São Bento, o Scottish Wanderers e o Club Athletico Ipiranga. Animaram-se então as partidas. O São Bento, sociedade nova, revelou logo a sua força: tinha uma *eleven* formada de antigos elementos do Americano, exparsos por ahi afóra, e outros do Mackenzie. Não lhe foi difficil, pois, transpôr as barreiras. O nosso *team* foi colhido de surpresa, visto como estava longe de imaginar que o antagonista fosse capaz de tantos triumphos. Perdeu o primeiro torneio. No segundo empatou. Chegaram ao fim, quasi que em egualdade de condições, o São Bento, o Paulistano e o Mackenzie. Este foi posto fóra de combate. Ficaram unicamente em campo a nossa sociedade e o São Bento. No desempate, fomos vencidos por 2 *goals* a 1. Deu-se um caso, nessa prova, que provocou grande celeuma. O relogio do juiz parara, tendo o *match* terminado sete minutos antes. A Associação, a quem o Paulistano recorrera, não tomou conhecimento, estribando-se num dos artigos dos estatutos, que affirmava serem irrevogaveis as decisões dos *referees*.

No anno posterior, o Paulistano não se destacou. Foi ao Palmeiras que coube a primasia, tendo o nosso club ficado em terceiro lugar. Mas, em 1916, devido em grande parte aos esforços de Carlito Aranha, que levou a capricho a organização do seu *team*, o Paulistano teve a fortuna de só perder dois *matches* com o Ipiranga e com o Palmeiras, isso mesmo no começo. Venceu o campeonato.

Neste ultimo anno manteve a sua posição saliente, sendo apenas embaraçado pelo Palestra Italia, que o venceu por 1 a zero. Obteve, comtudo, maior numero de pontos — e dessa maneira ficou detentor da taça "Jockey Club".

A remodelação do Club é de hoje. Quasi todos os seus socios conhecem os factos. Os jornaes delles trataram por varias occasiões. Relatar tudo seria fastidioso.

Vendido o Velodromo, e sem domicilio certo, a nossa entidade passou dias bem difficeis. Foi nos primeiros dias de Abril de 1916. Todos os clubs se preparavam para as pugnas da estação. E o Paulistano? Que fazia? Ignorava-se nas ruas e nos pontos de reunião dos *sportsmen*. Acreditava-se que o Paulistano, decididamente, não queria mais fazer epoca nas lides sportivas de S. Paulo.

O novo campo — Um aspecto das archibancadas, vistas por de traz.

As archibancadas do novo campo no dia da inauguração (25—12—1917)

Carlito Aranha, porém, arranjou uns *teams* ás pressas. Na vespera do primeiro encontro, o conhecido *sportman*, coadjuvado pelo sr. João de Barros, vice-presidente da nossa sociedade, teve que trabalhar desesperadamente para reunir os seus companheiros. Na justa da abertura, com o Santos Football Club, contrariando os prognosticos de todos, o nosso desconjunctado *team* venceu por 3 a 1. Um triumpho inesperado, que teve o merito de despertar o enthusiasmo de antigos socios. Trabalhou-se, então, com mais ardor. E, já em meados desse anno, o Paulistano era apontado com um dos provaveis vencedores.

A seguir, por motivos que não vem a pêlo recordar, o sr. Antonio Prado Junior, presidente da Associação, exonerou-se desse cargo, e deliberou dedicar-se, de corpo e alma, sendo auxiliado pelos srs. João de Barros e Fernão Salles, á entidade que presidira por muitos annos.

Traçou-se, então, o plano da remodelação. Havia de ser construida uma grande séde, com pavilhão luxuoso, com campo de *football*, quadras de *tennis*, piscina.

Ninguem, cá de fóra, levou ao serio esse programma grandioso. Muitos o tentaram executar e não o conseguiram. O proprio Paulistano tambem fizera varios projectos, e não os executara. Essa incredulidade, em parte, explica-se: era convicção geral que os clubs daqui não podiam, por muitos motivos, preoccupar-se com esses melhoramentos.

O Paulistano desmentiu todas as previsões. Com coragem poz hombros á obra, e ao cabo de um anno de luta, apresentava a séde que idealisara.

Secção de Obras do "Estado de S. Paulo"

Historia do *Football* em São Paulo

Antonio Figueiredo

1918

Historia do *Football* em São Paulo

Antonio Figueiredo

INTRODUCÇÃO

Escrevo este livrinho no intuito exclusivo de fazer a narrativa de uma phase da mocidade paulista: é a phase sportiva. Não a recordo para provocar, no futuro, saudades dos nossos rapazes, já então velhos, experimentados, occupando cargos na politica, no jornalismo, nas industrias e na lavoura; recordo-a para servir de incentivo ás gerações vindouras, a fim de que seja mantido, perennemente, entre nós, o culto da força.

No Brasil, as boas coisas são apreciadas emquanto têm o cunho da originalidade. O enthusiasmo, pela novidade que apparece, attinge ás vezes o paroxismo; não ha ninguem que com ella não se preoccupe; depois, de repente, passa á vulgaridade, sem se indagar se é, ou não, util a sua conservação.

Os *sports*, em São Paulo, foram assim. A principio esteve em voga o jogo da pela. Quem, dos actuaes moços, não andou em creança com uma camisa de malha, calças brancas, uma boina petulante na cabeça, e uma cestinha na mão? Era a novidade, a elegancia da época. Os frontões medravam de maneira espantosa – todas as paredes serviam para os recreios da petizada. Famillias não cuidavam de outro divertimento: tolo era quem trocava uma *quiniella* renhida por um espectaculo de theatro, qualquer que elle fosse. Importado da Hespanha, tres annos, quando muito, durou o delirio pelo *sport* da pelota. Dahi a nada, não se falava mais nesse jogo. Bem sei que as causas, que determinaram o declinio e o desapparecimento desse *sport*, eram de molde a arrefecer o vivo interesse que por elle se tinha. A introducção do profissionalismo, a sua transformação em jogo de azar, as cabalas, os abusos, o desvirtuamento das boas regras, que a elles presidiam enojaram de tal forma os moços que estes resolveram abandonal-o. Podiam os rapazes fazer um esforço, uma reacção salutar, para que não fosse desprezado esse excellente modo de desenvolver os musculos. Mas não quizeram.

Felizmente, a juventude não retrogradou a trinta annos atraz, tendo a boa ideia de escolher outro *sport* com os mesmos predicados da pelota, e com a vantagem de ser mais emocionante. Não retrocedeu áquelles tempos de sentimentalismo, de rhetorica e de poesia, e, em parte, fez bem.

Como se sabe, foi a mocidade paulista, que falsamente tinha esse nome, mocidade outróra ardente, rebelde e iconoclasta, que concorreu para a formação do regimen em que vivemos e que nos felicita... As escolas superiores de São Paulo, passada essa rajada de literatura e arte, ficaram como "vulcões extinctos"; decresceu o amor aos romances e aos poemas; surgiu então o espirito pratico, elevado até o exaggero. A transição foi má?

Não pretendo esmiuçar o caso, e esta obrinha não comporta semelhante trabalho. Mas, convem assignalar que, nas diversas phases da nossa historia, os paulistas nunca se preoccuparam tanto com as letras, preferindo sempre entregar-se a emprezas arrojadas, dedicar-se á intrepidez e á coragem. Haja vista a formação das bandeiras, que devastaram os sertões da nossa patria.

No período, porém, que medeia de 1830 a 1889, depois da installação da nossa Faculdade de Direito, cenaculo da intellectualidade brasileira, a cidade de São Paulo tornou-se o ninho dos poetas, dos prosadores, dos jornalistas e dos oradores. Foi uma doença.

Não se comprehendia um homem que não metrificasse, que não retorcesse o seu estylo, que não ensaiasse os seus dotes desmosthenicos (as provas, ás vezes, eram terriveis) e não exercitasse as suas aptidões politicas e jornalisticas. Qualquer republica de estudantes encerrava talentos formidaveis, que haviam de transformar isto de alto a baixo, formando o Paraizo de seus sonhos... Mas, era a mocidade paulista quem assim agia? Não era. São Paulo reunia rapazes de todos os Estados que para aqui partiam com os cerebros saturados de ideias. Naturalmente, sobresairam-se alguns literatos paulistas; mas não representavam a maioria, sendo, apenas quer-me parecer, productos do meio.

O que resultou daquellas fantasias todas, nós, infelizmente, sabemos muito. A tal alvorada ofuscante, de 15 de Novembro, varreu os cardos que nos levavam á bancarrota e á degradação, e talvez as ideias doentias da juventude brasileira. Talvez, eu não sei.

O que é facto é que, multiplicando-se as Faculdades de Direito, de Medicina e de Engenharia por todo o Brasil, a cidade de São Paulo não fabricou mais genios literarios e artisticos, salvo casos isolados, que, comparando-se com aquella época, não podem ser levados em conta; preferiu cavar a terra plantar café, batatas, milho, e fabricar coisas uteis. Vem o progresso industrial, que arraza com as coisas antigas. Alguns moços, ainda influenciados pelos antigos collegas, lançam os seus pamphletos contra a esterilidade dos estudantes, que se tornaram indifferentes, não se sabe porquê, aos ideais de antanho. Era pregar no deserto. A mocidade, impropriamente chamada estudiosa, não queria saber dessas coisas, submettendo-se passivamente ás circumstancias do meio, utilitario e secco. O desanimo dominou os poucos homens das outras eras, retardatarios incorrigiveis, que não comprehendiam o meio, formado aliás por aquelles mesmos espiritos, dos quaes pretendiam tirar exemplos! Sim, São Paulo já não podia ser a "immensa republica de estudantes", como diria o illustrado dr. Reynaldo Porchat, com as extravagancias proprias dessas vivendas *sui generis*, transplantadas de Coimbra para os campos de Piratininga, – mas a cidade commercial, com preoccupações de industrialismo, repleta de operarios e capitalistas. Dahi talvez a abjecta tendencia de commerciar-se até o titulo de bacharel, tornando-o objecto de escambo por dotes de senhoritas venturosas, com leituras de Casimiro de Abreu e Castro Alves, e a bolsa recheada de dinheiro...

Pois é verdade: a rapaziada de hoje não voltou a essa época e nem podia voltar pelos motivos que acabo expor.

Terminada a febre da pelota, propagaram-se entre nós os jogos ao ar livre, principalmente do *football*, que é objecto deste livrinho, a principio, nos collegios e grupos escolares, e, depois, em todas as classes sociaes, mesmo as mais humildes, transformando-se em *stadiums* as varzeas espaçosas que circumdam a cidade. Hoje, é um verdadeiro delirio o jogo de *football*. Chega-se ao cumulo de dar-se mais importancia a um traquejado *footballer* do que a um homem que se diz de letras. Conhecemos um jogador emerito que, certa occasião, foi convidado para adestrar, nesse *sport*, um grupo de rapazes do interior. Partiu elle para a localidade, sendo ahi recebido com extraordinarios festejos, que sobremaneira o confundiram. Disseram-lhe que nunca se fizera, naquella cidade, manifestação tão grandiosa! O chefe politico local, ao que parece, ficou com ciumes...

Por isso e por outros factos não faltará quem censure esta tendencia da mocidade paulista em cultivar o *sport* alludido, que absorve completamente sua attenção, preoccupa-a, obcecca-a. Têm razão os que se levantam contra o excesso, porque este é condemnavel.

Mas, o exaggero é o apanagio dos brasileiros. Exaggeraram os moços de outras eras, convertendo ou pretendendo converter em cenaculo a cidade de São Paulo, Exaggeram, até certo ponto, os rapazes de hoje, não cuidando alguns de outra coisa senão do *sport*.

Qual a melhor? A preoccupação das letras, dos versos, das meninas pallidas e louras, numa terra em que ellas são escassas, das cabelleiras revoltas, dos trajes severos, das gravatas espalhafatosas, das serenatas, ou a preoccupação da força alliada ao cavalheirismo e á lealdade, do musculo, da intrepidez, da audacia, e do triumpho, em summa? O espirito desapaixonado á primeira vista, dirá que nenhuma nem outra.

Força é confessar que, na nossa terra, inexplorada, com riquezas colossaes encobertas, são mais dignas de sympathia as cogitações, embora absorventes de energia e de athletismo, do que a literatice, que, além de deturpar a arte, gera a pieguice, o desanimo, a tristeza, o esphacelamento da vontade.

O ideal seria, está claro, que, á cultura da força, se alliasse a do espirito. Não é possivel, porém, conseguir esse feliz resultado por emquanto. A Grecia, antes de attingir ao seu apogeu, absolutamente não representava aquelle typo perfeito, athleta, attico e culto, do heleno do seculo V; o athletismo vem dos doricos e a cultura de Athenas: da fusão das duas raças é que resultou a perfeição dos gregos – perfeição que todos os povos modernos almejam por conquistar. Quem sabe se, dessas tendencias oppostas, a do athletismo e da literatura, da mocidade actual, virá, no porvir, um typo de brasileiro, que alguma coisa se assemelhe áquelles homens que venceram os Xerxes e os Darios, e que foram, através dos seculos, os modelos dos outros povos?

Disse ha tempos um escriptor carioca que chegara, para o Brasil, a "época dos bons sentimentos", egual áquella que os Estados Unidos desfructaram por occasião da passagem, pelo seu governo, do notavel estadista Monroe. Não concordamos, em tudo, com o joven literato, porque alguns factos recentes provam o contrario; mas, esforcemo-nos para que ella, "a época dos bons sentimentos", se approxime, e que cada um, na sua esphera, trabalhe para realizar esse escopo, que não é totalmente uma chimera.

Os *sports* (o literato mencionado citou-os) têm de concorrer para o objectivo desejado, porque enrijecem as gerações novas, tornam-n'as sadias, preparam-n'as para a paz e para a guerra, nobilitam-n'as, engrandecem-n'as. Esquecer os jogos ao ar livre, que têm sido, nas duas ultimas decadas, os divertimentos da mocidade, será um erro, talvez mais do que isso – um crime. Como um *sport* caiu no olvido, o da pelota, não queremos que o mesmo succeda ao *football*, já enraizado é certo no nosso meio, mas que, de uma hora para outra, póde desapparecer. Para tornar bem viva a primeira phase do *football*, que foi esplendorosa, é que resolvi, em pequenas chronicas, lembral-a, para que os moços de amanhan imitem os exemplos, as boas normas e regras praticadas pelos seus antecessores.

A. F.

O *CRICKET* E O *FOOTBALL* EM SÃO PAULO

O *cricket*, se não falham as nossas pesquisas, é praticado em São Paulo desde que os inglezes vieram estabelecer-se na nossa cidade.

De facto, algumas memorias antigas referem-se a um *sport*, que os britannicos, aqui domiciliados, costumavam praticar. Não podia ser outro senão o *cricket*.

Effectivamente, percorrendo as collecções dos jornaes desses remotos tempos, lêem-se algumas noticias, mirradas e crivadas de erros, sobre os torneios realizados. No jornal *A Provincia* (hoje *O Estado de S. Paulo*) encontramos, em 1875, no seu noticiario, esta informação interessante: "Realiza-se amanhan no campo da rua Mauá (Estação) uma partida de *cricket*, *sport* inglez, entre paulistas e cariocas".

Se hodiernamente se propalasse uma noticia dessas, era certo o exito da pugna... Mas, os paulistas, a que se referia a local eram os inglezes, empregados na São Paulo Railway, na Companhia do Gaz, nos bancos; os cariocas eram, egualmente, bretões, auxiliares de emprezas dessa nacionalidade.

E "nós" (*A Provincia* deu apenas o resultado, por falta de espaço) ganhamos por onze pontos dos "cariocas". Um successo!

Os *matches* eram continuados. Todos os domingos effectuavam-se torneios, que eram disputadíssimos.

Mas, a nossa mocidade não queria saber disso. De certo, nem sabia ella que reduzido numero de estrangeiros se reuniam, aos domingos, naquelles campos tão afastados.

São Paulo era uma republica de estudantes. Estes passavam as horas a estudar... tudo, menos direito. Eram poetas, literatos, jornalistas, politicos. Havia os bohemios incorrigiveis, que, á noite, se embebedavam nas tabernas escuras do centro, e andavam atraz das mucamas da Praça dos Enforcados e do Moringuinho. Qual *sport*! *Cricket*! Que diabo disso era aquillo?

Os inglezes, embora poucos, iam seguindo os habitos de sua terra. O divertimento delles era aquelle. Pouco se lhes dava a indifferença dos que os rodeavam. A sua persistencia era notavel. Todos os annos, de 1875 ás vesperas da implantação da Republica, os filhos da grande terra o praticavam, não com o enthusiasmo nosso, mas com paciencia. De organização de *club*, com estatutos, com regulamentos, côres, flammulas, etc., não ha noticia. É de presumir que não existisse mesmo. Poucos como eram, num meio hostil, clima e população diversos, não podiam assentar em alicerces mais solidos os seus divertimentos.

Felizmente, São Paulo foi se transformando. O café subiu enormemente de preço. Cresceu a lavoura. Cresceu o commercio. Multiplicaram-se as casas britannicas. Fundaram-se novos bancos, novas emprezas, para exploração commercial e industrial. Os navios da Mala Real Ingleza trouxeram, de Liverpool e Southampton, innumeros subditos da adiantada nação.

Era já consideravel a colonia inglesa, em 1888. Nasce, nessa data, o ideado *club* que se denominou *São Paulo Athletic Club*. O objectivo era o cultivo dos *sports* ao ar livre. O *cricket*, porém, predominou: resumia todos os *sports* em geral.

Só muito mais tarde, em 1894, é que vagamente se falava em *football*. Aportou ao Brasil o sr. Charles Miller, que, sendo notavel jogador no seu paiz, trouxera comsigo duas bolas, de certo para matar saudades. Os seus patricios, porém, não desconheciam nem o *rugby* nem o *football*. Quasi todos elles os haviam cultivado na sua infancia. Desta forma, não foi difficil formar *teams*. Charles Miller filiou-se ao *São Paulo Athletic Club*, e organizou a equipe, que capitaneou. O adversario encontrou-se facilmente: os empregados da São Paulo Railway formaram tambem o seu quadro.

Em principios de 1895, realizou-se uma pugna de *football* entre aquelles contendores acima alludidos. Parece que este foi o primeiro *match* de *football* disputado nos campos de Piratininga.

Depois, os torneios se repetiram. A Chacara Dulley, do Bom Retiro, que se póde chamar o berço desse *sport* no Brasil, era o Velodromo, mas o Velodromo sem archibancadas floridas, sem barulho. Um Velodromo despido, modesto, silencioso...

Em seguida, os funccionarios da Companhia de Gaz, na sua totalidade tambem inglezes, organizaram a sua *eleven* do *association*. O seu campo ficava na immensa varzea do Carmo, bem perto da cidade. Ali, foram disputadas muitas refregas.

Houve um certo esmorecimento. O *football* não pegava, nem á mão de Deus Padre. Só de vez em quando é que os *footballers* inglezes se resolviam a medir forças.

Com a fundação da *Associação Athletica Mackenzie College* e do *Sport Club Internacional*, o *sport* tomou um grande impulso. O Mackenzie era um collegio, com muitos alumnos, os da Escola Americana inclusive, os quaes tratavam de apprender. O *Internacional* reunia, em seu seio, muitos moços brasileiros, aos quaes não era extranho o *sport* bretão.

Os desafios se amiudaram, principalmente entre esses dois *clubs*, que se tornaram, até a fundação da *Liga Paulista de Football*, os sustentaculos do *sport*. Os socios dessas duas agremiações foram os primeiros brasileiros que aqui jogaram *football*.

OS *CLUBS* PRINCIPAES

É uma empreza arrojada, actualmente, fazer o historico, mesmo em resumo, dos antigos *clubs* de *football*, que lançaram os alicerces desse *sport* no nosso Estado. As fontes, a que devem recorrer os chronistas, escasseam. Daquellas sociedades sportivas, que pareciam pujantes e ricas, não temos archivos (excepção do *Paulistano*); não temos documentos, não temos papeis que nos sirvam de pista para as nossas pesquizas. Dir-se-ia que um terremoto passara pelas sédes das associações. Não existe quasi nada. A gente, que presenciou as festas antigas, denunciadoras de um apogeu, ficará pasmada com esta verdade. E aquelle centro do *Sport Club Internacional*, situado na rua José Bonifacio, esquina de São Bento, magnificamente installado, onde se fazia gymnastica, jogava-se esgrima, liam-se jornaes e revistas, sendo um ponto de reunião de todos os rapazes que cultivavam os *sports* athleticos? Que fim tiveram os archivos referentes á velha, e já morta, *Liga Paulista*, que, pode-se affirmar, fundou o *sport* no Brasil? Que dizer da *A. A. Mackenzie College* que tinha obrigação de, ao menos, guardar as tradicções da antiga sociedade, que tanto contribuiu para os successos dos primeiros tempos?

São perguntas sem respostas. Por mais que se faça; não se encontram resquicios da phase inicial da nossa vida sportiva. Vae-se aqui, vae-se ali, e os informes, que se arrancam, são vagos, falhos de fundamento solido, incapazes de servirem de base para qualquer narrativa seria, que mais tarde oriente o *sportsman* interessado. É um Sahara!

Tudo isso por falta de direcção.

Apregoa-se que o brasileiro não foi talhado para essas questões de methodos, sendo avesso a tudo que diz respeito á organização e á disciplina. Em parte, dizem bem. Mas, alguns exemplos salutares deviam ter impressionado os rebellados. O *São Paulo Athletic* não era uma instituição modelar? Não tinha a sua séde bem conservada, com salas para leitura e descanso, um campo vasto e bonito, as suas quadras de *tennis* e outras dependencias? Tinha. Por que seria que as agremiações de outróra não imitaram esse *club*? No Rio de Janeiro, o *Fluminense Football Club*, nome bem brasileiro, mas que foi o fundado pelos Cox, pelos Pullen, pelos Etchgaray, (inglezes), foi o ponto de partida das excellentes sociedades, que hoje pullulam naquella capital. Como se sabe, a veterana sociedade carioca, nesse particular, sempre requintou. Em 1907, possuia a sua séde, o seu campo, os seus divertimentos e - isto é principal - a sua estante modesta ainda, em que guardavam as taças, as medalhas, os retratos dos jogadores, as noticias dos jornaes, e o livro das actas e outros papeis uteis. Hoje, é digno de ver-se o seu centro. Pois bem: as associações, que posteriormente surgiram, seguiram as suas pegadas, e hoje, como o *Fluminense*, ha outras e fica-se satisfeito em observar o progresso lento das entidades, não com as mesmas tradições de gloria, mas com a mesma organização caprichosa. São ellas o *Flamengo*, o *America*, o *Botafogo*, o *São Christovão*, todas formadas por brasileiros.

Era natural, portanto, que, aqui em São Paulo, possuindo um *club* que nesse particular era um espelho (o *Athletic*), as associações, que surgiram, e que logo se confederaram, se esforçassem por ter uma séde acceitavel. O *Club Athletic Paulistano*, o temivel rival dos inglezes, que occupou, como se verá adiante uma posição de excepcional destaque, a todos dava a impressão de uma opulencia sem par, não só pelo facto de contar no seio com os moços da aristocracia, como tambem por se achar localizado numa das mais esplendidas praças de *sport*. Os seus directores antigos, porém, não guardaram nada, que demonstrasse a sua pujança de outros tempos. Só agora (e vamos lá, ainda em tempo) a sociedade resolveu formar o seu archivo. Se um dia tiver que morrer, oxalá não aconteça, pode morrer tranquilla. Deixará, não só uma boa herança, mas subsidios valiosos para a historia do *sport* em São Paulo.

São Paulo Atlhetic Club

Ahi pelo anno de 1888, inglezes aqui residentes, á frente dos quaes se achava o dr. W. Fox Rule, lançaram as bases de um *club*, que teria por objecto proporcionar, aos socios, varias diversões. O *cricket* era o *sport* predilecto dos britannicos, e por isso a principal preoccupação dos seus fundadores foi a compra de um terreno para nelle ser praticado esse *sport*. Não foi difficil adquirir o terreno. A esse tempo, São Paulo era uma cidadezinha, e as suas varzeas, hoje rasgadas de alamedas e avenidas, eram completamente desfrequentadas. O governo tinha interesse em occupar esses campos de qualquer forma, já que os immigrantes não os queriam aproveitar, preferindo mais ferteis terras, que ficavam no interior. O *São Paulo Athletic* solicitou o aluguel de um campo. O pedido, feito pelos arrojados rapazes, foi attendido. O terreno cedido ficava lá para as bandas do Bom Retiro, bem perto do rio Tieté. Esse trato de terra era pessimo. Havia grandes depressões, e, as aguas do rio, nos dias de chuva, invadiam-n'o, alagando-o. Os inglezes, porém, resignados, emquanto os dias melhores não se approximavam, iam jogando, aos domingos e feriados, nesses logares tão distantes, com toda a fleugma, as suas partidas de *cricket*. E eram enthusiastas. Não se contentavam apenas em disputar torneios com os proprios companheiros. Para dar mais realce ao divertimento, que era o unico da colonia, a directoria do *club* convidou uma equipe da Argentina. O convite foi acceito. Grande alegria entre os socios. Treinos foram marcados. O programma da recepção dos hospedes traçou-se.

Os rapazes platinos chegaram. Chegaram debaixo de agua, o que não arrefeceu o enthusiasmo. Choveu hoje? Pouco importa: amanhan não choverá. Mas, no dia seguinte, as cataratas do céu estiveram abertas. No outro dia, a mesma coisa. No outro dia, ainda a impertinente chuva... E assim se passaram doze dias. Afinal, os argentinos desistiram, e embarcaram para o seu paiz, sem terem jogado a partida! Este caso passou-se mais ou menos em 1892. O *club* já estava no seu quinto anno de vida. Possuia muitos socios, e a sua organização era excellente. Por conseguinte, tornava-se mister outro campo. Transferiram, pois, a séde para a Chacara Dulley, que ficava nas immediações. O terreno, ahi, não tinha tantos buracos, e não estava sujeito ás invasões indebitas das aguas do rio. Construiu-se um pavilhão, sem luxo é claro, onde os socìos se vestiam. Firmou-se definitivamente a entidade cujos jogadores de *cricket* a miudo, tomavam parte em partidas com os seus collegas de Santos e Rio de Janeiro.

Em 1894, chegou ao Brasil Charles Miller, que vinha destacado para occupar um logar na agencia da Mala Real Ingleza. Esse distincto *sportsman*, que sabia jogar muito bem o *football*, trouxera duas bolas desse *sport*. Installado em São Paulo, entrou para o *São Paulo Athletic Club*, e começou, com outros socios, a organizar torneios de *football*. Não tinham graça, naturalmente, torneios desses. Um antagonista precisava surgir. E surgiu: foram os empregados da São Paulo Railway, que, ás pressas, formaram um *team*. O primeiro *match* era para ser de *rugby*; mas, por estarem indispostos alguns funccionarios da Estrada, assentou-se, parece que mesmo no campo, disputar uma partida de *football association*. Esta partida realizou-se em meados de 1896.

Depois, continuaram os jogos, mas de longe em longe: os associados preferiam o *cricket*.

Tres annos depois (1899), o *São Paulo Athletic* arrendou, por dez annos, um amplo terreno na rua da Consolação, vizinho á Caixa de Agua, onde fez magnificas installacões - um pavilhão com pequena archibancada, duas quadras de *tennis* e campo para *cricket* e *football*. Para realizar todos esses melhoramentos muitas casas commerciaes inglezas auxiliaram o *club*.

E ahi, na rua da Consolação, em sitio pittoresco, de onde se descortina lindo panorama, em suas magnificas intatallações (os melhores dias tinham chegado...), ficaram os inglezes jogando pacatamente o seu *cricket*, o seu *tennis* e, de vez em quando, o *football*.

Já existiam outros *clubs* - o *Mackenzie*, o *Internacional* e o *Paulistano*. E, quando se fundou a *Liga*, o *São Paulo Athletic* foi convidado. Acceitou e preparou-se, *incontinenti*, para a lucta. Formou um *team*

– e que *team*! Começou derrotando, por innumeros pontos, os antagonistas. Quatro a zero, tres a zero eram os seus *scores* predilectos. Não faziam o serviço por menos... Depois, tiveram os seus revezes. Tinham dado optimas lições aos seus antagonistas, que se preparavam de maneira a evitar futuras derrocadas.

Isto, no primeiro anno. No segundo anno e no terceiro, a coisa foi mais difficil. Conformou-se com menores *scores* e mesmo empates. Mais o que é facto é que ganhou a *Taça Casemiro da Costa*, que, manda a verdade que se diga, foi uma gloria para essa sociedade. Ser campeão em tres annos consecutivos não é empreza facil. Quer-nos parecer que nunca haverá uma equipe que consiga essa estupenda performance. É justo que destaquemos Miller, Boyes, Jeffery, Robinson e Pool.

Mas, era demais. O *football* attingira a um desenvolvimento formidavel. O *Athletic* tinha que abrir caminho para outras sociedades, que se apresentavam pujantes. Data de 1905 a sua desllocação, ora para o segundo, ora para o terceiro. Houve mesmo época em que o seu *team* se transformou num adversario facilimo de ser vencido. A ninguem impunha respeito. Entretanto, em 1910, registou-se uma mudança geral no seu *team*. Uma geração mais arrojada delibera reerguer as tradições dos *clubs*, que só contavam com homens cansados, alguns já de edade avançada, e que não podiam, por isso mesmo, desenvolver um jogo seguro e efficaz. Boyes (o ultimo), Bank, Steward e Colston foram os heroes dessa surprehendente phase de reerguimento. Já no campeonato de 1910, o *Athletic* atrapalhou a marcha de adversarios perigosos, como o *Palmeiras* e o *Paulistano*. Em 1911, comtudo, após ingentes esforços, obteve o que tanto desejava: a taça! Mas – oh! infelicidade! – o tropheu, que se achava com o *Palmeiras*, que o conquistara no anno transacto, não sahiu dessa associação, que não quiz entregal-o por se ter desavindo com a *Liga Paulista*. Este facto desgostou profundamente os socios do *Athletic* que, segundo disseram, juraram nunca mais ter relações sportivas com o *Palmeiras*. Jogaram mais um anno, e dando-se a scisão, o *São Paulo Athletic* recolheu-se ao ostracismo.

Lá está elle ainda, como no principio da sua existencia, no seu bellissimo campo da rua da Consolação, a jogar pacatamente o *tennis*, o *cricket*, e, talvez para desfazer as amarguras que experimentou, o *football*...

Associação Athletica Mackenzie College

Em meados de 1898, um professor do *Mackenzie*, o sr. Augusto Shaw, tendo regressado dos Estados Unidos, trouxe uma bola, propria para o *basketball*, *sport* muito em voga naquella grande nação. Os rapazes do collegio, naquelle tempo em pequeno numero, gostaram do jogo, e começaram a pratical-o nos vastos terrenos, que serviam de recreio. Os alumnos, durante esse anno, só se occuparam disso. A barra bandeira, a barra manteiga, a bota, o esconde-esconde, o accusado, os divertimentos preferidos da rapaziada, foram desprezados. O *basketball* dominou. Era um exercido curioso e impagavel, e por isso mesmo caiu nas boas graças. Para os alumnos se afigurava uma brincadeira inoffensiva! O jogador corria com a bola, e todos os outros, sem guardarem as posições, o perseguiam. Quem corria mais, levava vantagem. O alumno Alicio de Carvalho (que posteriormente foi um *footballer* admiravel) tornou-se eximio nesse *sport*, não só pela sua agilidade espantosa, como pela sua velocidade na carreira, que era extraordinaria.

A novidade introduzida deixou os alumnos em alvoroço, e todos estes, nas horas de folga, se entregavam ao *basketball*.

O sr. Augusto Shaw, notando este interesse que cada dia mais crescia, resolveu, então, adoptar o *football association*, que tambem conhecia. Isto já foi no anno seguinte, em 1899. Em Setembro do anno transacto, lançaram-se os alicerces da *Associação Athletica Mackenzie College*, tendo sido os fundadores os srs. José Sampaio, Mario Eppingaux, Carlos da Silveira, Cassio de Carvalho, Jessy Davi, Reynaldo Ribeiro, Alicio de Carvalho, Belfort Duarte, Roberto Shalders e varios moços, que eram internos naquelle estabelecimento de ensino superior.

O *football* substituiu o *bascket*. Formara-se o *team*. Escolhera-se o uniforme - uma camisa vermelha e gravata branca, e calção desta côr. A flammula - losango branco sobre vermelho, tendo naquelle, as iniciaes A. A. M. C.

Decorria o anno de 1900, quando os rapazes do *Mackenzie* foram surprehendidos com uma carta de desafio, que lhes enviara outro *club*. Era do *captain* do *Internacional*, sr. Antonio Casemiro da Costa. Acceitaram. E o torneio (o primeiro que, segundo consta, se realizou entre brasileiros em São Paulo) foi marcado para um sabbado, na chacara Dulley. Pensam que era um campo gramado, com dimensões regulares, com rêde no *goal*, bandeirinhas nos *corners*? Nada disso. O terreno era anfractuoso. Havia cada buraco que mettia medo! Os paus de *goals* fizeram-se de bambús, sendo amarrada, a trave de cima, com barbantes. A bola, nesses tempos ditosos, "não se aninhava na rêde", conforme a chapa de hoje... Os torcedores, coitados, estavam para nascer.

O *Mackenzie* começou mal. Perdeu por 2 a 1. E dahi por diante, os dois *clubs*, sozinhos em São Paulo, não se cansavam de fazer desafios. Os *matches* se succediam - ora na chacara Dulley, ora no campo do collegio, que era ingreme. Um dia, naquelle campo quando a luta entre os dois *teams* ia enthusiasta, o campo foi invadido... imaginem por quem? Advinhem se forem capazes! Pois foi pelos burros da Companhia da Viação Paulista, que por alli pastavam socegadamente...

Tantos esforços fez o *Mackenzie* que, após varias refregas, supplantou o seu antagonista, até que, em 1901, a sua superioridade sobre o *Internacional* se tornara incontestavel.

Com a fundação da *Liga*, entrou para ella, tendo occupado, no primeiro anno, o terceiro logar. Estava fadado a ser um dos primeiros; mas, devido ao desfalque de varios jogadores (Mario Eppingaux, Roberto Shalders e Ibanez Salles) não obteve a posição desejada. No outro anno (1903), não mudou de logar. Os esforços feitos, pelos seus socios foram sobre-humanos. Os seus antagonistas (já então não era só o *Internaciaonal*) o *Paulistano* e o *Athletic* eram poderosos, estando reforçados naquelle anno. Na ultima temporada da *Taça Casemiro da Costa*, o *Internacional*, depois de derrotar estrondosamente o seu antagonista por quatro e tres a zero, passou para o terceiro logar, indo o *Mackenzie* para o quarto. Melhorou, entretanto, em 1905, graças aos trabalhos do *sportsman* Fabio Loureiro, que foi o seu *captain*.

Ia muito bem em 1906, tendo já derrotado dois valorosos adversarios - o *Germania* e o *Internacional* - quando um incidente collegial provocou a dissolução da sociedade. A missão dos Estados Unidos, que mantém o *Mackenzie College*, exigiu que os rapazes, pertencentes á *Associação*, fizessem um relatorio dos seus trabalhos. Os estudantes entenderam, e entenderam bem, que a *Associação* era uma coisa á parte, e que não tinha que dar satisfacção dos seus actos. Diante dessa attitude, o director do collegio, o fallecido dr. Horace M. Lane, obedecendo ás ordens dos Estados Unidos, declarou extincta a *Associação*.

Os alumnos, entretanto, continuaram a praticar o *football*, e tanto assim que, nos diversos *clubs* filiados á *Liga*, figuravam *sportsmen* que estudavam no collegio. Todos reunidos formavam uma bella e forte equipe.

Depois de muita hesitação, ahi por volta de 1911, varios alumnos reergueram a *Associação*, aproveitando o material antigo. Foram elles os srs. Pedro Arrizabalaga, Alberto de Campos Mello, e Renato M. Dantas.

Entrou o *club* novamente para a *Liga*, e entrou firme. Nesse tempo, o *S. C. Americano* dominava, e a *A. A. Mackenzie College* foi a sua antagonista mais perigosa.

Quando houve, em 1913, o litigio entre o *Paulistano* e a *Liga*, o *Mackenzie*, que se desgostara tambem com uma decisão qualquer, resolveu sair daquella agremiação; e com o *Paulistano* e a *A. A. das Palmeiras*, foi socia fundadora da *Associação Paulista de Sports Athleticos*. Nos campeonatos, por esta promovidos, occupou bons logares - é segundo, em 1914 e 1915; o terceiro, em 1916, e, em 1917, o ultimo.

Os principaes *footballers* pelo *Mackenzie* formados, desde a época da fundação até hoje, foram: Alicio de Carvalho, um dos campeões de 1902, e que veiu a fallecer dois annos depois; Belfort Duarte, *back* eximio, ainda conhecido nas rodas sportivas; Ibanez Salles, que passou em 1902 para o *Paulistano*, e foi o melhor elemento da linha de frente deste; Roberto Shalders, Benedicto Montenegro, Fabio Loureiro, os irmãos Ruffin, João Salerno, José Pedro de Castro, Alberto de Campos Mello e Antonio Zecchi.

Sport Club Internacional

O *Sport Club Internacional*, que tem o seu nome tão estreitamente ligado ao *football*, fundou-se em 19 de Agosto de 1899. Á primeira reunião compareceram os srs. Antonio Campos, Julio Antonio Villa Real, Henrique Vanorden, Ernesto Ey, Carlos Brasche. René Vanorden, Ch. Holland, W. Holland, Frank Robotton, Otto Schloembach, Victor Weisskopf, Andrew Robboton, Otto Krischke, Leopoldo Villa Real, Carlos Guimarães, Nikolas Edwards, Alberto Savoy, José Alt. Claudio de Carvalho, Kurt Hartling. Franz Mikolasch, H. Nobiling. Germano e Rudolf Wahnschaffe.

Foi presidente o sr. Antonio de Campos, que depois de expor os fins da reunião, e que eram o da fundação de uma agremiação sportiva, declarou que havia sobre a mesa duas propostas sobre a denominação da nova entidade: uma, a que propunha o nome de *Sport Club Internacional*; outra, o de *Sport Club Germania*.

A primeira proposta foi approvada, por 15 votos contra 5. Ao ser aununciado o resultado, retiraram-se da sala os srs. H. Nobiling, Germano e Rudolf Wahnschaffe. (Sempre scisão!)

Foram considerados então como socios fundadores os vinte e um primeiros acima mencionados. A directoria provisoria, eleita a seguir, ficou composta dos srs. Antonio Campos, presidente; Henrique Vanorden, vice-presidente; secretario, Julio Villa Real; thesoureiro, Ernesto Ey. Para a organização dos Estatutos escolheu-se a seguinte commissão composta dos drs. Nikolas Edwards, Otto Krischke e Victor Weisskopf. O sr. René Vanorden, provisoriamente, dirigiu o *team*.

As côres officiaes do *club*, vermelho e preto, foram logo adoptadas. Em reunião, de 21 de Outubro do mesmo anno, elegeu-se a directoria definitiva que ficou assim organizada: presidente, Antonio Campos; vice-presidente, Sotto Maior Filho; secretario, Julio Villa Real; thesoureiro, E. Ey; directores, W. Holland, Otto Schloembach e Leopoldo Villa Real. Para *captains*, obtiveram mais votos os srs. Nikolas Edwards e W. Holland.

Todas estas deliberações foram tomadas rapidamente, com grande enthusiasmo, numa das salas do Gremio Literario Portuguez.

A 16 de Março de 1900, os estatutos foram approvados. Nesse mesmo anno, já o seu primeiro *team* jogava, e ás vezes com vantagem, contra os estudantes do *Mackenzie College*, então valentes *players*.

O *club* progrediu espantosamente. Talvez por ser o unico (o *Mackenzie* não acceitava socios que não fossem alumnos do collegio), esse grupo sportivo começou a ser querido por todos. Aliás, os seus estatutos, liberalissimos, davam a entrada a quem quizesse: inglezes, francezes, portuguezes, norte-americanos, todos podiam inscrever-se. Não fosse *club* internacional.

Desta maneira, a directoria, vendo que eram acanhadas as quatro paredes da sala gentilmente cedida pelo Gremio Portuguez, resolveu fazer uma installação sumptuosa no centro da cidade.

Foi alugado um predio na rua José Bonifacio, esquina da rua São Bento, no logar em que estão hoje os escriptorios da Brasil Railway. O edificio tinha vastas dependencias – salão de leitura, sala de jogos, sala de esgrima, terraço para gymnastica, barra-fixa, lançamento de dardos, etc. Foi alli que se aconchegaram os *sportsmen*; foi alli fundada a *Liga Paulista*, de saudosa memoria. Foi alli que se fundou, (permittam a expressão) o *football* em São Paulo.

Mas, o *football* não era o attractivo primordial dos associados. A esgrima, por exemplo, levava todas as noites, para a séde, muitos moços. O sr. Carlos Penna, certa vez, promoveu um campeonato desse cavalheiresco e elegantissimo *sport* – e foi um successo!

Infelizmente, esse evolver estacou: o *club*, de uma hora para outra, decaiu. Por quê? Qual a razão? Muito simples: outras entidades sportivas se haviam formado, e os socios, os mais abnegados, debandaram. Depois, o *Internacional*, não obstante os herculeos esforços de Casemiro da Costa, tirara o penultimo logar no primeiro campeonato. Isso desanimou os raros campeões que possuia, os srs. Jorge Mesquita, Geraldo Toledo e Casemiro da Costa. Os dois primeiros passaram para o *Paulistano*, nessa época em plena prosperidade, e o ultimo, amargurado e desilludido, não quiz saber mais dos *clubs* e muito menos do *football*. Mario Cardim, o dedicadissimo secretario, desistiu de assignar actas inglorias...

Em 1903, a crise era terrivel. Já ninguem tratava do *Internacional*, a séde, a sua magnifica séde, deixou de ter os encantos de outróra. E por uma maior desgraça a sua primeira *eleven* começou a ser armazem de pancada.

No anno seguinte, porém, houve uma reacção violenta. Gente de energia ficara á testa do *club*. Entre essa gente, destacavam-se os irmãos Prado (Armando, Mario e Juvenal) que arregaçaram immediatamente as mangas e, auxiliados por outros, deram em trabalhar, mas trabalhar deveras. O primeiro *team* não prestava? Arranjava-se outro. Os seus directores voltaram as suas vistas para Santos, foco de *footballers* desconhecidos. Chamaram os srs. Cox Murray e Thompson, que acceitaram o convite. Estes, mais os irmãos Prado, e mais Duarte e Cunha Vasconcellos, constituiram uma equipe poderosa, de meter medo. A victima foi o *Mackenzie*, que ficou desalojado da terceira posição – a sua posição classica.

Depois, um certo arrefecimento. Não foi tão grande como em 1903, pois não houve deserção em massa. Nos dois annos (1905 e 1906), o *Internacional* não forneceu, á posteridade, grandes feitos. Mas, em 1907, o seu exito foi brilhantissimo. Coube então a sua vez de ganhar a *Taça Penteado*, após longos annos de sacrificios e de labutas. Posto os seus concorrentes fossem temiveis, *Americano*, de Santos, o *Paulistano* e o *Germania*, com galhardia transpoz todas as barreiras. Esse anno, póde-se dizer, e não queremos com isto desmerecer as directorias anteriores, é o livro de ouro do *Internacional*. Desse *team* forte, destacaram-se os srs. Mario Prado, Juvenal Prado,

Dinorah de Assis, Léo Bellegarde e Fachini.

O *club* ganhou muito prestigio. Entretanto, não se manteve no fastigio da gloria. A seguir, teve decepções tristes. Outras se repetiram em 1909. Nessa occasião só se destacou por uma suprehendente victoria sobre a *A. A. das Palmeiras* por 4 a 0.

Mais decepções em 1910, em 1911. Mais outras se seguiram. Afinal, a sociedade começou a viver do passado, das suas tradições. Hoje, está na *Associação*. Vejamos se apparecem novos homens arrojados, que a levantem outra vez. Os sacrificios, para tanto, não são muitos.

Sport Club Germania

Do *Germania*, faltam-nos dados seguros sobre a sua historia. Parece-nos que não erramos affirmando que a genese da sociedade foi a scisão do *Sport Club Internacional*, logo no dia da sua fundação. Effectivamente, nesse dia, alguns socios do *Internacional* não concordaram com o nome dado á entidade que surgia e sahiram do recinto. Eram elles os srs. H. Nobiling, Germano e Rudolf Wahnschaffe. Factos positivos, insophismaveis, vieram confirmar o que asseveramos.

O *Internacional* fundou-se a 19 de Agosto de 1899; e o *Guia do Football*, do dr. Mario Cardim, de 1905, informa que o *Germania* se installou a 7 de Setembro de 1899. Ha ligação, pois, entre estes incidentes. De resto, não é para admirar: os germanicos são, por natureza, exclusivistas...

Da sua fundação até 1901, não ha noticias. Sabe-se apenas que arrendara um campo no Parque Antarctica. Depois, mandou representante á primeira reunião da *Liga*, e tomou parte activa nesses trabalhos.

No primeiro campeonato, contentou-se com a ultima collocação. Em 1903, parecia que ia fazer furor: viera da Allemanha para se empregar num banco, o sr. Hermann Frieze, um jogador terrivel, afamado nos campos da imperial Allemanha. A sua estréa foi um phenomeno. Todos os jornaes foram accordes em declarar que era um *footballer* excepcional. Os outros em voga, Miller, Boyes, Ibanez, Alvaro Rocha, Mesquita e Belfort ficariam num chinelo. Frieze absorveu o *Germania*. Era tudo - *full-back, half, forward* direito, *forward* esquerdo. Além de ser um optimo jogador, era doptado de uma tenacidade sem par. Mas nem assim o *Germania* logrou sair da sua posição - a ultima. Em 1904, não obstante a fraqueza do *Mackenzie*, não conseguiu ainda mudar de logar. No anno subsequente, progrediu um pouco, permanecendo acima do *Internacional* e do *Palmeiras*.

O seu apogeu foi em 1906. Nessa época, contava o *team*, além do celeberrimo Frieze, com Tommy Richtler, Thiele, aquelle vindo da sua patria, este formado no Parque Antarctica. Só soffreu uma derrota, e essa mesma por *score* pequeno. O *Palmeiras* fôra retirado da *Liga*. E, não tendo outro competidor, foi-lhe activa nesses trabalhos.

Decahiu em 1907. Houve uma scisão no *club*, tendo os socios brasileiros se retirado, indo alguns para o *Ipiranga, club* recreativo que tomara a iniciativa de cultivar o *football*.

Passou ao seu antigo estado em 1908, 1909 e 1910 - ultimo. A unica gloria (se é que se póde chamar gloria) foi o de ter batido, em occasião que ninguem esperava, a *Associação Athletica das Palmeiras*, facto que motivou a saída desta sociedade da *Liga Paulista*.

Fiel a esta, acompanhou-a na sua desventura, assim que houve a divisão de forças. Nos campeonatos promovidos pela velha instituição, destacou-se sómente no primeiro. Nos outros, ficou accomodado, não se sobresaindo.

Finalmente, em 1916, entrou para a *Associação*. Não disputou o campeonato, visto não haver vaga. Era para disputar o de 1917, e preparou-se para esse fim. Surgiram, porém, os acontecimentos internacionaes, que motivaram o rompimento de relações diplomaticas entre o Brasil e o Imperio Allemão. A directoria da sociedade, ante a exaltação popular determinada pela criminosa campanha submarina, achou prudente não se expor em publico. E fez bem...

Club Athletico Paulistano

A directoria do *C. A. Paulistano* fez publicar, recentemente, um opusculo, intitulado *Resumo Historico do Club Athletico Paulistano.*

São trinta e nove paginas macissas - e constituem um resumo apenas da sua vida. Por elle, que o *sportsman* avalie quanto se poderia dizer, se todos os *clubs* se atrevessem a imitar o exemplo da veterana sociedade. Quanta coisa!

Deveriamos transcrever aqui, com as devidas notas á margem, esse folheto. Mas são trinta e nove paginas, e esta obra não comporta trabalho de tanta extensão. Relativamente, bem entendido. Quando se pretender publicar uma historia de verdade, com tudo esmiuçado e revolvido, então sim, haverá logar, não para um folheto, mas para mais alguma coisa.

Em todo o caso, o *Club Athletico Paulistano* é um *club* de *football*, e um *club* de tradições, de louros, e que está, intimamente ligado a todos os factos que se prendem a esse *sport*, aqui em São Paulo.

Faremos, pois, um resumo do seu substancioso resumo, já publicado...

O *C. A. Paulistano* fundou-se a 19 de Dezembro de 1900. Á primeira reunião, presidida pelo sr. dr. Bento Bueno, então secretario do interior, compareceram muitos rapazes, entre os quaes os srs. Renato Miranda, Olavo de Barros, Sylvio Penteado, Oscar e João da Costa Marques.

Não se delinearam, na occasião, os fins da sociedade. Destinava-se ao *sport*: todos os exercicios physicos, que estivessem em voga, seriam adoptados. O cyclismo absorvia, na época, as attenções de certa parte da juventude que se reunia no Velodromo. Começou, pois, o *Paulistano* pelo cyclismo. Certa vez, tres socios assistiram no collegio do *Mackenzie*, a uma pugna de *football*, entre o primeiro quadro desse collegio e o *Sport Club Internacional*. Os socios, srs. Renato Miranda, Olavo de Barros e Sylvio Penteado, enthusiasmados pelo jogo, e pelos conselhos do sr. Ibanez Salles, *footballer* do *Mackenzie*, deliberaram introduzir esse *sport* na agremiação a que pertenciam. A seguir, era comprada uma bola, e organizou-se uma equipe, que treinava desesperadamente, despertando curiosidade de todas as familias de São Paulo. Tudo isso se passou em 1901, anno em que o *Paulistano* começou a figurar nas rodas do *football* de São Paulo, - figurar, é claro, modestamente, pois a sua organização era ainda rudimentar, muito embora já tivesse disputado alguns torneios e arrendasse o esplendido campo do Velodromo, que se transformara.

Veiu o campeonato de 1902. Veiu a *Taça Casemiro da Costa*. O novo *club* principiou a sua vida exterior. A estréa foi pessima: perdeu do *São Paulo Athletic* por um *score*, que naquelle tempo, era um tanto vergonhoso (4 a 0). Mas isso não obstou a que a sociedade progredisse, e progredisse rapidamente. Assim é que, nesse mesmo anno, o *Paulistano*, depois de supplantar o *Internacional* e o *Germania*, logrou ganhar do seu temível adversario, o *São Paulo Athletic*, por um ponto. Constituiu um successo ruidoso esse feito. Todos suppunham que os britannicos, dada a sua escola, eram invenciveis. E data dahi a fama extraordinaria do antigo *club* do Velodromo, que, em virtude dos seus constantes triumphos, captou as sympathias da maioria da nossa população.

Não tirou o tropheu, nesse anno do seu apparecimento, porque não se saiu bem do ultimo *match*. O desempate foi ganho pelo seu adestrado competidor.

Em 1903, mais se fortaleceu a sua equipe, com a entrada de novos jogadores, vindos do *Internacional*. Brilhante logar lhe estava reservado nesta época: mas, o desleixo de certos socios fez com que os inglezes tomassem a dianteira, obtendo maior numero de pontos no fim do anno. Houve outro desempate, no qual não conseguiu coisa alguma o *Paulistano*. Deram-se, é facto, no decorrer dessa pugna que se realizou no Parque Antarctica, graves irregularidades, mas a *Liga* não tomou conhecimento dellas.

No anno seguinte, o mesmo enthusiasmo, por parte dos jogadores, não se notou. Se em esplendidas condições o *club* não se elevara á primeira posição no anno anterior como podia, com ausencia de denodados defensores das suas côres (Renato Miranda, Olavo de Barros, João, Oscar e Thiers da Costa Marques), destacar-se da mesma forma como nos annos anteriores?

Os novos, entretanto, aos quaes foi dada a incumbencia de zelar pelas tradições do *club*, deram conta do recado. Com o seu esforço, que foi ingente, concorreram para que a primeira equipe se mantivesse na mesma collocação dos annos transactos. Os novos eram José Rubião, B. Cerqueira, Raphael Sampaio, Antonio Wernek e Mario Egydio.

Foi com essa geração que o *Paulistano* attingiu ao apogeu. Á frente da sua directoria estava um grupo de homens de acção, salientando-se os srs. Numa de Oliveira, Antonio Prado Junior e Luiz Fonseca, que deram orientação ao *club*. Transformaram o Velodromo, mandaram pintar as archibancadas, construíram quadras de *tennis* e uma parede para pelota, fizeram melhoramentos na séde. Por fortuna, o seu primeiro *team* de *football* não tinha mais rival, pois o *São Paulo Alhletic* passara para o segundo plano. Só conhecia victorias. Esse apogeu, porém, durou muito pouco tempo. No fim desse campeonato, um socio, o sr. Jorge Mesquita, entendeu de impor as suas vontades á directoria, que, como era da sua obrigação, o repelliu com energia. Essa repulsa teve como consequencia a scisão da sociedade, e como resultado, o enfraquecimento de um dos partidos. O *Paulistano* ficou com as suas tradições, os seus triumphos antigos, a sua directoria operosa e activa, o seu campo transfigurado; a outra parte ficou com os campeões de *football*, os quaes, sem sacrifício, deram logo relevo ao *club* a que se filiaram - a *Associaçao Athletica das Palmeiras*.

A velha sociedade teve de viver modestamente. Contentou-se com logares, nos campeonatos, modestos - terceiro, quarto, quinto. Os seus directores, é certo, reagiram, tendo, não só forçado os socios aos maiores sacrifícios, como tambem contractado os serviços profissionaes do *trainer* John Hamilton. Infelizmente, esse esforço sobrehumano não deu os resultados immediatos, que o publico esperava.

Em 1908, todavia, o *Paulistano* voltava á sua primitiva posição. Tirou a *Taça Penteado*, depois de uma bella trajectoria. Nos annos posteriores tambem se destacou, alcançando a segunda posição (1909-1910). Houve um certo desanimo no *football*. O *Palmeiras* retirara-se da *Liga*, e, com elle, muitos apreciadores se resolveram a não mais frequentar os campos. A direcção da entidade directora não primava pela energia. As outras sociedades tambem descuravam. Era natural, portanto, que o *C. A. Paulistano* se resentisse desse facto. Felizmente, em 1913, cansados com o marasmo em que jazia o *football*, assignalou-se um movimento brusco; e á frente delle se achava o *Paulistano*. O que aconteceu todos sabem: fundou-se a *Associação Paulista de Sports Athleticos*. A veterana agremiação vermelha e branca, na nova *Associação*, distinguiu-se no primeiro anno, e, no segundo, tirou a segunda collocação. Em 1915, esteve na penumbra.

Com a venda do Velodromo, o *Paulistano* quasi sossobrou. No começo do campeonato, nem se sabia da sua existencia. O calendario da *Associação* marcava as datas em que o *Paulistano* devia apparecer. Mas o *team*? Onde estava? E os seus jogadores? O que havia sido feito delles?

Assim sem ninguem esperar, a sua directoria, composta dos srs. Antonio Prado Junior, João de Barros, Fernão Salles, e o *captain* Carlito Aranha, tomou uma deliberação extrema: levantar, custasse o que custasse, o nome do *club*. Os homens metteram hombros á obra, sem olharem para a grandiosidade da empreza. Arranjou-se um *team* de afogadilho que immediatamente deu cabal desempenho á sua missão, pondo-se na vanguarda dos contendores. Por outro lado, os directores compravam o grande terreno na explanada da rua Augusta (Jardim America), e alli lançaram os alicerces da sua luxuosa séde - pavilhão, campo de *football*, archibancadas, quadra de *tennis*, tudo bem feito, bem acabado. Entrementes, ganhava o seu primeiro *team* o campeonato de 1916: ganhava o de 1917, ficando possuidor, por isso, da rica *Taça Jockey Club*.

Associação Athletica das Palmeiras

Esta associação entrou na scena sportiva já depois de se terem realizados os primeiros encontros da *Liga Paulista*. Força é reconhecer, porém, que é um *club* principal, e que está bem collocado neste capitulo. Em primeiro logar porque, desde 1902, acompanhou, até certo ponto de longe, o movimento sportivo da nossa terra. Em segundo porque teve a influencia, ás vezes decisiva, na vida sportiva.

Em fins de 1902, já o *football* era a moda, diversos rapazes, residentes no bairro das Palmeiras, influenciados pelas partidas que aos domingos se realizavam no Velodromo, tiveram a lembrança de fundar um *club*, destinado a cultivar o *football* e outros *sports* athleticos. Entre esses moços, destacavam-se os srs. Gelasio Pimenta, José Pinto e Silva, F. de Salles Collet e Silva, F. Correia, Persy Corbett, José de Barros, Mario Mendes, Jorge Collet, F. Ferreira da Rosa. A ideia foi acolhida benevolamente, tomou vulto, e converteu-se em realidade a 9 da Novembro do mesmo anno.

Os fundadores, como já dissemos, moravam em Santa Cecilia e Palmeiras. Nessa época, esses bellos arrabaldes não eram o que hoje são. As ruas Martins Francisco, Tatuhy, Imaculada Conceição, Baroneza de Itú, não existiam; e a alameda Angelica era quasi toda matto. No meio dessas ruas ficava um amplo terreno, coberto de verduras selvagens; mas era plano, propicio, por conseguinte, para um *ground*. Não custava nada mandar capinar, e transformal-o numa praça de *sports*. Foi o que se fez. E, em 1903, já os socios treinavam nelle, disputando varias partidas interessantes. Os mais fervorosos jogadores eram Mario Mendes (antigo *goalkeeper* do *Mackenzie*, já fallecido), Aquino, Collet, Corbett, Eugenio Lefevre, Pinto e Silva, Braga, que constituiram o primeiro nucleo de *footballers*. A principio, o *Palmeiras* disputava o *match* com o segundo *team* do *Paulistano*, o que para um *club* novo constituia um grande arrojo, visto que esse *team* do *Paulistano* rivalizava com as equipes da primeira divisão, afóra, bem entendido, o *Athletic* e o *Mackenzie*, com os quaes o primeiro quadro não facilitava. E não fazia má figura, o *Palmeiras*; perdia de dois pontos, perdia apenas de um. Esses torneios se succediam; nos dias feriados em que não havia torneio do campeonato, era certo a realização, no Velodromo, de um encontro, entre a segunda equipe do *Paulistano* e do *Palmeiras*. Uma amizade extraordinaria. Quem diria, nesses primordios, que essas duas sociedades seriam, a breve trecho, inimigas terriveis?

Nesse mesmo anno, formou-se um campeonato de segundos *teams*, em que entraram o *Paulistano*, o *Mackenzie*, o *Internacional* e o *Germania*. Pois bem: o *Palmeiras* obteve o segundo logar. No anno a seguir, novo campeonato de segundos *teams*, e a joven sociedade obtinha a mesma collocação.

Finalmente, em 1905, dada uma resolução da *Liga*, que resolveu augmentar o numero dos concorrentes á *Taça Penteado*, a *A. A. das Palmeiras* apresentou-se concorrente a essa vaga. Foi seu competidor o *Club Athletico Internacional* de Santos. Á vista disso, houve o *match* de selecção. A *A. A. das Palmeiras* sai victoriosa por um ponto - e passou a fazer parte da primeira divisão. No começo teve só decepções: acostumada a jogar com segundos *elevens* não enfrentou os grandes contendores - *Paulistano, Internacional, Germania* e *Mackenzie* - com vantagem; perdeu de todos. Ainda assim, logrou, de certa vez, uma vantagem sobre o *Athletic*, por 3 a 0. Ficou, por conseguinte, em ultimo logar.

Eis senão quando da-se a scisão do *Paulistano* provocada pelo sr. Jorge Mesquita. Eram solidarios com este os srs. José Rubião, Raphael Sampaio, Mario Egydio, Raul Guimarães, Plinio Rubião, e alguns outros do segundo *team*. Os *sportsmen* dissidentes, querendo demonstrar, de certo, que só elles valiam, só elles davam renome ao *club*, só elles que provocavam as victorias - passaram-se para a *Associação Athletica das Palmeiras*, a mais modesta de todas. Semelhante facto parece que desgostou alguns socios, entre os quaes Aquino, que se retirou da agremiação.

Começou nesse momento, o *Palmeiras* a sua carreira ruidosa e cheia de incidentes. Com a divisão de *footballers*, houve tambem a dos apreciadores, que, verdade, se bandearam, na sua maioria para o lado onde estavam os dissidentes.

O campeonato foi prenho de peripecias para o *club*. Tinha que se bater com o *Internacional* de Santos, conforme a regra estabelecida. Derrotou-o por 4 *goals* a 1. A seguir, os *matches* com o *Paulistano* e o *Internacional*, em que se portou com brilho. Teve a infelicidade de sair vencido na partida com o *Germania*, que nesse anno estava com um *eleven* poderosissimo: mas desforrou-se no fim dominando o seu maior antagonista.

No fim o *Sport Club Internacional* fez uma grave denuncia, contra o *Palmeiras*, a proposito da venda de entradas. Foi um caso complicado, em que cada um contava as coisas a seu modo, não se sabendo com quem estava a razão. Os "palmeiras" allegavam, em sua defesa, o seguinte: tinham um accordo com o *Club de Regatas São Paulo*, que lhe cedia o campo, gratuitamente. As mensalidades, por isso, eram pagas a esse *club* de canoagem. Na venda das entradas, os socios da *A. A. das Palmeiras* cediam-nas por Rs 1$000 (um mil-réis), a metade do preço. Mas, os reclamantes diziam que era uma irregularidade sem nome, adduzindo varios augmentos. O caso foi debatido numa assemblea da *Liga Paulista*. O representante do *Palmeiras* fundamentou longamente o acto da directoria. Tal defesa não valeu de nada. A *Liga* condemnou a associação da Floresta. E a taça que o *Palmeiras* tinha conquistado? Novo problema que provocou larga discussão: a *Liga*, todavia, não deu ouvido ás queixas, e o *club*, que se julgou prejudicado, abandonou a entidade superior.

Esteve no ostracismo dois annos. Viveu para si, na Floresta, exercitou os seus socios. Era feliz? Não devia ser. Aquelle exclusivismo, aos poucos, matava. Entrementes, notou-se uma certa boa vontade dos directores da *Liga* que queriam chamar a ovelha ao aprisco do pastor... A ovelha resistiu; mas, emfim, todos resolveram apagar o passado triste, e o *Palmeiras* voltou.

Voltou forte como sahira. Muitos dos velhos defensores já estavam aposentados; os novos, João Salerno, Octavio Egydio, Godinho Cerqueira, Irineu Malta, não desmereciam as tradições daquelles.

Bateu os adversarios, quasi em toda a linha. Só o defrontou, com coragem, o *Paulistano*, que o venceu em determinada pugna. Em 1910, a mesmissima coisa, sem nenhuma variante.

O campeonato de 1911, para a sociedade, annunciou-se promissor. Subrejugou o *Ipiranga* e o *Paulistano*. Em ultimo logar da *Liga* se achava o *Germania* que, anteriormente, fôra derrotada pelo *Ipiranga*. Nesse encontro, uma surpreza desagradavel estava reservada para o *club*: o seu primeiro *team* pisava em campo certissimo da victoria, e, por castigo, perdeu por 4 *goals* a 2. Um desastre, verdadeiro desastre! A directoria não se conformou e apegou-se, para nullificar o torneio, ao facto de um jogador do *Germania* não estar regularmente inscripto. Baldado esforço. A *Liga*, que na sua maioria era contraria ao *Palmeiras*, negou provimento. A sociedade teve que retirar-se, e continuar no ostracismo.

Esse ostracismo foi uma especie de dissolução. Os jogadores, novos e ardentes, passaram-se para outros *clubs*. Ficou, de pé, o nome, só o nome.

Quando o *Paulistano* saiu da *Liga*, o *Palmeiras* foi convidado, por intermedio do sr. João Didier, para, com aquelle, formar uma nova entidade sportiva. O *club* estava com poucos socios; mas, devido aos esforços do sr. Edgard Nobre de Campos, reorganizou-se, e foi reforçar, com o seu prestigio antigo, a associação que nascia, e que hoje é a suprema directora dos *sports*.

O seu papel na disputa da *Taça Jochey Club* não foi brilhante: em 1913, ficou em ultimo logar; em 1914, ficou em terceiro. Mas, em 1915, fez um progresso. Com os mesmos jogadores do anno transacto, o que equivale a dizer com os seus proprios recursos, conquistou o tropheu. Exemplo desses ha poucos na historia do *football*.

Em 1916 e em 1917, não se destacou.

A FUNDAÇÃO DA *LIGA PAULISTA* E A *TAÇA CASEMIRO DA COSTA*

Infelizmente não nos foi possivel saber, ao certo, quem teve a ideia de fundar uma entidade que reunisse todos os *clubs* de *football* de São Paulo. As versões, a esse proposito, são desencontradas. Uns dizem que a honra cabe ao *Internacional*; outros ao *Athletic*; outros ao *Mackenzie* e ao *Paulistano*. Isso, afinal, não tem grande importancia. Estavam fundados os *clubs* de *football*, com os seus estatutos, as suas regras: era logico, era fatal, portanto, que alguem se lembrasse de congregar as agremiações, que se installaram. Não resta duvida: num livro como este, devia figurar a pessoa que, primeiro, teve a ideia. Figurar apenas, não; ficar em logar de destaque. Mas, dado o desencontro de opiniões, o melhor é passar por cima do facto, a fim de não melindrar a ninguem.

Do que temos certeza é do seguinte: a 14 de Dezembro de 1901 foi noticiado, pelos jornaes, que haveria, nessa noite, na séde do *Sport Club Internacional*, á rua S. Bento, uma reunião para tratar da fundação de uma liga de *football*. Quem a convocou? Essa noticia não diz. Afinal, a reunião realizou-se com ausencia apenas dos representantes do *Mackenzie College*. No primeiro dia, ao que consta, houve apenas troca de ideias, pois outra reunião foi convocada para o dia 19 do mesmo mez. Só então é que se installou a celebre *Liga Paulista*. Á installação compareceram: pelo *Athletic*, o sr. Charles Miller; pelo *Paulistano*, os srs. João da Costa Marques e Olavo de Barros; pelo *Germania*, os srs. Nobiling e Arthur Ravache; e os representantes do *Mackenzie* e do *Internacional*. Soube-se então que havia uma taça a ser disputada: a que offereceu o sr. Casemiro da Costa, *captain* do primeiro *team* do *Sport Club Internacional*. O chronista imparcial, alheio ás paixões do tempo, ou, por outro, ao "clubismo" da época; tem de reconhecer que ao offertante desse tropheu é que deve caber a gloria de iniciar esse *sport* em São Paulo. Allegam os seus adversarios que Casemiro da Costa teve este gesto, na certeza de que a sua sociedade ficaria com elle. Não quer dizer nada. A intenção não se discute: discute-se apenas o facto – e o facto é que elle foi o primeiro a offerecer uma taça para ser disputada, e que, com essa offerta, lançou, directa ou indirectamente, as bases ao *football* no Estado de São Paulo. Pode ser accusado, o sr. Casemiro da Costa, por ter desejado que o premio fosse para o seu *club*? De forma alguma. Mesmo que tivesse a intenção e era naturalissimo que tívesse, ninguem deve negar, hoje, que a elle, unicamente a elle, se deve este movimento salutar em prol da educação physica. O sr. Casemiro da Costa dirigia um *club*, tinha amor por elle; logico era que, fazendo, como ia fazer, um beneficio para todos, que a sua sociedade, pela qual tanto se esforçava, se sobresaisse. Por conseguinte, o seu nome precisa ser respeitado, e, se se fizer uma galeria dos *sportsmen* que mais se salientaram neste movimento, cremos que será uma justa homenagem prestada ao velho director do *Internacional*, collocal-o na parte principal.

O que foi e disputa da *Taça Casemiro da Costa*? É desnecessario dizel-o. Já relatamos, resumidamente, qual a acção dos *clubs* principaes nessa justa. O papel de todos está descripto Não ficará bem, á vista disso, repisar no assumpto. Bem sabemos que não fomos rigorosamente fieis. Ai de nós, porém, se tivessemos a velleidade de, *match* por *match*, criticar o jogo, descrever as emoções que elle despertava, e falar das archibancadas, que sempre estiveram cheias de cavalheiros, de senhoras e senhoritas! Não haveria papel que chegasse...

Mas, os leitores terão uma estatistica, succinta é verdade, mas que poderá dar uma ideia do que succedeu nessa temporada.

LIGA PAULISTA DE FOOTBALL — TAÇA CASEMIRO DA COSTA

Campeonato de 1902

Vencedor: **S. PAULO ATHLETIC CLUB**

DIA	CAMPO	*CLUBS*	VENCEDOR	*FOOTBALLERS* QUE MARCARAM *GOALS*
03 de Maio	Antarctica	Germania x Mackenzie	Mackenzie - 2 x 1	Eppingaux (Mackenzie); Kichner (Germania)
08 de Maio	Velodromo	Paulistano x Athletic	Athletic - 4 x 0	Miller, Boyes (2) e Jeffery
11 de Maio	Antarctica	Germania x Internacional	Germania - 2 x 0	Os nomes não foram publicados
13 de Maio	Velodromo	Mackenzie x Athletic	Athletic - 3 x 0	Miller e "meia-direita" (2)
29 de Maio	Velodromo	Mackenzie x Internacional	Empate - 1 x 1	A. Costa (Internacional) e Alicio (Mackenzie)
07 de Junho	Velodromo	Paulistano x Mackenzie	Empate - 2 x 2	Alicio e Eppingaux (Mackenzie); Renato e Ibanez (Paulistano)
08 de Junho	Athletic	Internacional x Athletic	Athletic - 3 x 0	Miller, back do Internacional [contra] e jogador não identificado
15 de Junho	Antarctica	Paulistano x Internacional	Paulistano - 3 x 1	Alvaro e Marques (2) (Paulistano); Holland (Internacional)
29 de Junho	Athletic	Paulistano x Athletic	Paulistano - 1 x 0	Alvaro Rocha
14 de Julho	Antarctica	Germania x Mackenzie	Mackenzie - 2 x 0	Os nomes não foram publicados
20 de Julho	Antarctica	Germania x Athletic	Athletic - 4 x 0	Miller (2) e Jeffery (2)
27 de Julho	Antarctica	Germania x Paulistano	Paulistano - 2 x 0	Marques e Barros

DIA	CAMPO	*CLUBS*	VENCEDOR	*FOOTBALLERS* QUE MARCARAM *GOALS*
03 de Agosto	Athletic	Germania x Athletic	Athletic – 3 x 0	Biddell, Bough e Miller
10 de Agosto	Velodromo	Germania x Internacional	Empate – 1 x 1	Gordo (Germania); Azevedo (Internacional)
17 de Agosto	Velodromo	Germania x Paulistano	Empate – 1 x 1	Marques (Paulistano); Gordo (Germania)
24 de Agosto	Athletic	Athletic x Internacional	Empate – 0 x 0	
14 de Set.	Velodromo	Paulistano x Internacional	Paulistano – 2 x 0	B. Cerqueira e Alvaro
20 de Set.	Athletic	Athletic x Mackenzie	Empate – 4 x 4	Bough, Miller (2) e Boyes (Athletic); P. Bicudo (2), E. Lopes e Alicio (Mackenzie)
04 de Out.	Velodromo	Paulistano x Mackenzie	Paulistano – 3 x 0	Marques, Alvaro, Siqueira
25 de Out.	Athletic	Mackenzie x Internacional	Mackenzie – 2 x 1	Alicio e A. Telles (Mackenzie); Holland (Internacional)
26 de Out.	Velodromo	Paulistano x Athletic	Athletic – 2 x 1	Miller (2) (Athletic); Alvaro (Paulistano) JOGO DE DESEMPATE

LIGA PAULISTA DE FOOTBALL

TAÇA CASEMIRO DA COSTA

Campeonato de 1903

Vencedor: **S. PAULO ATHLETIC CLUB**

DIA	CAMPO	*CLUBS*	VENCEDOR	*FOOTBALLERS* QUE MARCARAM *GOALS*
23 de Maio	Antarctica	Athletic x Mackenzie	Athletic - 2 x 0	Trail e Miller
11 de Junho	Antarctica	Mackenzie x Athletic	Athletic - 2 x 1	Fabio (Mackenzie); Ford e Boyes (Athletic)
21 de Junho	Antarctica	Germania x Internacional	Germania - 3 x 1	Lins (2) e Heinke (Germania); Duarte (Internacional)
24 de Junho	Velodromo	Athletic x Paulistano	Paulistano - 2 x 0	Alvaro e Marques
28 de Junho	Velodromo	Paulistano x Internacional	Paulistano - 5 x 0	Marques (2), Alvaro (2) e Vévé
5 de Julho	Antarctica	Internacional x Athletic	Athletic - 5 x 0	Poost (2), Montandon (2) e Hodgkiss
5 de Julho	Antarctica	Paulistano x Germania	Paulistano - 1 x 0	Não foi publicado
14 de Julho	Velodromo	Paulistano x Mackenzie	Empate - 0 x 0	
19 de Julho	Antarctica	Germania x Athletic	Athletic - 4 x 1	Frieze (Germania); Boyes (2), Pool e Miller (Athletic)
26 de Julho	Velodromo	Internacional x Paulistano	Paulistano - 3 x 0	Ibanez (2) e Sampaio
02 de Agosto	Velodromo	Paulistano x Athletic	Athletic - 4 x 0	Não foram publicados
09 de Agosto	Velodromo	Germania x Athletic	Empate - 1 x 1	Kirschner (Germania); Miller (Athletic)
15 de Agosto	Antarctica	Germania x Mackenzie	Mackenzie - 1 x 0	Não foi publicado
23 de Agosto	Velodromo	Paulistano x Germania	Paulistano - 2 x 0	Mesquita e jogador não identificado (em dia de mau tempo)

DIA	CAMPO	*CLUBS*	VENCEDOR	*FOOTBALLERS* QUE MARCARAM *GOALS*
29 de Agosto	Velodromo	Mackenzie x Paulistano	Paulistano – 1 x 0	Ibanez
30 de Agosto	Velodromo	Internacional X Germania	Internacional – 4 x 3	Frieze (2) e Lins (Germania); Murray, Vasconcellos, Azevedo e Prado (Internacional)
07 de Set.	Antarctica	Germania x Mackenzie	Mackenzie – 3 x 0	Não foi publicado
20 de Set.	Velodromo	Mackenzie x Internacional	Mackenzie – 5 x 0	Worms, Armando, Biando, Manuel e Fabio
27 de Set.	Velodromo	Internacional x Athletic	Athletic – 3 x 0	Boyes, H. Boyes e back do Internacional [contra]
12 de Out.	Velodromo	Internacional x Mackenzie	Internacional – 3 x 0	Cox (3)
25 de Out.	Antarctica	Paulistano x Athletic	Athletic – 2 x 1	Pool e back do Paulistano [contra] (Athletic); Alvaro (Paulistano) – JOGO DE DESEMPATE

LIGA PAULISTA DE FOOTBALL — TAÇA CASEMIRO DA COSTA

Campeonato de 1904

Detentor: S. PAULO ATHLETIC CLUB — **Ultimo anno de disputa da Taça Casemiro da Costa**

DIA	CAMPO	*CLUBS*	VENCEDOR	*FOOTBALLERS* QUE MARCARAM *GOALS*
3 de Maio	Velodromo	Internacional x Mackenzie	Internacional - 4 x 0	Vevé, Leonidas, Murray e Vasconcellos
13 de Maio	Velodromo	Mackenzie x Paulistano	Paulistano - 1 x 0	Ibanez
22 de Maio	Velodromo	Paulistano x Internacional	Paulistano - 2 x 0	Sampaio (2)
29 de Maio	Velodromo	Germania x Palmeiras	Palmeiras - 3 x 0	M. Soares, Zelê e Canto
2 de Junho	Velodromo	Mackenzie x Internacional	Internacional - 3 x 0	Cox, os outros não foram publicados
5 de Junho	Velodromo	Paulistano x Palmeiras	Paulistano - 5 x 1	Ibanez (2), Sampaio e Alvaro (2) (Paulistano); Zelê (Palmeiras)
12 de Junho	Antarctica	Germania x Athletic	Athletic - 1 x 0	Miller
19 de Junho	Antarctica	Germania x Internacional	Internacional - 1 x 0	Armando
19 de Junho	Velodromo	Atlhetic x Paulistano	Empate - 1 x 1	Cassio (Paulistano); Miller (Athletic)
26 de Junho	Velodromo	Paulistano x Germania	Paulistano - 2 x 0	Alvaro e back do Germania [contra]
29 de Junho	Velodromo	Palmeiras x Atlhetic	Athletic - 5 x 0	Boyes (4) e Miller
10 de Julho	Velodromo	Germania x Athletic	Athletic - 3 x 2	Montandon, Miller, Boyes (Athletic); Book e Fuller (Germania)

DIA	CAMPO	*CLUBS*	VENCEDOR	*FOOTBALLERS* QUE MARCARAM *GOALS*
14 de Julho	Velodromo	Mackenzie x Paulistano	Paulistano – 2 x 1	Sampaio (2) (Paulistano); Armando (Mackenzie)
17 de Julho	Velodromo	Germania x Internacional	Internacional - 4 x 0	Argemiro, Vasconcellos, Cox e Vevé
23 de Julho	Athletic	Mackenzie x Palmeiras	Mackenzie – 4 x 1	Não foram publicados
24 de Julho	Velodromo	Athletic x Paulistano	Empate 0 x 0	
31 de Julho	Athletic	Athletic x Palmeiras	Athletic – 3 x 0	Não foram publicados
31 de Julho	Velodromo	Germania x Paulistano	Paulistano – 1 x 0	Não foi publicado
7 de Agosto	Velodromo	Paulistano x Palmeiras	Paulistano – 1 x 0	Não foi publicado
7 de Agosto	Velodromo	Athletic x Internacional	Athletic – 5 x 0	Não foram publicados
15 de Agosto	Velodromo	Athletic x Mackenzie	Athletic – 1 x 0	Miller
21 de Agosto	Velodromo	Internacional x Palmeiras	Internacional - 5 x 0	Armando, Vevé (2), os outros não foram publicados
28 de Agosto	Velodromo	Paulistano x Internacional	Paulistano – 4 x 2	Mesquita, Ibanez (2) (Paulistano); Cox (Internacional), os outros não foram publicados
8 de Set.	Velodromo	Mackenzie x Germania	Mackenzie- 3 x 2	Não foram publicados
18 de Set.	Velodromo	Athletic x Internacional	Athletic – 4 x 1	Boyes (1) (Athletic); Leonidas (Internacional), os outros não foram publicados
18 de Set.	Athletic	Germania x Palmeiras	Germania 5 x 0	Não foram publicados

DIA	CAMPO	*CLUBS*	VENCEDOR	*FOOTBALLERS* QUE MARCARAM *GOALS*
25 de Set.	Velodromo	Palmeiras x Internacional	Internacional - 2 x 0	Não foram publicados
28 de Set.	Velodromo	Athletic x Mackenzie	Athletic - 5 x 0	Robinson, Duff e Miller, os outros não foram publicados
14 de Out.	Velodromo	Mackenzie x Palmeiras	Mackenzie - 3 x 1	Não foram publicados
30 de Out.	Velodromo	Paulistano x Atlhetic	Athletic - 1 x 0	Não foi publicado - JOGO DE DESEMPATE

OS JOGOS INTER-ESTADOAES

O primeiro jogo inter-estadual effectuou-se em São Paulo a 19 de Outubro de 1901, justamente um mez antes da fundação da *Liga Paulista*. Num folheto, distribuido pelo *Fluminense Football Club*, no anno passado, encontram-se varios detalhes curiosos sobre esse encontro.

Recortamos alguns trechos desse folheto:

> Achando-se Oscar Cox, certo dia, a conversar com Victor Etchegaray e A. R. L. Wright, dois personagens a quem o *football* do Rio tambem muito deve, veiu-lhes á lembrança uma excursão sportiva a São Paulo, attendendo ao resultado feliz conseguido pelo *team* brasileiro, o que representava uma garantia contra qualquer fiasco no Estado vizinho.
>
> O pretexto, além do mais, serviria para proporcionar aos jogadores uma visita aos progressos materiaes que eram introduzidos na adeantada capital, progressos que corriam fama no Rio.
>
> Estava-se em meados de Outubro de 1901. Para este emprehendimento foi trocada correspondencia, por iniciativa do Rio, entre Oscar Cox e René Vanorden, este da parte de São Paulo. Tratava-se de saber as condições em que a visita poderia ser levada a effeito e as datas respectivas.
>
> Nesta correspondencia, o promotor da excursão perguntava ao *sportsman* paulista se era necessario levar barras de *goal* e rêdes. Tal pergunta póde parecer hoje ridicula, mas comprehende-se naquelle tempo, quando não se sabia, ao certo, no Rio, o que se passava em São Paulo, em materia de *football*. Os paulistas responderam que estavam preparados para a realisação do encontro. E estavam realmente.

Em São Paulo, os que mais se interessaram pela iniciativa foram notadamente os srs. Antonio Costa, membro do *Sport Club Internacional*, o qual fôra companheiro de collegio de Oscar Cox, em Lausanne; Ibanez Salles, do *Club Athletico Paulistano*, sociedade que, fundada pouco antes, poz em chéque a mania de cyclismo que atravessavam os paulistas; René Vanorden, do *Sport Club Internacional*; H. Nobiling, do *Sport Club Germania*; Charles Miller, Fox Rule e Boyes, do *São Paulo Athletic*. Quanto aos preparativos de ordem social, muito fizeram por elles os srs. Lidgerwood e Sidney Cox, os quaes trataram do banquete, viagem, etc., chegando para isso a sacrificios pecuniarios.

Não arranjaram os cariocas abatimento nenhum sobre as passagens da Estrada de Ferro, como tentaram.

Gente que nunca fôra aos campos, ouvindo falar em luta entre cariocas e paulistas, accorreu ao terreno do *São Paulo Athletic*, local em que se effectuaram ambas as provas. Estava semeado o estimulo.

(...)

Os jogadores que embarcaram para São Paulo foram Walter Schuback, Mario Frias, Luiz da Nobrega, Oscar Cox, A. Wright, Mc. Culloch, Francisco Walter, Horacio da Costa Santos, Eurico de Moraes e Felix Frias. Como reservas seguiram Domingos Moutinho, já fallecido, e Mario Rocha.

A comitiva seguiu no nocturno de 18 de Outubro de 1901, chegando a São Paulo a 19, data em que disputou o primeiro encontro. Jogou o segundo no dia seguinte. Em ambos verificaram-se empates respectivamente por 0 a 0 e 2 a 2.

A equipe do Rio disputou assim distribuida: *goalkeeper*, Schuback; *backs* M. Frias e L. Nobrega; *half-backs* O. Cox, A. Wright e Mc. Culloch; *forwards* F. Walter, H. Santos, Eurico de Moraes, Julio de Moraes e Felix Frias.

Os jogadores de São Paulo, que participaram da luta inicial entre as duas capitaes, foram: Holland, Nobiling, Boyes, Ibanez Salles, Charles Miller, Jeffrey, Antonio Casemiro da Costa, Mass, Boyes, René Vanorden e Savoy.

Como era de se prever, o successo da visita a São Paulo foi completo e, no proprio dizer dos paulistas, "foi o factor que maior incremento deu alli ao *football*".

Houve um equivoco: no primeiro encontro, registou-se um empate de 1 *goal* a 1, e não 0 a 0, tendo nelle tomado parte os jogadores do *Mackenzie* Alicio de Carvalho e Belfort Duarte. O resto, conforme rezam as deficientes chronicas da época, está certo.

O *football*, pois, é mais antigo aqui ou no Rio?

Averiguando-se com cuidado, parece que elle surgiu quasi na mesma occasião, nas duas cidades. O *football* só existiu em São Paulo depois da fundação do *Mackenzie* e do *Internacional* (1899), visto o *Athletic*, que o praticava raramente, não o popularisar; ao passo que, no Rio, o sr. Oscar Cox já tentara introduzir esse *sport* muito antes, em 1897. Convém esmiuçar bem o caso, porque, ultimamente, varios jornalistas cariocas e alguns paulistas, para justificar a nossa incontestavel supremacia, allegam que São Paulo é que introduziu o *football* em São Paulo. Estimamos que isso não é rigorosamente verdade: esse *sport* foi introduzido, tanto em São Paulo e Rio de Janeiro, sem que nenhuma das cidades se deixasse influenciar uma por outra. O que, em São Paulo, se assignalou desde logo, foi um certo espirito de associação, o que não se deu na capital do paiz.

Assim que o *football* appareceu, e se exhibiu embora perante publico limitado, tratou-se immediatamente de congregar as forças existentes; no Rio, já não succedeu o mesmo. Só se reuniam as forças alli, no dia dos *matches*. Depois ellas se dispersavam. E a prova disto está no facto do *Fluminense F. C.* ter-se fundado muito mais tarde, em 1902, quando o *football* já era bastante conhecido na cidade. Por conseguinte, não houve propriamente, como hoje se alardeia, prioridade na introducção do *sport* em debate. Examinando pela rama, parece que foi São Paulo. Mas, sabe-se, porventura, se os inglezes, na capital da Republica, não jogavam o *football* muito antes daquelle grupo de moços? Emquanto não se fizer uma historia completa do *football* dalli, não é possivel tornar claro este ponto.

Não ha duvida: o folheto do *Fluminense F. C.* lança muita luz sobre o caso – mas é falho.

Diminuimos, com esta duvida, o valor sportivo de São Paulo? Por certo que não. Pelo contrario: augmentavamos. Se se provar que no Rio o *football* foi praticado pela vez primeira, só temos que nos honrar com o facto, pois progredimos mais, muito mais que os cariocas. De resto, sportivamente, a prioridade nem sempre dá ideia de força: o *São Paulo Athletic*, por exemplo, foi introductor do *football*, quatro annos depois de entrar para a *Liga*, entretanto, era supplantado por *clubs* mais novos, o *Paulistano*, o *Internacional* e o *Germania*. Temos exemplo mais recente ainda: no primeiro anno da sua existencia, o *São Bento* venceu o campeonato, collocando em posição subalterna os veteranos *Club Athletico Paulistano* e *A. A. Mackenzie College*.

A superioridade, que logo adquirimos, foi na organização. Parece mentira: ainda ha pouco, o argumento contra nós, da *Liga Metropolitana*, era a de que não possuimos organização seria, e que os *clubs* daqui eram amontoados de *sportsmen*, peritos é verdade, mas que não tinham campo fixo e séde. É que, no Rio, só seis annos mais tarde conseguiram, com grandes esforços, o que tinhamos realizados em tres annos de trabalho. Decaimos; nesse período, os cariocas se levantavam lentamente e se tornavam uma força. Depois, quando acordamos do lethargo em que jazíamos, recuperamos o perdido, e hoje, em materia de organização, não ficamos, graças a Deus, a dever nada ao Rio de Janeiro.

Passemos aos outros acontecimentos. Em 1902, realizaram-se dois *matches* inter-estadoaes no Rio. Foram, para a capital da Republica, o *C. A. Paulistano* e o *Sport Club Internacional*. O primeiro foi vencido por dois pontos e o terceiro por tres. Os nossos *teams* não eram fracos; mas eram de um só *club*, e a capital da Republica reunia todos os jogadores da cidade. Formavam, pois, verdadeiros combinados, para jogar contra simples *teams* de *clubs* isolados.

Cedo comprehendemos que dessa forma não podiamos levar vantagem sobre os antagonistas. Certa vez, em 1904, convidado para fazer uma visita ao Rio, o *Paulistano* daqui partiu, reforçado com um elemento, Hermann Frieze, campeão do *Sport Club Germania*. Triumpho completo obteve o *Paulistano* em toda linha.

Jogou dois *matches* - e nos dois *matches* se saiu bem.

Em fins desse mesmo anno, veiu a São Paulo o *Fluminense F. C.* Veiu o *club* só com os seus proprios elementos. Parece que a sociedade passara por uma ligeira crise, pois dos quatro *matches* aqui disputados (com o *Athletic*, *Paulistano*, *Internacional* e *Mackenzie*), de nenhum conseguiu sair victorioso. Perdeu todos.

De 1905, as relações entre as cidades tornaram-se mais estreitas. O *Fluminense* esteve novamente em São Paulo. Desta vez fez um successo extraordinario - venceu o *Internacional*, e empatou com os dois mais poderosos *teams* da época. No anno seguinte, repetiram-se as partidas entre as cidades e as sociedades modestas daqui tambem entraram em scena: o *C. A. Internacional* de Santos, que era o ultimo, foi ao Rio, e regressou com uma derrota.

Em 1907, não sabemos por iniciativa de quem, organizou-se o *Campeonato Brasileiro de Football*. Promettia muito esse torneio. Foi iniciado com bastante enthusiasmo. Disputavam-n'o, como hoje, os combinados das duas cidades.

O primeiro encontro foi aqui e ganhamos, tendo feito os *goals* Léo Bellegarde, Oscar de Andrade, Aquino e Colston; o segundo teve logar na capital da Republica, e novamente vencemos pelo *score* de 1 a 0. O *goal* da victoria foi obtido pelo sr. Henrique Ruffin.

Esse campeonato deu em nada. Não se disputou no anno seguinte. Em torno do caso, muitas intrigas se teceram. Os jornaes não dizem coisa alguma. Um veterano nos assegurou que São Paulo se desgostou com o facto de não ter sido entregue o tropheu promettido...

As relações inter-estadoaes mais se intensificaram ainda depois de 1907. O *football*, aqui, cahira muito; no Rio, desenvolvia-se cada vez mais, em virtude da fundação dos novos *clubs*. O *Fluminense* deixou de ter o monopolio dos *matches*. Appareceu, então, o *Botafogo*, que teve boa estréa em São Paulo, empatando com o *Paulistano*, e sendo derrotado, sómente por um, da *Associação Athletica das Palmeiras*.

Esta, porém, no mesmo anno, foi vencida na capital da Republica, pelo *score* de 3 *goals* a 0.

Nos annos de 1909 a 1912, foram innumeros os *matches* disputados entre *clubs* daqui e da capital da Republica. A sorte ora estava comnosco, ora com elles. É bom lembrar que São Paulo já não era o mesmo: o *football* morria a olhos vistos.

Eis os resultados desses encontros:

Primeiro *match* - 7 de Setembro de 1909. *Fluminense Football Club* versus *Sport Club Germania*. Vencedor: *Fluminense* 1 x 0. O *goal* foi marcado por Costa Santos.

Segundo *match* - 8 de Setembro de 1909. *Fluminense Football Club* versus *Associação Athletica das Palmeiras*. Vencedora: *Palmeiras* 5 x 1. *Goals* do *Palmeiras*: Godinho (2) e Mario Egydio (3). *Goal* do *Fluminense*: Waymar.

MATCHES NO RIO

Primeiro *match* - 18 de Julho de 1909. *Club Athletic Paulistano* versus *Botafogo Football Club*. Vencedor: *Paulistano* 3 x 1. *Goals* do *Paulistano*: Bibi (2) e Decio. *Goal* do *Botafogo*: Flavio.

Segundo *match* - 8 de Agosto do mesmo anno. *Sport Club Germania* versus *Fluminense Football Club*. Empate: 2 x 2. *Goals* do *Fluminense*: o primeiro não foi publicado; o outro, Waymar. *Goals* do *Germania*: o primeiro não foi publicado; o outro, Gronau.

Terceiro *match* - 15 de Agosto de 1909. *Club Athletic Paulistano* versus *Fluminense Football Club*. 3 x 1. *Goals* do *Fluminense*: Frias, Emílio e Hargreaves. *Goal* do *Paulistano*: Bibi.

Quarto *match* - 29 de Agosto de 1909. *Fluminense Football Club* versus *Sport Club Americano*. Empate: 0 x 0.

Quinto *match* - 7 de Setembro de 1909. *Sport Club Internacional* versus *Botafogo Football Club*. Empate 3 x 3. *Goals*: não foram publicados.

Sexto *match* - 8 de Setembo de 1909. *Sport Club Internacional* versus *America Football Club*. Vencedor: *Internacional* 3 x 1. *Goals* do *Internacional*: Léo e Orlando (2). *Goal* do *America*: não foi publicado.

Setimo *match* – 3 de Outubro de 1909. *Associação Athletica das Palmeiras* versus *Botafogo Football Club.* Vencedor: *Botafogo* 2 x 1. *Goals* do *Botafogo*: Luiz Rocha e Flavio. *Goal* do *Palmeiras*: Deodoro.

MATCH EM SÃO PAULO

15 de Agosto de 1910. *Associação Athletica das Palmeiras* versus *Botafogo Football Club.* Vencedor: *Botafogo* 7 x 2. *Goals* do *Botafogo*: Vicari, B. Sodré, A. Lamare. *Goals* do *Palmeiras*: Andrew e Sampaio.

MATCH NO RIO

18 de Setembro de 1910. *Fluminense Football Club* versus *Club Athletic Paulistano.* Vencedor: *Fluminense* 5 x 1. *Goals* do *Fluminense*: Gilbert (3) e Goes (2). *Goal* do *Paulistano*: Rubens.

MATCHES EM SÃO PAULO

23 de Abril. *Fluminense Football Club* versus *Club Athletic Paulistano.* Empate: 2 x 2. *Goals* de São Paulo: Léo e Mariano. *Goals* do Rio: Borgeth (2).
7 de Maio. *Botafogo Football Club* versus *São Paulo Athletic Club.* Vencedor: *Athletic* 2 x 1. *Goals* de São Paulo: Astbury e Banks. *Goal* do Rio: Abelardo.
24 de Junho. *Associação Athletica das Palmeiras* versus *Fluminense.* Vencedor: *Palmeiras* 8 x 2. *Goals* de São Paulo: Irineu (3), O. Egydio (2), Eurico (2) e Godinho. *Goals* do Rio: Gustavo e Bergmann.
6 de Agosto. *America Football Club* versus *Club Athletic Paulistano.* Vencedor: *Paulistano,* 3 x 1. *Goals*: Não foram publicados.
3 de Setembro. *Associação Athletica das Palmeiras* versus *Botafogo Football Club* (Antarctica). Vencedor: *Palmeiras,* 2 x 0. Os *goals* foram marcados por Fritz e Irineu.

MATCHES NO RIO

Sport Club Americano versus *Botafogo Football Club.*
Vencedor: *Americano* 3 x 2.
Associação Athletica das Palmeiras versus *Botafogo Football Club.*
Vencedor: *Palmeiras* 4 x 2.
Associação Athletica das Palmeiras versus *Botafogo Football Club* (desafio).
Vencedor: *Botafogo* 6 x 1

O unico *match* entre São Paulo e Rio, disputado em 1912, realisou-se a 16 de Junho, na capital da Republica, entre o *C. A. Paulistano* e o *Fluminense F. C.*

Nesse encontro a victoria coube ao *Paulistano* por 4x1. Os *goals* do *Paulistano* foram marcados por Minguito (2), Bueno e Gullo. O do *Fluminense* foi marcado por Bartholomeu.

São Paulo não realizou muitos torneios sportivos pelos Estados. Ahi por volta de 1912, a *Liga Paulista* recebeu um convite para jogar *matches* no Rio Grande do Sul. Foi em Novembro, quando a temporada estava terminada. A *Liga* nomeou o sr. Rubens de Moraes Salles para organizar o *scratch*, que jogou, naquelle Estado, os seguintes *matches*:

12 de Novembro. Contra o *Sport Club Rio Grande*, da cidade do mesmo nome. Resultado: paulistas, 6 *goals*; *Rio Grande*, 0.
14 de Novembro. Contra o *Sport Club Bagé*, da cidade do mesmo nome. Resultado: paulistas, 5 *goals*; rio-grandenses, 0.
15 de Novembro. Contra o *scratch* Bagé-Rio Grande. Resultado: paulistas, 8 *goals*; *scratch*, 1.
17 de Novembro. Contra o *Sport Club Rio Grande*. Resultado: paulistas, 7 *goals*; *Rio Grande*, 0.
21 de Novembro. Contra o *Gremio Football Porto Alegrense*. Resultado: paulistas, 3 *goals*; rio-grandenses, 1.
22 de Novembro. Contra o *scratch* de Porto Alegre. Resultado: paulistas, 6 *goals*; rio-grandenses, 0.

Os paulistas receberam um rico bronze, offerecido pelo *S. C. Rio Grande* e uma taça de prata, offerecida pelo intendente de Porto Alegre.

Resta falar dos ultimos encontros inter-estadoaes. Mas, estes, por sua importancia, são objectos de um capitulo especial, que intitulamos: *A Taça Correio da Manhan*.

OS JOGOS INTERNACIONAES

O *South-Africa* em São Paulo

Em meados de 1904, começou em São Paulo, pela imprensa, uma tenaz campanha em favor da vinda de um *team* estrangeiro, que disputasse alguns torneios com os *scratches*. São Paulo nessa época, como ainda hoje, tinha a supremacia do *football*. O Rio, todas as vezes que vinha a esta capital, era derrotado; e os *teams* da paulicéa, mesmo nos campos dos fluminenses, vencia-os, ou empatava com elles; perder, era raro. Dahi, arraigou-se a convicção, entre pessoas pouco instruidas nesse negocio, de que nossos *teams*, devido aos treinos constantes e severos a que se entregavam, se podiam comparar aos congeneres estrangeiros. Os mais sensatos queriam destruir esse falsissimo juizo, declarando que, na Europa, notadamente na Inglaterra, o *football* e as regatas eram uma especie de religião, e que todos os individuos, desde tenra edade, cultivavam não com o enthusiasmo fogoso de meridionaes, mas com methodo, com regra, com seriedade, parecendo mais que cumpriam um dever sagrado do que propriamente se divertiam. Os homens bairristas não se convenciam e retrucavam que o *São Paulo Athletic* e o *Germania*, *teams* de estrangeiros, importavam *footballers* de nomeada de seus respectivos paizes, e que nem por isso conseguiam supplantar os nossos patricios. Era verdade. Robinson, Duf, Pool e outros do antigo *club* inglez, e o notavel Frieze, do *Germania*, entraram nos nossos campos precedidos de grande fama, e, posto o jogo que desenvolvessem fosse realmente excepcional, não obstava a que os *teams* nacionaes os enfrentassem, e até com vantagem. Mas, basear nesses factos isolados era estultice, e tanto era que os factos posteriores vieram confirmar o conceito dos rapazes viajados.

Um *footballer* póde fazer prodigios; se o seu *team* não tiver outros elementos que o auxiliem, está claro que nada vale o seu unico esforço. Demais, a caracteristica principal do jogo do *football*, praticado pelos inglezes e norte-americanos, é a homogeneidade, Em conjuncto, os *teams* da Gran Bretanha e de outros paizes são insuperaveis. Se retirarem, porém, desse conjuncto admiravel um dos seus melhores elementos, collocando-o numa das nossas equipes, é natural que não pratique, com a mesma proficiencia, o *football*.

Não é preciso ir alem, temos exemplos em casa. Que faria Fredenreich quando o *Ipiranga* era fraco? Sim, destacava-se dos outros, multiplicava-se, esfalfava-se, e tudo isso era improficuo: o seu *team*, na maior parte das vezes, não alcançava os successos que esperava. Assim foram Pool, Robinson, Frieze e outros, que passaram pelos nossos campos.

Certa occasião, em fins desse anno de 1904, appareceu na imprensa uma local que revolucionou o nosso pacato meio sportivo. Dizia mais ou menos isso a referida local: "Sabemos que a *Liga Paulista* esta tratando de negociar a vinda, a esta cidade, de um poderoso *team* inglez, o *Notthigan Forest Football Club*, que disputa o campeonato da primeira liga ingleza, e que, o anno transacto, conseguiu o terceiro logar. Esse *team*, que foi a Argentina, passará por aqui, aproveitando a opportunidade de jogar com nossos *clubs*".

Simples esta noticia. Não calculam, entretanto, os commentarios, que se teceram! Trabalhou a fantasia. Diziam-se coisas espantosas dos jogadores britannicos. Eram invenciveis, heroicos. Lidavam com a bola magistralmente. Extraordinarios os passes. Os *kicks* - oh! os *kicks* - eram desferidos com tal violencia, que arrancavam as rêdes e os postes do *goal*!... Jogo de cabeça, então nem se fala: esses temiveis *sports* atravessavam o campo, de lado a lado, sem que nenhum adversario tocasse na bola. A petizada enthusiasta, do infantil do *Paulistano*, do Anglo Brasileiro, da Escola Americana e de outros collegios, que enchiam o Velodromo nos dias dos *matches*, criava lendas em torno do caso, verdadeiramente sensacional.

Os meninos agrupavam-se nas grades do campo, e, nos intervallos das pugnas, se referiam aos jogadores inglezes. Interessantes os seus conceitos.

"O *Notthingan Forest*! É espantoso - derrotou os argentinos por 18 a 0 e nos paulistas é capaz de dar de 25 a 0! E fiquem sabendo o que tirou o primeiro logar na liga na Inglaterra venceu o *Notthingan* por 10 a 0! Eu soube - retrucava outro -, que ha dois sujeitos, *forwards* desse *team*, que correm o campo, de combinação, sem que os adversarios consigam interceptar a marcha. E o *goalkeeper* é infuravel" - dizia o companheiro que estava de lado. Outro ainda, mais ironico, fulminava com estes apostrophes: "Qual *Notthingan*, qual nada. É tudo conversa fiada. Para que é que temos Tutú, com os seus munhecaços, o Frieze, o José Rubião, o Fabio? Os bifes apanham..."

Emfim, era delicioso ouvir os destemperos dos meninos e as conclusões dos que se diziam sabidos em materia de *sport*.

Havia razão, é certo, para estas chimeras e absurdos.

A *Liga Paulista*, um mez antes, fez grande alarde do *Notthingan* e, desejando que o nosso combinado não fizesse pessima figura, obrigou-o a treinar. Esses treinos foram memoraveis: hoje nenhum *match* do campeonato consegue uma concorrencia como esses exercicios tiveram. Mas, estava escripto que não poderiamos apreciar os fantasticos *footballers*: com grande pesar, os jornaes noticiaram que o vapor, vindo da Argentina, em que viajavam os *super-footballers*, não tocava por Santos, e por esse motivo não podiam disputar *matches* em São Paulo. Foi um oh! geral...

Apesar do insucesso da primeira tentativa, a *Liga Paulista* absolutamente não esmoreceu: continuou o seu trabalho, no intuito de fazer entrar, nos campos, uma equipe estrangeira, bem adestrada, conhecedora perfeita dos segredos do *sport*, que désse algumas lições aos nossos, até então, "petulantes" *footballers*...

Não era facil a empreza. As sociedades sportivas da Europa, preoccupadas com os seus campeonatos, os seus *matches* importantissimos, e com o preparo continuo dos seus socios, não se queriam aventurar a fazer uma viagem sportiva por estas paragens tropicaes, que naquella época, não gosavam de boa fama, passando por ser habitada exclusivamente por negros e ser foco perigoso de febre amarella e variola... Levou isto um dois annos, ate que um dia um jornal de Buenos Aires informara que estava para chegar, áquella capital, um *team* proveniente da Africa do Sul, que iria jogar com alguns *clubs* portenhos. A *Liga*, que não dormia, apressou-se a corresponder-se com o chefe da delegação sportiva sul- africana, convidando-a a visitar São Paulo.

Depois de curta demora, veiu a resposta affirmativa. Grande regosijo em São Paulo, principalmente nos meios sportivos. Mas, devido ao insuccesso da primeira tentativa, os *sportsmen*, scepticos, julgavam que os homens não viriam, descuidando-se no preparo, que devia preceder ao jogo sensacional. "Elles não vêm - o vapor não passa por Santos. Acontecerá como da outra vez...".

Fiados nisso, os nossos rapazes quedaram-se indifferentes, deixando correr o marfim... Parece que a *Liga* annunciou alguns treinos; entretanto, ninguem se incommodou com elles a não ser os "inveterados" que acedem aos exercicios, mesmo sem a intenção de aperfeiçoar-se, mas para satisfazer ao vicio! Entrementes, os inglezes do Sul da Africa chegaram a São Paulo, e marcou-se o torneio para 31 de Julho de 1906. Não! A coisa era seria: era preciso cuidar seriamente da organização do combinado. Não se devia defrontar uma *eleven*, de tanta fama, com qualquer jogador – e tratou-se de formar o *scratch* paulista. Foi então que surgiu uma nota dissonante: o *Palmeiras*, que era o *club* campeão da época, systematicamente se negou a fornecer qualquer dos seus elementos. Por quê? É uma historia, que levaria algumas paginas a narrar. Sabem os que acompanham o *football* que houve, em 1905, (tratamos do caso noutro logar com mais minucia), uma scisão no seio do *C. A. Paulistano* por causa da taça, que essa sociedade conquistara, o que determinou a saida de varios elementos, e dos melhores, entre os quaes se contavam Jorge Mesquita, José Rubião, Urbano de Moraes, Mario Egydio e outros, que foram, acintosamente, reforçar o *team* mais fraco da *Liga* naquelle tempo, a *A. A. das Palmeiras*. No anno seguinte (1906), essa sociedade, outróra modesta, nucleo de rapazes simples e despretenciosos, entrou em campo arrogante, inflexivel, como que a querer derrubar céus e terras! Comprehendia-se a attitude: era simplesmente para fazer despique ao *C. A. Paulistano*... Não se limitou a isso a orgulhosa sociedade: separou-se do convivio com os outros *clubs*, e só os supportava no campo. Foi por isso que, chamada a prestar o seu concurso ao *scratch*, a *A. A. das Palmeiras* se recusou. A *Liga*, é evidente, não podia mandar seus hospedes voltar pelo mesmo caminho sem jogar só porque o *Palmeiras* não desejava fornecer os seus jogadores, que eram de facto, alguns delles, bons campeoes. Teve que arranjar o *team* com o prato de casa, isto é, com os elementos das demais associações.

Chegou o dia 31 de Julho de 1906. Era uma quinta-feira, dia util. Este facto absolutamente não impediu que o velho Velodromo se enchesse. Foi um dia de grande gala, esse. Ás duas horas e meia, já estava repleto de pessoas o Velodromo. Nas archibancas, só familias. Os cavalheiros extendiam-se pela pista, que, apesar de enorme, não comportava toda essa gente. As geraes estavam repletas de pessoas. As grades que circundavam o campo, o cimento de volta, as arvores, os *chalets*, emfim, tudo onde podia estar gente fôra literalmente occupado. Só o grammado estava vasio, com as listas brancas, que marcam as areas e as posições, e as suas bandeirinhas inglezas e brasileiras. Encontrava-se, nessa ocasião, em São Paulo, o saudoso ex-presidente Affonso Penna, que tambem assistiu á pugna, acompanhado dos politicos influentes.

Ás tres horas em ponto, os sul-africanos entraram em campo. Uma confusão de palmas, de gritos, de exclamações! Os homens eram já de edade madura, possantes, enormes. Um garoto da geral, irreverente, soltou este brado: "Oh careca!" Gargalhada geral... De facto, o famoso *center-half* do *team* não tinha um fio de cabello na cabeça; apesar de apparentar velhice, deu muitas boas lições de folego, de resistencia e de pratica de *football* aos rapazes, exhuberantes de força e de mocidade, de cabelleiras sadias e pastinhas bem cuidadas...

Depois vem o *team* brasileiro, com a farda viva do *Mackenzie College*. Os aplausos duram dois ou tres minutos. O *team* sul-africano, que distrahidamente batia bola, reune-se, perfila-se, e sauda o antagonista com seu grito de guerra! Ouve-se o apito. A ansiedade era geral. Os *teams,* que se alinhavam, eram estes:

South-Africa
Brown
Helley - Robinson
Schmidt - Bruches - Chalmers
Henman - Intyre - Tyber - Hortigan - Mason

Paulista
Jorge Miranda
Jeffery - Hodgkiss
Pyles - Argemiro - Stewart
Léo - C. Miller - B. Cerqueira - Andrade - H. Ruffin

Começou bem o jogo. A bola não sahia do meio do campo. Os sul-africanos, indecisos, queriam, ao que parece, experimentar a força dos seus adversarios. Limitavam-se a passar, a observar; os nossos, afobados, escorrendo de suor, andavam de uma lado para outro, para interceptar os passes. A nossa linha de frente, julgando que se tratava de uma equipe qualquer, tentou uma avançada á sua moda. Oscar de Andrade, celebre passador de enganos, pega a bola, e naturalmente, como se tivesse a brincar com creanças, começou a driblar o *center-half,* os *backs,* e um *forward* que avançou; saiu-se admiravelmente. Das archibancadas, partiam gritos estonteadores: "Viva! Leva a bola! Shota! Passa para Vevé..."

Oscar de Andrade, possuido de grande coragem, transpõe ainda dois jogadores, e, seriamente ameaçado pelos outros, passa a bola para Henrique Ruffin, que estava collocado na esquerda. Dahi mesmo (uma distancia de 25 jardas), o então *captain* do *Mackenzie,* sem perda de tempo, envia um *shot* rasteiro fortissimo. O *goalkepper* inglez joga-se para a bola e cae. Por infelicidade, a bola bate na trave do *goal*; Oscar Andrade, completamente livre, ia para emendar o *kick*, que seria um ponto certo, quando recebe uma violenta *charge*, daquellas em cheio, que o prostou por terra!

Foul! *Foul*! - exclamou a multidão indignada, que nunca presenciara semelhante brutalidade; mas, era jogo, era licito... e o inglez, que nos momentos criticos não cochila, impavidamente livrou o seu *goal* da ameaça.

Dahi por diante, os sul-africanos, já sabedores do quanto os nossos eram capazes, deliberaram desilludir a colossal assistencia, que se mantinha electrizada; poz á prova o seu jogo, nunca visto em São Paulo. O nosso *team* dispensou o ataque, indo para o campo de defesa, onde os filhos da Colonia do Cabo, implacaveis, assediavam as nossas posições, bombardeando ininterruptamente o *goal* paulista.

Até o fim, não arredaram o pé da area de penalidade. Para que é que os paulistas foram bulir com elles, chegando impunimente ás posições defensivas!

Os homens castigaram os *footballers* da nossa terra.

A victima foi o saudoso Tutú Miranda, que, para aguentar o repuxo, teve que sair do campo duas ou tres vezes!... Não merece menção o resto do *match*. Tudo foi assim, até o juiz apitar.

São Paulo perdeu por 6 a 0. No primeiro tempo, os sul-africanos marcaram 4, conquistados por Intyre, Tyber, Schmidt e Mason; e no segundo, mais dois, obtidos por Mason e Hartigon.

Os Argentinos

Depois da visita do *team* inglez do Sul da Africa, o *football* em São Paulo passou por uma ligeira crise. O reconhecimento da nossa inferioridade, posto á prova naquelle sensacional torneio, devia estimular os nossos *sportsmen*, para que se aperfeiçoassem na pratica do magnifico *sport*.

Mas, deram-se, naquela época, alguns incidentes, que provocaram a indifferença geral por tudo que dizia respeito ao *football*. As vasantes do Velodromo recrudesceram. O *Mackenzie*, por motivos já explicados, saira da *Liga*.

O *Palmeiras* estava, vae não vae, para atassalhar-se de uma vez, em virtude de más vontades, cada vez mais accentuadas, que se voltaram contra elle. O *Paulistano*, o idolo da sociedade elegante de então, começava a augmentar o seu passivo de derrotas. O declinio era manifesto.

No anno seguinte ao da visita dos africanos, com a entrada para a *Liga* de *clubs* novos, o *Sport Club Americano* e o *Club Athetico Internacional*, os dois da cidade de Santos, houve alguma animação. Mas estava longe daquele delirante enthusiasmo que caracterizava as pugnas de antanho.

Era um amontoado de torcedores inveterados, *footballers* aposentados, que iam matar saudades, e algumas senhoritas e senhoras, que por desfastiu se atreviam a sair de casa para presenciar uma partida dessa natureza.

Assim, era fatal a falta de incentivo.

O mal era de origem. Os nossos rapazes (e ainda se resentem disso) não toleram os *sports* com as archibancadas vazias, sem os sorrisos das damas, sem os gritos estridentes das meninas, que nervosamente mordiam os lenços nas occasiões criticas da approximação do *goal*...

De sorte que, quando se annunciou a vinda dos argentinos a esta capital, houve grande anciedade. Os modernos e antigos torcedores movimentaram-se. O fogo sagrado das outras éras parecia que renascia das cinzas.

Eram *footballers* notaveis os argentinos? Não eram; pelo menos, não tinham essa fama. Demais, sabia-se, nas rodas sportivas, que o combinado argentino tambem soffrera uma estrondosa derrota dos africanos, e não constava que tivesse havido, entre os *sportsmen* de Buenos Aires, uma reacção salutar.

Mas foi naquella occasião que a rivalidade entre os dois paizes da America da Sul, que disputavam a hegemonia politica, attingira ao auge. Rio Branco e Zeballos degladiavam-se. Odios antigos entre esses dois personagens é que provocaram, como se soube mais tarde, as rixas diplomaticas entre os dois paizes, que, por pouco, não pegaram em armas para decidir uma questão pessoal...

Apparecera o celebre telegramma numero nove, que tanta celeuma levantara na imprensa das duas Republicas. Faziam-se estatisticas entre as forças de cada nação, no caso de declarada a belligerancia, que parecia inevitavel. O Brasil poderia pôr, em pé de guerra, tantos homens, armar tantos navios; e Argentina tanto...

Um horror! Felizmente a sagacidade, o talento, a habilidade daquella figura austera, que se chamou Rio Branco, puzeram ponto final á serie de intrigas que entravavam as boas relações entre os dois paizes, conseguindo, com tactica admiravel, retirar do Ministerio do Exterior da Argentina o trafego estadista, que collocava, ao serviço da sua ambição, a sua bella intelligencia.

Havia ainda indicio dessas rusgas, na época em que foi divulgada a vinda dos portenhos. Ellas absorviam as attenções de todo o brasileiro que lia jornaes.

Natural era, por conseguinte, que causassem sensação as proximas refregas sportivas. Em meados de Junho de 1908, vinha a primeira noticia nas gazetas paulistanas. Dizia ella que a *Liga Paulista* estava trabalhando no sentido de promover a visita dos rapazes buenairenses. Dias depois, appareciam permenores: a equipe representativa compunha-se de elementos pertencentes aos *Alumni*, *Belgrano*, *Estudiantes* e *San Isidro*, os principaes que disputavam o campeonato de Buenos Aires.

Annunciou-se logo um treino, mas não teve importancia. O segundo exercicio foi no dia 25 de Junho. O *Palmeiras* vivia separado, por motivo de rivalidade. O sr. Antonio Prado Junior, presidente da *Liga Paulista* interveiu, e solicitou da directoria da sociedade rebellada que prestasse o seu concurso a São Paulo. Os jornaes disseram que o sr. Antonio Prado conseguira harmonizar todos os *clubs*. O que é facto, porém, é que os moços do *Palmeiras* não compareceram aos exercicios nem tampouco participaram dos torneios, como se verá depois.

Os exercicios, que a *Liga* marcou, foram para inglez ver: não tiveram concorrencia extraordinaria, como se deu quando se tratou de organizar o *scratch*, destinado a bater-se com *Notthingan Forest F. C.*.

Os *sportsmen* não levaram a coisa ao serio, convencidos, como estavam, de que não eram inferiores aos seus collegas platinos.

Os argentinos chegaram a São Paulo no dia 30 de Junho. Foram bem recebidos na estação, onde os aguardavam os representantes da *Liga Paulista*, muitos jogadores e grande numero de curiosos. Na cidade, enorme era a expectativa. O assumpto predilecto de todas as conversas eram os proximos torneios internacionaes.

Os rapazes argentinos, durante aquelle mesmo dia, foram penhorados de gentilezas. Deram varios passeios pela cidade, visitando os pontos principaes. Á tarde, dirigiram-se para o Velodromo, a fim de assistir ao ultimo treino dos paulistas. Os rapazes acompanharam, com certo interesse, os lances do jogo. Á certa altura, não resistiram: desceram das archibandas, pediram lincença aos directores da *Liga* para entrar no campo, e, mesmo com a roupa de passeio e com delicados sapatos de verniz, deram alguns *shots*...

O primeiro encontro effectuou-se a 2 de Julho. Dia util. Posto isso, o Velodromo teve uma boa concorrencia. Viam-se muitas senhoras e senhoritas. Em logar reservado, estavam algumas familias argentinas, que de proposito vieram assistir aos *matches*. Os nossos hospedes iam medir forças com um *scratch* de estrangeiros, tirados dos *clubs* filiados á *Liga Paulista.*

Os *teams*, que deviam defrontar-se estavam assim, organizados:

Argentinos

W. A. Campbell

J. D. Brown --- J. G. Brown

B. Brown - Vernet Amadeo - R. Lennie

S. Malbran - E. Brown - E. A. Brown - A. Susan - L. Burgos

Paulistas

Willis

Tommy - Caton

Gerhardt - Thiele - Steward

Roberts - Emfurher - Stany - Miller - Colston

Os argentinos entraram no grammado de baixo de uma prolongada salva de palmas. Não houve nota dissonante. Todos os assistentes, pelo menos de apparencia, se portaram bem. Á parte, sim, os patricios davam á lingua, ligando o *football* aos ultimos factos internacionaes... Os homens, calmos, fleugmaticos, mais parecendo inglezes de que descendentes dos ardorosos hespanhóes, batiam bola. Não causou boa impressão essa prova preliminar de *football*: os *kicks* eram desferidos com pouca violencia, e sem direcção. Campbell, o *goalkeeper*, dava ares de moleirão, difficil de mover-se e, por isso, não faltou quem presagiasse uma bella victoria nossa. Os rapazes da *Liga* fizeram a sua entrada. Depois dos "bravos" do estylo, o juiz, às tres horas e quarenta e oito minutos precisamente, dava signal de começar a refrega.

Os platinos não se esfalfaram no principio. Os antagonistas, nervosos, afobados, porém, corriam de um lado para outro. O jogo dos nossos hospedes era mais de observação. Evidentemente, sondavam terreno. Viam os adversarios, estavam com a attenção presa nos seus movimentos, e, para não se deixar dominar por completo, defendiam-se e atacavam suavemente. Foi dado ver, então, o seu magnifico jogo de passes. Os *forwards* apesar de espadaúdos e avantajados, agiam com lepidez incrivel. Nada de jogo pessoal. A linha toda combinava, sem preoccupações de destacar-se. Willis, Tommy e Caton, nessa phase, brilharam, rebatendo os *shots* e interceptando os passes. Escorreram assim vinte e nove minutos, sem nenhum dos *teams* obter uma vantagem positiva. Numa avançada, os argentinos avizinharam-se do nosso *goal*. Burgos dá um bello passe a E. A. Brown, que, com felicidade, marca o primeiro ponto. Os jornaes disseram que o povo enthusiasta, applaudio esse feito;

mas o leitor sabe como se batem palmas nesses momentos... Foi o que houve na primeira phase.

O segundo tempo foi iniciado com formidavel ataque argentino, resistido, de maneira brilhante, pela nossa defesa.

Os *forwards* da *Liga Paulista* quizeram dar uma resposta a tremenda investida dos adversarios. Colston e Roberts, dois inglezinhos destemidos, em passes curtos e certeiros, approximaram-se da area da penalidade. As suas tentativas eram infructiferas; mas a bola, durante dezoito minutos, não passava do campo opposto. Eis que, novamente, a linha paulista avança, sendo auxiliada pelos *halves*. Thiele, trazendo a bola habilmente, esperava o descuido do outro lado. Os *backs* argentinos, conhecedores profundos do jogo e tendo em mente a maxima de que a melhor defesa é o ataque, distanciaram-se bastante do *goal*.

Essa manobra foi infeliz. Thiele atira a bola á frente, e Miller corre vertiginosamente para alcançal-a. Estava completamente livre; chegou perto do posto guardado por Campbell e deu um *kick* alto, que não foi rebatido. Esse primeiro feito, como era natural, saccudiu os nervos daquelle povo, que delirantemente, por espaço de varios minutos, acclamou o velho *footballer*, Miller, que, embora já estivesse aposentado, ainda honrava as suas tradicções de campeão. Os nossos hospedes parece que quizeram, desde dahi, desilludir os paulistas. A superioridade delles era evidente.

Tal ataque mantiveram que um dos *backs*, para evitar, certamente, mal maior, commenteu um *foul* escandaloso. O juiz parou immediatamente o jogo, e Brown vasa o *goal* de Willis. O mal maior não foi evitado.

Os nossos, porém, não se mostraram desesperançados.

Um *goal* fôra marcado. O que importava? Os homens não eram inexcediveis, e o precedente se achava aberto. Roberts e Colston, incansaveis, resolutos, tentam novamente forçar a defesa contraria. Os seus esforços, felizmente, foram coroados de pleno exito.

Marcados como estavam, não quizeram nullificar a investida e passaram a bola a Miller, que, bem collocado, a enviou para o *goal*, fazendo o segundo ponto. Estava empatado o *match*.

O resultado do primeiro encontro enchera de esperanças os apaixonados. O *scratch* estrangeiro, relativamente, era fraco, e fôra organizado ás pressas. Ora, se os argentinos não puderam com elle, claro é que não dariam para a saida no dia em que batessem com o *scratch* da *Liga*! Falava-se, então, da victoria, como coisa certissima. Todos que presenciaram a primeira justa, não tinham duvidas do proximo triumpho. Mas não sabiam, esses ingenuos, que os nossos principaes elementos a esse tempo eram estrangeiros, e que, com o reforço de dois ou tres brasileiros, como se deu, não alteraria nada. Na peor das hypotheses, esperava-se um empate.

E foi um desastre...

No dia 4 houve o segundo *match*. São Paulo inteira pretendeu ser testemunha da extraordinaria prova sportiva que se decidiria (oh modestia!) a nosso favor. Calculou-se em cerca de dez mil pessoas a assistencia. O espectaculo, que o Velodromo offereceu nesse fatidico 4 de Junho, era o mesmo dos campos inglezes, que ás vezes vem nas photographias, estampadas nas revistas.

A pista, em volta, estava atapetada de homens.

Difficilmente se divisava um claro. Nas archibancadas, *toilettes* garridas. Para maior dos peccados o dia amanhecera de uma belleza surprehendente.

Ás tres horas da tarde, o saudoso campo do Velodromo não podia receber mais ninguem. As bilheterias deixaram de fornecer ingressos. Cá fóra, os protestos dos que não entravam. Imaginem a atmosphera como estava!

Os argentinos, vagarosos, molleirões, pesados, como se tivessem saido de um opiparo banquete, deram entrada no campo. Acclamações da praxe por todos os lados. Com ares displicentes, olhando indifferentemente aquella turba immensa que pairava, matavam o tempo, arremessando as bolas para o rectangulo. O *goolkeeper* era novo, e – que felicidade! – não prestava. Não defendia as bolas como Tutú. Era mil vezes inferior a este. Bojudo, não tinha a agilidade que se não dispensa a essa especie de *footballers*.

Quantos *goals* não deixaria entrar! Augmentava a alegria, subia a impaciencia. Acaso essa alegria e essa impaciencia significavam só o desejo de assistir á pugna a ás phases que ella proporcionaria? Não. Era para assistir ao triumpho, que a todos parecia mathematico. O sr. Estanislau Zeballos havia de ver de que força eram os "macaquitos"... Doces devaneios. Esse *match* valeu unicamnete pelo pedacinho adoravel que o procedeu!

Frieze, solenne, grave, vestido de branco e barrete vermelho na cabeça, foi collocar a bola no centro. Os brasileiros, por entre saraivadas de palmas, foram tomar posições. O juiz apitou. Os *teams*, que obedeceram logo ao signal, estavam constituidos desta forma:

Argentinos

G. A. Scholefield

J. D. Brown - J. G. Brown

Vernet Amadeo - L. Lennie - Morgan

Susan - A. Brown - E. A. Brown - Brown - E. Brown

Paulistas

Willis

Tommy - Caton

Gerhardt - M. Prado - Steward

Léo Bellegarde - Roberts - Colston - H. Ruffin - Miller

A linha *forwards* paulista apossa-se da bola e leva-a até proximo ao *goal* contrario. Esta saida, que foi rapida e realizada por meio de passes altos, agitou os assistentes, que, de pé, nervosamente, incentivavam os nossos *footballers*. Mas o *goal* argentino logo se livrou da ameaça: J. D. Brown, *back*, magnificamente intercepta os passes, desilludindo os nossos. Estes, conscios da sua superioridade, julgando que o adversario não era para metter susto a ninguem, insistiram novamente. Miller, Roberts e Colston se precipitam contra as barreiras offerecidas pelos platinos, que, á custa, resistiam. Tiveram, porém, que ceder. E, n'uma investida perigosa, que parecia dar resultados positivos, ha um *foul*. Todos os espectadores, em altos brados, reclamam a punição.

Frieze corre para o local, onde se commettera o acto contra as boas regras do jogo, e verifica que fôra na area da penalidade. Sem perda de tempo, colloca a bola no logar do *penalty*, e ordena que os jogadores guardem a respectiva distancia.

Penalty! *Penalty*! - exclamam de todos os lados. *Goal* pela certa. E, emquanto as archibancadas e geraes se preparavam para receber com freneticas palmas o feito, no campo havia, nos arraiaes paulistas, indecisões. Quem havia de dar o *shot*? Miller, *captain* nominal da equipe, não queria - já lograra, dois dias antes, vencer a pericia dos argentinos. Mario Prado tambem não quiz. Afinal, foi chamado Tommy, que do seu posto veiu a correr para desempenhar-se de tão facil missão. O antigo *back* do *Germania*, com todo aquelle seu corpo, que era descomunal, envia um *shot* fraco, rasteiro, que o *goalkeeper* rebateu sem esforço.

Foi um verdadeiro parto da montanha... Oh! Infelicidade!

Mas estava reservada, ao povo paulista, outra desillusão maior ainda. Aquelle fiasco foi o ponto de partida para a derrocada. Effectivamente, o que se deu depois, nem se deve descrever.

A decepção foi completa e terrivel.

Os argentinos deram por findas as suas experiencias. Já tinham tomado o pulso dos seus adversarios. Sabiam dos seus defeitos, que eram muitos, e das qualidades, que eram poucas. Não houve detalhe que escapasse á sagacidade dos homens. O estudo estava bem feito. Agora, restava agir. E essa acção foi prodigiosa. Estavamos longe de pensar que os sul-americanos praticassem o *football* com tanta perfeição. Melhor do que elles, só o *South-Africa*. Não vae nisto excesso.

Os rapazes, parece que acordaram de um longo somno. Esfregaram os olhos, olharam para o antagonista, arregaçaram as mangas e tomaram uma attitude de como quem diz: "Bom; chega! Vamos dar para baixo. Já não é fóra de tempo!"

E começou a sova. Tudo jogou. Os paulistas, espantados, suprehendidos, quizeram impor-se aos hospedes, arriscando algumas escapadas a esmo, que só tinha o merito de obrigar os assistentes a se erguerem nos bicos dos pés e a provocar algumas palmas. Isso era inoffensivo para os buenairenses; e as respostas eram medonhas - *goals* e mais *goals*.

O pobre Willis é que aguentou todo o peso daquelle inominavel *team*. As suas mãos e seus nervos, por certo, deviam ter ficado avariados... O mais, nem se fale. Por fim, os nossos já riam...

Não contavam com aquillo, e o publico que os desculpassem.

Dez minutos de jogo, e E. Brown, o melhor *forward* portenho, atravessa a linha de *halves*. Passa a bola a Susan, que fez o primeiro ponto. Os paulistas tentaram reagir. Que diabo - um ponto não era nada. Tambem no dia anterior, elles tinham aberto o *score*... Emquanto assim cuidavam, o perigosissimo E. Brown, oito minutos após, augmenta o *score*. Em seguida veiu o bombardeio que durou todo o primeiro tempo. Não tiveram conta os *corners* commetidos por essa occasião. Na segunda phase, os platinos tornaram a estabelecer-se no campo inimigo. A. Brown, bem collocado, marca o terceiro ponto. Os nossos pobres homens, á medida que o adversario fazia *goal*, não davam mostras de esmorecidos, tentando a reação. Steward, M. Prado e Gerhardt pareciam incansaveis, fazendo inauditos esforços. Inutil. Os "Brown" eram medonhos!...

Vendo que não era possivel enfrentar *footballers* consummados, os nossos tratavam de ficar na defensiva. Ainda assim tiveram a desventura de ver o seu *goal* vasado tres vezes - E. Brown conseguiu dois pontos e Alfredo Brown outro. Familia terrivel, a dos Brown.

O terceiro e ultimo encontro internacional effectou-se a 7 de Julho de 1908. Os jornaes, para apagarem a pessima impressão que o anterior causara, animaram as familias. Que os argentinos, nesse dia, não teriam tantas facilidades; que jogariam Tutú, Fernão, Menezes, Argemiro de Souza, Manoel Paixão, Rubens Salles (começou, neste torneio, a carreira brilhante do famoso *center-half*); que havia grande enthusiasmo nas rodas sportivas.

Isso fez com que o Velodromo apresentasse o mesmo bellissimo aspecto do dia 4. As familias ficaram desgostosas, e não desejariam assistir a outra sóva; de surras, já estavam fartas.

A vista do reclame, a concorrencia foi enorme. De alguma coisa, valeram as promessas da imprensa. Havia esperanças! Quem sabe? Os argentinos podiam estar com menos sorte... Demais, eram brasileiros, exclusivamente brasileiros, os nossos.

Sob as ordens do dr. Mariano Reyna, da delegação argentina, os *teams* tomaram posições. Estavam organizados desta maneira:

Argentinos

W. Campbell

J. G. Brown - J. D. Brown

L. V. Amadeo - P. B. Brown - E. A. Brown

M. A. Susan - A. C. Brown - F. S. Dickinson - A. L. Morgan - R. S. Malbran

Paulistas

J. Miranda

F. Salles - Menezes

Rubens Salles - Argemiro - J. Carvalho

A. Ruffin - Léo - Aquino - Brown - J. Prado

Fagueira esperança, a da assistencia! Os jogadores de Buenos Aires não tinham sorte; eram bons *footballers*, possuindo um jogo excepcional. A façanha do dia 4 repetiram-n'a elles, contra os brasileiros. Foi mais difficil, é verdade, dominar por completo o antagonista. A defesa era mais forte, e nella figuravam Tutú, de saudosa memoria, Argemiro e Rubens Salles. Este ultimo, nesse dia memoravel, revelou as qualidades que mais tarde o deviam proclamar o primeiro jogador brasileiro.

Vinte e oito minutos durou a luta do primeiro tempo, sem que nenhum dos adversarios lograssem vantagem.

Mas, era patente a superioridade dos argentinos. Os nossos exgotavam-se, e percebia-se bem que, dahi a minutos, tinham que abrir caminho. Decorridos os vinte e oito minutos, Dickinson abre a serie de *goals*. O desanimo invadiu as nossas fileiras. Tanto esforço para que? Para serem derrotados, inevitavelmente. Susan, sem reparar na nossa inditosa rapaziada, marca o segundo ponto.

Desorientados, arrependidos, ao que parece, de terem acceitado o horrivel fardo de defender as nossas côres, os paulistas se apresentaram no segundo tempo. Do principio ao fim, os adversarios fincaram pé na porta do *goal*. Registaram-se dezesseis *corners* contra o nosso *goal*. Num delles, Malbran, com magnifica cabeçada, envia a bola para o rectangulo. Já quasi terminada a refrega, numa avançada esplendida, um dos *backs*, Fernão, rebateu a bola, que foi ter a E. Brown. Este, com formidavel *drop-kick*, da linha de *halves* marca o ultimo ponto.

E os novos *forwards*, o que faziam? perguntará o leitor.

Delles, é bom que não se fale; se chegaram até os *backs* durante o torneio, creio que foi a maior proeza que fizeram...

Não faltaram, no dia seguinte ao do embarque dos argentinos, as lamentações da imprensa. Descobriram-se defeitos na nossa organização. Foram atacados *footballers* e directores de *clubs*, que tiveram a leviandade de convidar uma equipe. Nos *teams*, constituidos á propria da hora, só havia falhas. O *scratch* da *Liga* não possuia os melhores elementos, tendo-se desllocado Henrique Ruffin e Mario Prado. O *scratch* brasileiro, embora o melhor, resentia-se da falta de homogeneidade.

Ora, a culpa foi de todos. Os paulistas (e ainda o são) foram sempre descuidados e pirracentos. Não tinham, naquella época, a noção do que seja solidariedade. Os caprichos, as velleidades, as invejas, as malquerenças, deviam desapparecer nessas occasiões.

Mas, não desappareceram. De facto, se os nossos jogadores, logo que foi recebida a noticia da visita dos argentinos, se tivessem preparado, se a rebeldia de alguns jogadores não accentuasse tanto naquella época; se o *Palmeiras*, então fóra da *Liga*, mas que possuia os melhores elementos, se esquecesse de tolos resentimentos, contribuindo para a formação do *scratch*, é claro que os brasileiros não offereciam, ao povo, aquelle triste espectaculo.

Que fazer? Nós somos assim. Brio, dignidade, sombranceira patriotica não são comprehendidos.

É justo salientar um nome, que pretendeu, mas não conseguiu evitar a catastrophe: foi o sr. Antono Prado Junior. Este distincto *sportsman*, dez dias antes, procurou harmonizar a familia sportiva, indo chamar o *Palmeiras*, que estava isolado. O *club* da Floresta não quiz concorrer aos *matches* internacionaes.

Os Uruguayos

Os *matches* de *football* effectuados nesta capital entre argentinos e brasileiros despertaram na nossa população sportiva desejo de assistir a provas internacionaes, entre nações da America do Sul. Esse desejo, porém, augmentou, quando, depois do regresso dos argentinos, soubemos terem elles sido derrotados, em Montevidéu, pelo *scratch* uruguayo, que representava aquella Republica em encontros internacionaes, o qual, algum tempo antes conseguira empatar com o *South-Africa*, cujo jogo assombrou os nossos *sportsmen*.

Desde então, a *Liga Paulista de Football* e os *clubs* a ella filiados não mais perderam as raras occasiões, que se lhes offerecessem, para obterem da *Associação Uruguaya* a vinda de uma equipe da Republica Oriental a São Paulo.

Decorreram tres annos. Em Julho de 1911, a directoria do *Sport Club Americano*, sabendo que se achavam nesta capital, de passagem para o seu paiz, dois distinctos *sportsmen* uruguayos, entabolou negociações com elles, as quaes, pouco mais tarde, tiveram completo exito. Assim, graças aos esforços daquelle *club* e boa vontade dos *sportsmen* uruguayos, em 5 de Agosto daquelle anno, embarcou em Montevidéu, a bordo do vapor Asturias, com destino a São Paulo, uma equipe composta de jogadores pertencentes a varios *clubs* daquella capital, que chegou a Santos no dia 8 do mesmo mez. A *Liga Paulista*, para deixar vêr que não era indifferente á bella iniciativa do *Americano*, estabeleceu, de accordo firmado com este *club*, que os uruguayos viriam sob os seus auspicios.

Como dissemos, os uruguayos chegaram a Santos no dia 8 de Agosto, sendo recebidos por comissões da *Liga Paulista* e do *S. C.*

Americano. Nesse mesmo dia partiram para esta capital, onde chegaram ás dezesseis horas e meia, sendo levados para o Hotel d'Oeste, onde ficaram hospedados. Esses jogadores eram os seguintes: Fernandez dela Sierra, Bariola, Pacheco, Angel-Allende, Francisco Crocker, E. Crocker, A. Bertone, J. Bertone, Antonio Marques, C. Marques, Rebagliate, Zumaran I, Zumaram II, Altamirano.

O primeiro encontro realisou-se no dia 10 de Agosto de 1911, agindo como *referee* o sr. Octavio Bicudo. Os uruguayos mediram forças com o *C. A. Paulistano*, que, assim como o *São Paulo Athletic* fôra para esse fim convidado pelo *S. C. Americano*.

Os *teams* ficaram assim organizados:

Uruguayos
Angel-Allende
F. Crocker - E. Crocker
A. Bertone - J. Bertone - C. Marques
Rebagliate - Zumaran I - Zumaran II - Altamirano - A. Marques

Paulistano
Brito
Leite - M. Prado
Celio - Aquino - Gullo
Minguito - Raul - Facchini - Mariano - Dudu

O *kick-off* coube aos uruguayos, cujo jogo, desde logo, impressionou muito bem a assistencia, que, por cingir-se estrictamente às regras do *football* adoptadas pela *Football Association*, era delicado. Os jogadores orientaes mostravam-se, comtudo, fatigados, de sorte que o *Paulistano* dominou o jogo. Os uruguayos perderam a bola pouco depois da saída. Os paulistas atacaram o *goal* dos orientaes, sendo energeticamente repellidos pelos *full-backs*. Houve um perigoso ataque ao *goal* paulista. Zumaran marcou um ponto, que o juiz considerou *offside*. Os *rushes* eram frequentes. Quatorze minutos depois de iniciada a luta, Bertone fez um passe para o extrema-direita A. Marques, que, com um violento *kick* rasteiro, marcou o primeiro ponto para o seu *team*. Recomeçando o jogo, o *Paulistano* avançou resolutamente contra o *goal* dos uruguayos. Dudu, aproveitando um passe de Raul, shotou alto. Um *full-back* uruguayo tentou interceptar o *shot*, mas, fazendo-o com infelicidade, empurrou a bola para a rêde. E o primeiro *half-time* terminou com um empate de 1 a 1.

No segundo *half-time*, os uruguayos mostravam-se fatigados e o *Paulistano* atacava sem cessar. Facchini, retendo a bola no meio do campo, conseguiu enganar dois *halves* e assim marcou o segundo ponto para o *team* paulista. O *Paulistano* avançou novamente e foi ainda Facchini quem, recebendo um centro alto de Dudu, logrou, depois de parar a bola e driblar um dos *full-backs*, marcou o terceiro ponto para o *Paulistano*. Os uruguayos, na perspectiva de uma grande derrota, desenvolveram um jogo de tal maneira brilhante, que dahi a momentos dominaram por completo a luta...

Os *players* do *Paulistano*, completamente desorientados, concentraram-se na defesa. Em dado momento, M. Prado tentou interceptar um passe da direita. C. Zumaran, porém, parou a bola e, com um violentisimo *shot*, marcou o segundo *goal* para o seu *team*. Os uruguayos continuaram a atacar. Registou-se então um *penalty-kick* contra o *goal* do *Paulistano*. A bola, arremessada por A. Marques, foi aninhar-se pela terceira e ultima vez na rêde do *goal* local. A luta tornou-se renhidissima e, depois de alguns *kicks* perigosos enviados pelos uruguayos, terminou com um empate de 3 *goals* a 3.

Á noite, a directoria de *S. C. Americano* offereceu, no Hotel d'Oeste, um jantar intimo aos uruguayos, nelle tomando parte os representantes da *Liga Paulista* e do *C. A. Paulistano*.

O segundo *match* internacional realisou-se no dia 12 de Agosto, medindo a *eleven* uruguaya forças com o *São Paulo Atlhetic Club*.

Actuou como *referee* o sr. Decio Vicari, do *S. C. Americano*.

A organização das equipes era a seguinte:

Uruguayos
Angel-Allende
F. Crocker - E. Crocker
A. Bertone - J. Bertone - C. Marques
Rebagliate - Zumaran I - Zumaran II - Altamirano - A. Marques

São Paulo Athletic
Deighton
Hammond - Astbury
Boyes - Smith - Bradshaw
Whitworth - Colston - Hamilton - Roberts - Banks

Este *match* foi disputado debaixo de uma chuva torrencial. Os uruguayos, que não estavam habituados a jogar em taes condições, pareciam desnorteados. O *kick-off* coube aos nossos hospedes, que logo perderam a bola. O campo estava verdadeiramente alagado e a bola, não correndo sobre a gramma, difficultava aos uruguayos desenvolverem o seu jogo de passes. No entretanto, a chuva tornou-se logo mais branda e o *São Paulo Atlhetic* começou a atacar o rectangulo confiado a Angel-Allende. Em dado momento, Smith enviou um *shot* alto para o *goal*. Um dos *full-backs* correu para a bola, mas cahiu, estabelecendo-se grande confusão na frente do rectangulo. Banks apoderou-se da bola, mas, notando que havia diversos jogadores na sua frente, correu para a extrema esquerda e shotou. O *goalkeeper* rebateu, indo a esphera ter aos pés de Hamilton, que a passou novamente para Banks. Este correu para o *goal* e Angel-Allende saiu ao seu encontro. Assim, o *forward* inglez preferiu passar a bola para frente e Colston, a duas jardas de distancia, marcou o primeiro ponto para o seu *team*. Os uruguayos organizaram depois um ataque admiravel. Perigosos *kicks* foram arremessados contra o *goal* do *São Paulo Atlhetic*, tendo Deighton opportunidade de evidenciar as suas optimas qualidades de *goalkeeper*. Os uruguayos dominaram por completo o adversario, e, momentos depois, o juiz deu por terminado o primeiro *half-time* com este resultado: *São Paulo Atlhetic*, 1 *goal*; uruguayos, 0 *goals*.

No segundo tempo, os uruguayos desenvolveram um jogo bellissimo, trabalhando a defesa dos inglezes com toda a calma e segurança. Os inglezes organizaram melhor o seu ataque e conseguiram approximar-se do *goal* uruguayo. O saudoso Whitworth, extrema-direita, escapou com a bola e a centrou para Colston. Este com um bom *shot*, marcou o segundo e ultimo ponto para a sua equipe. Os uruguayos, a quem a água que cobria todo o campo causava não pequenas atrapalhações, avançaram para o *goal* do *São Paulo Atlhetic*, desenvolvendo um jogo bem combinado. Antonio Marques deu um forte *shot*, mas a bola foi aparada pelo *goalkeeper* inglez. Momentos a seguir, é assignalado um *foul* contra o *São Paulo Atlhetic* que o juiz puniu com um *free-kick*. Carlitos Marques, com um formidavel *kick* rasteiro fez a bola aninhar-se na rêde, sem que qualquer dos adversarios conseguisse nella tocar. Os uruguayos dominaram então completamente o adversario.

De repente, Zamaran I dribla magnificamente Hamilton e Astbury e, quando tratava se arremessar o *shot*, recebeu uma forte *charge* pelas costas. O juiz puniu esta falta com um *penalty-kick*, que, atirado por Antonio Marques, deu o segundo ponto aos uruguayos. O *São Paulo Athletic* avançou depois para o campo contrario, onde um dos uruguayos commete um *hands* na area de penalidade. O *penalty-kick* com que o *referee* puniu esta falta foi violentamente batido por Astbury, porém, magistralmente defendido por Angel-Allende, que, com o pé esquerdo, fez a bola voltar para o campo. Mais alguns minutos de jogo, e o *match* terminava com um empate de 2 *goals* a 2.

O terceiro *match* internacional effectuou-se no dia 13 de Agosto de 1911, entre os uruguayos e o *S. C. Americano*. Agiu como *referee* o sr. Astbury, do *São Paulo Atlhetic*.

Os *teams* ficaram assim organizados:

Uruguayos
Angel-Allende
F. Crocker - E. Crocker
A. Bertone - J. Bertone - C. Marques
Rebagliate - Zumaran I - Zumaran II - Altamirano - A. Marques

Americano
Hugo
Itaborahy - Menezes
Campos - Arrizabalaga - Oscar
J. Pedro - Alencar - Decio - Octavio - Ruffin

O *Americano* conseguiu derrotar os uruguayos por 3 *goals* a 0, sendo esta a primeira victoria obtida por um *team* nacional sobre um estrangeiro. Note-se, porém, que os uruguayos jogaram desfalcados de um de seus melhores elementos, J. Bertone, que foi substituido por C. Marques. Este facto muito concorreu para que os *forwards*, cujo jogo era desenvolvido em conjunto com o dos *halves*, se vissem bastante atrapalhados. O *kick* inicial foi dado pelos uruguayos, que não conseguiram transpôr a linha de *halves* contraria. Durante dez minutos, mais ou menos, o jogo concentrou-se no meio do campo. Os uruguayos organizaram então um bom ataque e tentaram um *rush* pela direita. A. Marques, recebendo um passe de Altamirano, driblou *os full-backs* e, a duas jardas do *goal*, enviou um *shot* violentisssimo, que foi brilhantemente rebatido por Hugo. Os uruguayos continuaram a atacar e a defesa do *Americano* portou-se com grande galhardia. Em boa combinação, a linha de *forwards* do *Americano* approximou-se do *goal* uruguayo. Alencar shotou, estabelecendo-se grande confusão. Um dos *full-backs* uruguayos commetteu um *hands* na area de penalidade, o qual foi punido com *penalty-kick*, que, batido por Decio, trouxe o primeiro ponto ao *Americano*.

Houve então ataques de parte a parte. Por occasião de uma avançada do *Americano*, registou-se um *corner* contra os uruguayos. J. Pedro deu o *kick*, indo a bola cair em frente do *goal*. Nesse momento, Alencar, com um *kick* enviezado, marcou o segundo *goal* para o *Americano*. E assim o primeiro tempo terminou com este resultado: *Americano*, 2 *goals*; uruguayos, 0 *goals*.

No segunto tempo, os uruguayos mostravam-se fatigados. Apenas os extremas trabalharam, auxiliados por Zumaran I. Entretanto, o *Americano* continuou a atacar e, em certa occasião, J. Pedro deu um *shot in goal*, que foi rebatido por Angel-Allende. A bola foi para a direita e Ruffin fez um passe para o centro, onde Decio, com um violento *shot*, marcou o terceiro e ultimo *goal* do dia. O *match* terminou, pois, com a victoria do *Americano* por 3 *goals* a 0.

O ultimo *match* entre uruguayos e brasileiros realisou-se no dia 15 de Agosto de 1911. Os nossos hospedes mediram forças com o *scratch* paulista, que estava assim constituido:

Scratch

Hugo

Menezes - Astbury

Gullo - Aquino - Bradshaw

Guilherme - Roberts - Decio - Facchini - Banks

Uruguayos

Bertone

F. Crocker - E. Crocker

A. Bertone - J. Bertone - C. Marques

Rebagliate - Zumaran I - Altamirano - Allende - Marques

Ambos os *teams* desenvolveram, desde logo, um jogo calmo e muito bem combinado, que deixou a assistencia muito bem impressionada. Os *backs* e *halves* uruguayos, principalmente, mantiveram uma firme combinação, conseguindo, assim, a *eleven* visitante dominar o jogo, do principio ao fim. O *goalkeeper* paulista portou-se com bravura, rebatendo com relativa facilidade nada menos de trinta e sete formidaveis *kicks* para o *goal*. Quatorze minutos depois de iniciada a luta, Decio driblou alguns membros da defesa uruguaya, passando a bola para Facchini, que marcou o primeiro ponto para o *scratch*, Poucos minutos depois, Decio, recebendo um passe da esquerda, marcou o segundo ponto para a sua equipe. Reencetada a luta, Menezes commetteu uma falta, que foi punida com um *penalty-kick*. Antonio Marques fez então a bola aninhar-se na rêde. Os uruguayos avançaram para o *goal* paulista. Foi enviado um formidavel *kick* contra o *goal* local. Hugo apenas conseguiu desviar a bola e Zumaran, que se achava perto, marcou o segundo ponto para os uruguayos.

No segundo tempo, cada *team* conseguiu um *goal*, que o juiz considerou como marcados *offside*. Em certa occasião, registou-se um *penalty-kik* contra os uruguayos, o qual, violentamente batido, foi defendido com grande habilidade por Bertone. Dahi a momentos, o sr. Octavio Bicudo, que actuou como *referee*, deu por finda a luta com um empate de 2 a 2.

Os *corinthians*

Em 1908, foi a cidade de Buenos Aires visitada pelo *Corinthian team*, composto de estudantes inglezes, pertencentes ás universidades de Oxford e Cambridge, o qual disputou ali alguns *matches* com equipes portenhas, sobre as quaes obteve brilhantes victorias. Por essa occasião, muito trabalharam as instituições brasileiras para que os inglezes visitassem o Brasil, sendo, porém, infructiferos todos os esforços empregados nesse sentido.

Mas, em 1910, a convite do *Fluminense Football Club*, do Rio, resolveu o *Corinthian Football Club* disputar uma serie de *matches* na capital da Republica, para onde embarcou, no dia 6 de Agosto desse mesmo anno, em Southampton, a bordo do vapor Aragon.

A esse tempo, a *Liga Paulista de Football* pensou em communicar-se com o *Fluminense F. C.*, a fim de obter a vinda do *team* inglez a esta capital.

Á vista disso, o sr. Luiz Fonseca, então presidente da *Liga*, convocou uma reunião para o dia 6, no Escriptorio de Tachygraphia, ficando a directoria autorisada a entrar em negociações com o *Fluminense*. Foi nomeada uma commissão, da qual faziam parte representantes de todos os *clubs* filiados, incumbida de organizar as tres equipes que deveriam medir forças com os inglezes. Surgindo não pequenas difficuldades quanto á organização dessas equipes, a *Liga* encarregou os srs. José Rubião, da *A. A. das Palmeiras*, Fernando Macedo Soares, do *C. A. Paulistano*, e Charles Miller de organizarem os *teams* que enfrentariam os inglezes. A equipe organizada pelo sr. Charles Miller devia ser composta exclusivamente de elementos estrangeiros.

Os jogadores do *Corinthian F. C.* chegaram ao Rio, no dia 21 de Agosto, a bordo do vapor Aragon, sendo recebidos com grandes demonstrações de apreço. Do caes, seguiram, com automoveis, para o Metropole Hotel, nas Larangeiras, onde ficaram hospedados.

Esses jogadores que vieram acompanhados do sr. Hughes Onslew, secretario da *Amateur Football Association*, eram os seguintes: R. Rogers, *goalkeeper*; C. C. Page, W. V. Timmins, R. L. Braddel, *full-backs*; M. Morgan Owen, A. G. Howell Jones, T. C. D. Totley, T. E. Shell, *halves*; V. G. Yhew, S. H. Day, C. E. Brisley, F. N. Tuff, A. H. Kerry e L. A. Vidal, *forwards*.

Quasi todos estes *players* jogavam tambem em outras posições.

Eram todos elles, como já dissemos, estudantes das universidades de Oxford e Cambridge e faziam parte dos respectivos quadros de *blues* ou jogadores de primeiro *team*. Quando, em qualquer daquelles estabelecimentos, um moço consegue uma collocação em primeiro *team* de qualquer *sport*, recebe uma camisa azul, donde vem a denominação *blue*.

Os *footballers* inglezes disputaram tres *matches* no Rio, sendo: o primeiro, no dia 24 de Agosto, contra o *Fluminense F. C.*, do qual sairam vencedores por 10 *goals* a 1; o segundo, no dia 26 de Agosto, contra o *scratch* do Rio de Janeiro, saindo vencedores por 8 *goals* a 1; e o terceiro, no dia 28 de Agosto, contra o *scratch* brasileiro, saindo vencedores por 5 *goals* a 2.

As negociações entre a directoria da *Liga Paulista* e o *Fluminense F. C.* tiveram todo o exito. Assim, no dia 29 do mesmo mez, os valentes jogadores inglezes embarcaram no Rio, com destino a esta capital, pelo nocturno de luxo, aqui chegando no dia 30 de Agosto de 1910, pela manhan. Os distinctos *sportsmen* foram recebidos, na estação da Luz, pela directoria da *Liga Paulista*, dos *clubs* a ella filiados e grande numero de *sportsmen*, sendo conduzidos para o Hotel Majestic, onde ficaram hospedados. Durante a sua estada nesta capital, realisaram-se muitos festejos, passeios e visitas. Os dias fixados para os *matches* foram os seguintes: 31 de Agosto, contra o *scratch* organizado pelo sr. José Rubião; dia 2 de Setembro, contra o *scratch* organizado pelo sr. Fernando Macedo Soares; dia 4 de Setembro, contra o *scratch* estrangeiro organizado pelo sr. Charles Miller.

O *match* disputado no dia 31 de Agosto foi brilhante. Os *teams* estavam assim constituidos:

Corinthian

R. Roger

C. C. Page - Timmins

Tuff - Morgan Owen - R. Braddel

Snell - H. Day - A. Vidal - E. Brisley - A. Kerry

Palmeiras

(*scratch* organizado pelo sr. J. Rubião)

Orlando

Urbano - José Rubião

O. Egydio - Rubens - Gullo

Godinho - Eurico Mendes - Irineu - M. Egydio - Déde

A população paulista teve ensejo de assistir a um dos mais bellos *matches* até então realisados. Magnifico o jogo desenvolvido pela equipe ingleza. Os *halves* e *forwards* combinavam em esplendidos passes rasteiros, vendo-se raramente um passe alto. Os paulistas jogaram com as côres do *Palmeiras* (preto e branco). Tal foi a resistencia que oppuzeram ao *Corinthian*, que este viu annulladas todas as suas combinações. Os nossos portaram-se bem, salientando-se, porém, a defesa, onde brilharam Rubens, Gullo, Urbano e Orlando.

O ataque dos inglezes era feito com uma calma admiravel. Em certo momento, Octavio Egydio pára uma bola que veiu do centro, pretendendo driblar Day. Este, porém, apodera-se della e, depois de driblar José Rubião, abre o *score* para o seu *team*. Recomeçado o jogo, os inglezes atacaram novamente, até que, faltando apenas dez minutos para terminar o primeiro *half-time*, houve um *corner* a favor dos paulistas, de que estes não souberam tirar partido. O adversario, apoderando-se da bola, transpoz a defesa do *team* local. Day shotou rasteiro e fraco, por estar sendo perseguido por Urbano. Orlando rebateu o *shot*, mas com tanta infelicidade que a bola foi ter novamente aos pés de Day. Este, com um violento *kick*, marcou o segundo ponto. O primeiro tempo terminou, pois, com este resultado: *Corinthian F. C.*, 2 *goals*; Paulistas, 0 *goals*.

No segundo tempo, os inglezes tornaram mais violento o seu ataque. Em uma avançada da linha paulista, Irineu shotou em *goal*. O *goalkeeper* inglez tentou fazer um *rush*, o que não conseguiu, pois Eurico e Godinho lhe tomaram a bola. Tres dos nossos melhores jogadores achavam-se livres, mas dada a precipitação como agiram aquelles dois *forwards*, nada se fez. Assim, o *match* terminou com a victoria dos inglezes por 2 *goals* a 0.

Toda a defesa jogou muito bem, destacando-se, porém, Rubens, cujo jogo nada ficou a dever ao do *center-half* inglez, Morgan Owen. Agiu como *referee*, o sr. H. Friese, do *Germania*, que foi imparcial.

Á noite, a directoria do *Palmeiras* offereceu no Hotel Majestic, um jantar intimo aos inglezes, que foram saudados pelo sr. Urbano de Moraes, a quem respondeu, agradecendo, o sr. Morgan Owen.

O segundo *match* foi no dia 2 de Setembro, medindo forças o *Corinthian F. C.* com a *eleven* organizada pelo sr. Macedo Soares, do *C. A. Paulistano*, a qual defendeu as côres deste *club*. Serviu de juiz o sr. H. Hutchinson, do *S. C. Americano*. Os *teams* estavam assim constituidos:

Corinthian

R. Rogers

W. Timmins - C. Page

R. Braddeli - Morgan Owen - J. D. Tetley

A. Werry - A. Colery - Vidal - S. Day - W. Thew

Paulistas

Armando

Tommy - Menezes

Gullo - Thiele - Rubens

Valencio - E. Mendes - Hamilton - O. Bicudo - Joaquim

Morgan Owen não jogou, sendo substituido por Snell. Armando foi substituido por Orlando. Os paulistas empregaram esforços titanicos para enfrentar o adversario, sendo, porém, todos elles improficuos, principalmente por lhes faltar, no ataque, elementos de peso, falta essa que os inglezes não se resentiam. Iniciada a luta, os nossos avançaram resolutamente contra o campo do *Corinthian*. Chegaram mesmo a dominar por completo o jogo, conservando, por longo tempo, a bola no campo do *Corinthian*, apezar da tenaz resistencia por parte do *full-backs*. Se não puderam vasar o *goal*, nessa occasião, foi devido, exclusivamente, á sua falta de calma. Passados vinte e seis minutos de jogo, os inglezes arrebataram a bola aos paulistas. Houve um *corner* contra o *goal* local: Day shotou e Snell, com uma forte cabeçada, marcou o primeiro ponto para o seu *team*. Houve um incidente. Menezes recebe uma violenta cabeçada de Snell, ficando desacordado por alguns minutos. Registam-se mais alguns ataques dos inglezes, que demonstravam sempre boa combinação. Os brasileiros mostravam-se cansados e o primeiro tempo termina com este resultado: *Corinthian*, 1 *goal*; Paulistas, 0 *goals*.

No segundo tempo, os paulistas afrouxaram de uma vez. De repente, Day, em escapada veloz, shotou, de cinco jardas, em *goal*. A bola foi de encontro a um dos postes, sendo rebattida por Orlando. O juiz decidiu que isto constituia mais um ponto a favor dos inglezes.

A validade desse *goal*, porém, foi discutida. Dez minutos depois, Snell, recebendo um passe de Vidal, marcou o terceiro ponto. Reencetada a luta, Vidal escapou pela linha de *corner*, centrando a bola para Day, que obteve o quarto ponto para o *Corinthian*.

Os paulistas avançaram rapidamente para o *goal* dos inglezes. Na occasião em que Octavio Bicudo ia shotar, o *full-back* Page lhe deu uma formidavel *charge*, pelas costas. O juiz, considerando esta *charge* como um *foul*, determinou um *penalty-kick* contra os inglezes. Tommy, nervoso, arremessou a bola, que, indo ter ás mãos de R. Roger, foi atirada para o *corner*.

Os *players* inglezes que, no primeiro *match*, praticaram o *football* segundo as boas normas, neste encontro lançaram mão frequentemente da *charge*, causando por isso má impressão na assistencia. O jogo terminou com a victoria do *Corinthian* por 5 *goals* a 0.

No dia 3, os inglezes visitaram a fazenda Santa Gertrudes, no municipio de Rio Claro, de propriedade do sr. conde de Prates, percorrendo-a toda, em companhia do filho daquelle titular, sr. Guilherme Prates.

O terceiro e ultimo *match* internacional foi disputado no dia 4, encontrando-se o *Corinthian* com a equipe estrangeira, organizada pelo sr. Charles Miller.

Os *teams* estavam assim organizados:

***Scratch* estrangeiro**

Morrow

Tommy – Astbury

Tomkins – Steward – Boyes

Banks – Miller – Hamilton – Colston – Roberts

Corinthian

R. Rogers

C. Page – W. Timmis

F. Tuff – Morgan Owen – L. Vidal

W. Thew – Day – Snell – Coleby – Brysley

O *kick-off* coube ao *Corinthian*, que, desde logo, demonstrou superiodade sobre o adversario, permanecendo por largo tempo na linha de *halves* e *backs* do nosso *team*. Dahi foram enviados perigosos *shots* ao *goal*, sendo magistralmente rebatidos por Morrow. De repente a linha ingleza approximou-se do *goal* local. O *full-backs* Tommy, pretendendo interceptar um passe, commeteu um *foul* e Brysley, com um *shot* alto, marcou o primeiro ponto para o *Corinthian*. Reencetado o *match*, Miller avançou para o *goal* do *Corinthian*, combinado com Boyes e Hamilton. O *full-back* Timmis tomou-lhes a bola, passando-a para Day. Este escapou com grande velocidade e, ao chegar ao posto do *corner*, fez um centro alto, que foi admiravelmente aproveitado por Coleby, o qual, com um *shot* firme, marcou o segundo ponto para a sua *eleven*. O ataque do *Corinthian* não cessou, chegando o adversario a ficar completamente desorientado. Em uma avançada dos inglezes, Tommy rebateu mal um *shot* enviado por Vidal. A bola foi ter aos pés de Snell, que, depois de driblar Astbury marcou o terceiro ponto. Dahi a momentos, Snell deu um forte *shot* em *goal*, que foi rebatido por Morrow. A bola voltou a Coleby, que vasou o rectangulo local pela quarta vez. Pouco depois, Snell com um vilolento *kick* marcou o quinto *goal*. O ataque por parte dos inglezes continuou intenso, até que Day fez uma veloz escapada, shotou por alto e conseguiu o sexto *goal* para o *team* visitante. Poucos minutos antes de terminar o primeiro *half-time*, toda a linha do *Corinthian* avançou para o *goal*. Day, apoderando-se da bola, deu um *shot* a trinta jardas de distancia, indo ella bater na trave. Antes que Morrow tentasse qualquer defesa, a esphera, dando um pulo em falso, foi ter violentamente á rêde. Assim o primeiro tempo terminou com este resultado: *Corinthian Football Club*, 7 *goals; scratch*, 0 *goals*.

No segundo tempo, não se sabia se a defesa do *Corinthian* estava fatigada ou se a linha de ataque do *scratch* havia melhorado. Parecia que a defesa ingleza, por generosidade, procurava proporcionar ao *scratch* ensejo para abrir o seu *score*. O *forward* Hamilton, apoderando-se da bola, avançou para o *goal* do *Corinthian*. O *goalkeeper* foi ao seu encontro, mas, cahindo, deixou o *goal* livre. Hamilton chegou a duas jardas do *goal*, mas, arremessando com precipitação a bola, foi esta bater num dos postes, voltando para o campo, donde Page a atirou para um dos lados. Alguns momentos depois, Roberts deu um *shot* rasteiro, de uma grande distancia. A bola chegou vagarosamente ao *goal*, o *goalkeeper* não a rebateu e ella foi aninhar-se na rêde. Asseveravam uns que R. Rogers não tinha visto a bola e outros, que elle a deixara entrar. A linha do *Corinthian* deixou de atacar, limitando-se apenas os seus componentes a enviar, de longe, *shots* ao *goal*. Numa dessas occasiões, Snell, approximando-se um pouco mais do *goal* confiado á guarda de Morrow, enviou um forte *kick* e marcou o oitavo e ultimo ponto para o seu *team*. O jogo tornou-se violentissimo, havendo *charges* de ambos os lados. Por occasião de um *rush*, emprehendido com exito pela linha do *scratch*, Miller conseguiu marcar o segundo ponto para o seu *team*, aproveitando um passe de Colston. Depois disso, nada mais houve digno de nota, terminando o *match* com a victoria do *Corinthian* por 8 *goals* a 2. O *Corinthian* jogou bem. Do *scratch* estrangeiro salientaram-se Boyes, Astbury, Steward, Colston e Miller.

Na noite do dia 4, a *Liga Paulista* offereceu, no Hotel Majestic, um banquete aos inglezes, que foram saudados pelo sr. Walter Jeffery.

Os *players* do *Corinthian F. C.* receberam varios premios pelas victorias aqui alcançadas.

No dia 5 de Setembro, em carro reservado ligado ao trem das onze horas, os inglezes partiram para o Rio de Janeiro, onde, no dia 7 do mesmo mez, embarcaram para a Inglaterra, a bordo do vapor Asturias.

Por occasião do embarque nesta capital, que estava concorridissimo, falaram os srs. Morgan Owen e Hughes Onslan, agradecendo á *Liga* o acolhimento que dispensou ao *Corinthian Football Club*.

O DESENVOLVIMENTO DO *FOOTBALL* EM SÃO PAULO

O *football* em São Paulo teve tres phases brilhantes: a primeira, que vae de 1902 a 1904, em que se destacaram o *São Paulo Athletic* e o *C. A. Paulistano;* a segunda, de 1909 e 1911, pertencente á *A. A. das Palmeiras* e o *C. A. Paulistano*; finalmente, a de agora, que começou e ainda não terminou, em que se salientaram, como é notório, o *C. A. Paulistano* e a *S. S. Palestra Italia.*

Á primeira phase se costumava denominar, até ha bem pouco tempo, "os tempos aureos". Se o chronista via uma multidão immensa dizia logo: "Os tempos aureos, os tempos do apogeu do *football*".

Mas em que sentido se falava nessa época? Para se recordar o jogo desenvolvido? Porventura se praticava bem o *football*, com mais pericia, mais perfeição? Acaso os *teams* tinham mais homogeneidade, mais vigor no ataque, mais efficiencia na defesa?

Não! Não havia nada disso. Se se pudesse hoje reunir os velhos *sportsmen* (Charles Miller, Ibanez, Boyes, Alvaro Rocha, Belfort) com o mesmo jogo, elles cahiriam no ridiculo. O publico, insatisfeito como é elle actualmente, era até capaz de apupar... E – vamos lá – tinha carradas de razão. Sabem qual era o jogo de antigamente? Bem differente do de hoje. Um *back* que tivesse *shot* forte, e que atravessasse o campo, era um estupendo jogador; um *forward*, que varava sozinho, por meio de *dribblings*, a defesa contraria, era endeuzado; um *half*, que dava cabeçadas, com essa exclusiva preoccupação, era amado por todos; e mesmo os jogadores, que davam *kicks* de arranha-céus, eram apontados na rua, pela petizada, como super-homens. Havia outras extravagancias originaes: certos *backs* – calculem! – percorriam o campo, de lado a lado, por meio de enganos; alguns *keepers*, para se exhibirem, sahiam de seu posto, ficavam na area, enganavam de todos os lados os *forwards* que, furiosos, avançavam para elles!

Assim fizeram escolas os Tutú, os Belfort, os Alicio, os Alvaro Rocha, os José Rubião, e tantos outros.

Estas coisas, porém, faziam vibrar as archibancadas. E as archibancadas que lindas que eram! A moda era o *football*. O ponto de reunião elegante estava no campo do *football*, ou, melhor, no Velodromo. A alta sociedade, o que desejava, era a victoria dos seus predilectos. Não conhecia estylo do jogo, a utilidade dos passes, a permanencia nas verdadeiras posições, e não dava valor á calma, ao methodo, á disciplina. Para essa gente pouco se lhe dava que o *football* tivesse regras, tivesse principios. O que ella apreciava eram as corridas vertiginosas e efficazes, as piruetas dos *goalkeepers* (como eram amados os *goalkeepers*!), os *shots* violentissimos dos *backs*, os desnorteamentos dos *halves*.

Nos *matches* de desempate (*Paulistano* e *Athletic*) é que as emoções attingiam ao auge. Ah! Os desempates! Que bellissimas, que vibrantes paginas de enthusiasmo, de alegria, de desalento e de desesperação poderiam escrever os artistas da palavra. Não era tanto o jogo: era apenas a emoção que elle provocava. Dir-se-ia que todo aquelle povo, naquelle momento, perdia o cizo por completo. Não havia meias medidas: abolia-se a sobriedade, e, por vezes, a compostura. Familias das mais distinctas requintavam na gritaria, clamando, implorando, incitando os jogadores. Nas geraes, a raia miuda expandia-se á vontade, com exclamações grotescas e ditos ferinos. Os partidarios de certos jogadores cerravam fileiras, "entrincheiravam-se" para melhor incumbencia dar á sua missão. Improvisavam-se desafios tremendos de torcedores. Entre elles, trocavam-se palavras asperas, insultos, doestos. "Não era vergonha o *Paulistano* perder; vergonha, sim, era o *São Paulo Athletic*, ninho de jogadores afamados da Inglaterra, o paiz que inventara o *football*, que para ganhar de bizonhos *footballers* provincianos, se esfalfavam e se matavam!" "Ah! Mas Ibanez, Alvaro Rocha, Geraldo são brutos, são estupidos; esfolam propositalmente as canellas dos pobres inglezes, que afinal não têm culpa de serem insuperaveis." Os dialogos, porém, inopinadamente se interrompiam. Uma arremetida vigorosa, violenta do *Paulistano*. Berros por todos os lados. "Bravos, bravos! Leva a bola Sampaio, olha atraz, shota, passe para Alvaro Rocha, cuidado com o Jeffery, no canto, bem no canto. *Goal*! *Goal*! *Goal*!" E vinha a estrondosa, a ensurdecedora salva de palmas, entrecortada por vozes possantes, que soltavam interjecções de enthusiasmo.

Debaixo desta medonha pressão, desta atmosphera carregada de hostilidades e imprecações, os filhos da Gran Bretanha praticavam o seu *sport*, calmos, medonhamente calmos, olhos firmes na bola e nos quixotescos adversarios. Um *goal*? Que era essa vantagem? Nada. Ainda havia um quarto de hora no primeiro tempo, trinta e cinco minutos no segundo! E, á ultima hora, quando os corações já batiam violentamente, a respiração de todas aquellas meninas se mantinha suspensa, e já se prelibava o espectaculo estupendo da victoria - a entrega da taça ambicionada, a *champagne*, os braços, as felicitações - quando Miller, o famigerado Miller, desmanchava todos esses prazeres estemporaneos, marcando os pontos para a sua gloriosa *squadra*.

Estava consummada a brilhante prova sportiva. Desalento profundo. Tristeza immensa. Commentarios a favor e contra os jogadores. "Se Tutú se collocasse em posição mais propicia... Se Guilherme não fosse tão afobado... Se Olavo interceptasse o féra do Miller. Que belleza o *goal* de Ibanez! Que sorte, os inglezes!" Á sahida do Velodromo, gente fina, gente da plebe, carros, automoveis, bondes, tudo sahia num tropel. Caras enrugadas, sizudas, profligando, blasphemando. Moças, ainda vermelhas, enfurecidas e nervosas, commentavam.

Terminava tudo ahi? Não. Havia ainda um goso. Os jornaes! As chronicas dos jornaes. Como eram apreciadas! O que diriam *O Estado* e *O Commercio*. E no dia seguinte, muito cedo, mal as meninas se levantaram, recordavam novamente os feitos dos rapazes da *jeunesse dorée*, quasi sempre infelizes, victimas do azar e da brutalidade. As expressões, empregadas pelos literatos sportivos, passavam de bocca em bocca, eram repetidas a toda hora, no jantar, no chá...

Povo immenso nas archibancadas, a sociedade selecta, palmas, vivas, exclamações, gritinhos, interjecções, desmaios, chronicas, algumas fulgurantes, dos jornaes - eis tudo o que foi o esplendor do *football* de São Paulo, ou, antes, a primeira phase.

Na segunda, verifica-se algum progresso technico. Medeia ella de 1909 a 1911. Tinham-n'os dado optimas lições os africanos e os argentinos. Essas lições, em parte, provocaram o desanimo entre o publico, que julgava os nossos rapazes, não campeões incomparaveis, mas com aptidões para enfrentar adversarios mais dignos. Foi essa uma das causas da decadencia, que se notou no *sport* em São Paulo. Quem teve a lembrança, naturalmente com boas intenções, de promover a visita de profissionaes e amadores mais conhecedores do *sport*, sem o desejar, concorreu para aquella lagoa morta, que foi, no periodo de 1906 a 1908, o *football*. Não teve culpa bem o sabemos; entretanto, o povo, habituado a victorias, e ainda não sufficientemente educado no *sport*, e devido ás constantes crises e rixas que se davam, quer na *Liga*, quer nos *clubs*, fugiu dos *grounds*.

Todavia, se se registou um certo adiantamento technico nessa phase de 1909-1911, devemos confessar que ella tinha o vicio de origem: o adiantamento veiu dos annos transactos, isto é, logo que pizaram o nosso solo os estrangeiros. Portanto, natural seria que muito antes se assignalasse uma frequencia maior ás praças de *sport*. Não se assignalou, como constatámos. O que provocou a animação foi, innegavelmente, a volta do *Palmeiras* para a *Liga*. Essa sociedade conseguira captar as sympathias das meninas elegantes de então. E, como outróra os do *Paulistano*, não deixavam de comparecer ás refregas. O *Paulistano*, posto contasse com os seus antigos e dedicados socios distinctos, assim como os demais *clubs*, não possuia, entretanto, o publico selecto do seu antagonista dessa época. Pode-se, comtudo, affirmar que este periodo foi brilhante, não só porque o Velodromo se transmudasse no ponto de reunião, ponto de exhibição de modas riquissimas, como tambem porque os *teams* se apresentavam muito mais firmes. Já não havia a preoccupação das "fitas", como se diz vulgarmente. O personalismo desapparecera. Arrepiavam, aos assistentes, mesmo ás graciosas mocinhas de bellas *toilettes*, as corridas vertiginosas dos *forwards*, os *shots* enviados a esmo, as macaquices dos *goalkeepers*. Infelizmente, logo que o *Palmeiras*, por um incidente minimo, se retirou, as archibancadas tornaram ao triste aspecto que offerecia ao chronista e ao jogador, em 1907 e 1908.

E o apogeu do *football* era, pois, uma ficção. As partidas, que se realisavam, despertavam interesse, não há duvida, mas outro interesse, que nada tinha de sportivo...

Agora, sim, é que as coisas mudaram. Hoje, só se assiste a um *match* quando elle promette offerecer lances empolgantes. Não se faz o sacrificio de ir ao campo apenas para apreciar vestidos e chapeus, rizinhos e gestos desenvoltos, mas para examinar o jogo, gozal-o, saboreal-o. Agora, sim, podemos dizer, em plena consciencia que estamos evoluindo.

OS *CLUBS* NOVOS

Assim que a nossa sociedade deu preferencia ao *football*, fundaram-se, nesta capital, innumeros *clubs*. Do anno de 1903 em diante, os jornaes, diariamente, davam noticia de sociedades sportivas, destinadas a cultivar o *football*. Era uma febre. Em cada bairro, em cada quarteirão, reunia-se, um certo momento, um grupo de rapazes, que resolvia, numa esquina, á luz de um lampeão de gaz, criar um *club*. Dahi, as denominações extravagantes de agremiações. Os nomes dos bairros, o nome das ruas, os nomes de *footballers* importantes, as profissões dos principaes socios, os vocabulos da giria sportiva, os *clubs* fundamentaes, os *teams* estrangeiros - tudo servia para denominações.

Infelizmente, essas sociedades tiveram existencia ephemera. Parece que seus fins eram: arranjar um *team*, um nome qualquer, um fardamento, e uma flammula, para desafiar outra equipe, já com vida, já com louros.

Depois, com ou sem triumpho, desfazia-se a agremiação.

Com a decadencia do *football* em 1906, esse phenomeno desappareceu. Vieram, depois, as discussões sobre a supremacia das ligas em litigio, e o *sport* voltou ao seu antigo tempo. Os *clubs* começaram a pullular, de maneira espantosa. Não havia espaço, nas gazetas, para as novas instituições, e novas directorias. Ai de nós se pretendessemos relatar todos os incidentes que determinaram a reunião de forças sportivas isoladas, e que, com a mesma facilidade com que se reuniam, se desagregavam. Temos certeza de que ninguem, em São Paulo, poderá fazer uma obra nesse sentido, tal a quantidade de sociedades que surgiram.

Entretanto, houve algumas que vingaram, e que hoje occupam logar de destaque na *Associação Paulista de Sports Athleticos*. E se vingaram, deve-se isso á extincta *Liga Paulista*, que inopinadamente desfalcada, preencheu os claros com estas modestas associações. É justo, pois, que, neste livro, figure o historico dessas entidades, que foram o *Americano*, o *Ipiranga*, o *Corinthians*, o *São Bento*, o *Palestra Italia* e o *Santos F. C.*

Sport Club Americano

O *Sport Club Americano*, se estivesse vivo, mereceria um logar de honra neste livrinho. De feito, a existencia desta instituiçao, principalmente nos seus ultimos dias, foi brilhantissima. Mas, como não existe, não podemos dar um resumo mais ou menos acceitavel. O seu archivo desappareceu. Os seus socios, dissiminados por esses *clubs* afóra, mal se lembram do seu passado.

Em todo caso, é justo que o colloquemos neste capitulo, dando algumas informações, colhidas na rua, em conversas com amigos e antigos directores.

O *Sport Club Americano* fundou-se em Santos, por iniciativa do sr. Sizino Patusca, a 21 de Maio de 1903. Já existia, alli, o *Club Athletico Internacional*, que disputou, mais tarde, o campeonato da *Liga*. Além daquelle cavalheiro, destacaram-se os socios srs Americo Martins, Antonio Pinto (hoje secretario do *Santos F. C.*), Manuel Paixão, Armando Paixão e Munhós. Todos esses *sportsmen* tinham pertencido á *Associação Athletica Mackenzie College*.

No inicio, o *club* não saiu da cidade. Jogava alli mesmo em Santos, com o seu unico adversario, o *Club Athletico Internacional*. Não foi bem succedido nessas pugnas. Perdia muitas vezes. Entretanto, o seu nome ia subindo de importancia. Varios dos seus associados jogavam aqui em São Paulo, no *team* do *Mackenzie College*. Eram elles os jogadores a que acima fizemos allusão.

Em 1907, os seus *teams* fortificaram-se. Saira da *Liga* o *Mackenzie* e os *footballers* deste passaram-se para a novel entidade. A sua estréa, no campeonato, foi estrondosa. Só o venceu, em determinada occasião, o *Sport Club Internacional*, que conquistou a *Taça Penteado*.

Para principio, não podia ser melhor. Nos outros torneios, com a retirada de veteranos, e em vista da difficuldade da acquisição de novos elementos, o *Americano* decaiu um pouco.

Ainda assim, os seus *teams* não faziam pessima figura. Data desse tempo a sua transferencia para São Paulo. Este facto tinha que se dar mesmo, pois a maioria dos socios residia em São Paulo.

A phase mais esplendorosa, sem duvida, foi a de 1912 a 1913. Convem salientar que já havia derrotado, em luta memoravel, o *scratch* uruguayo, que nos visitara em 1912. Venceu o campeonato desse anno, e o do seguinte, sem competidores. Foi á Republica Argentina, e lá, contra a expectativa de todos, ganhou do *scratch* da Federação, por 2 *goals* a 0.

No Rio nunca foi derrotado. Os seus triumphos deram-lhe dezesete taças e tres bronzes. Da ultima phase, sobresairam-se os srs. Henrique Vanorden, S. Patusca, Octavio Bicudo, Decio Vicari, Hugo de Moraes, João Cardozo de Menezes e Itaborahy de Lima.

É o que, do *Americano*, se póde dizer. Bem sabemos que é pouco. Que fazer? Não é possivel dizer mais, dada a falta de dados.

Club Athletico Ipiranga

Alli pelo anno de 1906, o *Germania*, depois do seu triumpho no campeonato, desgostou alguns socios brasileiros, que defendiam o *club* com ardor, como se fossem filhos da imperial Allemanha. Os descontentes, indignados com varios actos que ostensivamente os visavam, retiraram-se da entidade teutonica, que começou a fazer politica exclusivista. Por coincidente, sairam do *Victoria Athletico Club*, varios elementos, que se uniram aos dissidentes do *S. C. Germania*. Entre esses rapazes, muitos faziam parte do Centro Dramatico e Recreativo Internacional.

Houve uma alliança entre todos, e a ideia de fundar-se uma novel agremiação ganhou muitos adeptos.

Effectivamente, em 10 de Julho de 1906, convertia-se em facto a ideia. A primeira assembléa geral realizou-se na residencia do sr. Manuel Augusto Marques, á rua Sete de Abril. Escolheu-se o nome de *Club Athletico e Recreativo Ipiranga* e elegeu-se a directoria, que ficou sendo composta pelos srs.: presidente, Antonio Geraldo de Freitas; vice-presidente, José O. Motta; primeiro secretario, Alberto Travoglio; segundo secretario, Edgard Messemberg; primeiro thesoureiro, Albino C. Pinheiro; segundo tesoureiro, Nicolau Avelardi; mestre sala, Carlos Porto; directores sportivos - Ricardo Thiele, Alfredo Thiele e Joaquim Antunes.

De sua acção, nos primeiros annos, não ha noticias positivas. Jogava com sociedades isoladas, e os directores não tomaram nota dessas refregas. De resto, parece que a parte recreativa dominava, pois eram constantes as *soirées* promovidas pela directoria.

Mas, em 1909, os directores da secção sportiva resolveram desenvolvel-a. A principal medida, que se impunha, era a da sua filiação á *Liga Paulista*. Os srs. Manuel Marques e Amphiloquio de Oliveira, os mais enthusiastas, entenderam-se nesse sentido com sr. Luiz Fonseca, então presidente da *Liga*. Este aconselhou os directores do *club* a formarem um bom *team*, o qual pudesse, com vantagem, enfrentar o *Palmeiras*, o *Paulistano*, o *Americano* e o *Germania*. Prometteu que patrocinaria a sua pretensão.

Ficou combinado que a sua inscripção seria no campeonato seguinte. Succedeu, porém, que se apresentaram candidatos, á mesma vaga, mais dois *clubs* - o *Sport Club Savoia*, de Votorantim, e *Associação Athletica Villa Buarque*, de São Paulo. Tinha, pois, o *Ipiranga* que disputar os *matches* de selecção. Foi feliz. Jogou, a 21 de Abril, com o *Villa Buarque*, vencendo-o por 5 *goals* a 1; no dia 24, do mesmo mes, defrontava-se com o *Savoia*, ganhando por 4 pontos a 2. O primeiro *team*, a quem deve o *Ipiranga* a sua entrada para a entidade directora, compunha-se dos srs.: Eduardo do Couto; Francisco Pelegrino e Manuel Marques (*captain*); Guilherme Vatsh, Ricardo Thiele e Arnaldo da Silva; Amphiloquio de Oliveira, Hugo Marracini, Alfredo Thiele, Oliverio e Pedro Paulo de Giovanni. Presidia os destinos do *club*, nessa temporada, o sr. Adolpho Wellische.

Estava na *Liga*. Não era preciso mais nada. O *Ipiranga*, no começo, não fez successo. Perdeu quasi todos os torneios que disputou. Ha a assignalar apenas o empate, de 2 a 2, com o *Paulistano*, que se achava collocado em segundo logar, e uma victoria modesta sobre o *Sport Club Germania*.

Em 1912, não melhorou. Permaneceu na mesma posição. Com a scisão da *Liga*, ficou fiel a esta, e já então o seu *team*, com o concurso de Arthur Friedenreich, Afrodisio Xavier (Formiga) e outros elementos, era um adversario perigoso e destemido. Tinha, nessa época, abolida a secção recreativa, passando a chamar-se *Club Athletico Ipiranga*.

Em 1914, entrou para a *Associação Paulista*. Foi brilhante essa phase, pois para todos os *clubs*, constituiu um antagonista respeitavel. Embora não lograsse uma collocação esplendida, comtudo proporcionou, aos seus apaixonados, innumeras refregas emocionantes.

O *Club Athletico Ipiranga* tem vindo até hoje, quasi sempre no mesmo logar.

Hoje, possue uma séde, installada á rua Libero Badaró n. 31 (3° andar). Foi o segundo *club* que deliberou construir, nesta temporada, campo proprio, que se acha situado na Avenida Agua Branca, proximo ao Parque Antarctica.

Sport Club Corinthians Paulista

O *Sport Club Corinthians Paulista* foi fundado em 1 de Setembro de 1910, por um grupo de rapazes, na maioria empregados da São Paulo Railway. Foram seus fundadores os srs. Joaquim Ambrozio, Carlos da Silva, Raphael Perrone, Antonio Pereira e Anselmo Corrêa. A convite destes reuniram-se, no dia 5 de Setembro, em um terreno alugado para campo, á rua José Paulino (então Immigrantes) n. 34, umas quinze pessoas, para tratar da installação definitiva do *club*. No dia seguinte, em casa de um dos consocios, o sr. Miguel Batalha, realizava-se a primeira assembléa geral, cuja ordem do dia era mais ou menos a seguinte: 1°) escolha do nome a ser dado ao *club*;

2º) escolha de suas côres e fardamento; 3º) escolha de sua primeira directoria. Escolheram-se as côres preta e branca, dispostas no fardamento da forma como ainda hoje usa o *club*. Na escolha do nome foram apresentadas innumeras propostas, prevalecendo a do consocio sr. Joaquim Ambrozio, que foi esta: de dar ao *club* o nome de *S. C. Corinthians Paulista*, em homenagem ao excellente *team* bretão desse nome, que então visitara esta capital.

A primeira directoria do *Corinthians Paulista* ficou composta dos srs. Miguel Batalha, Salvador Lopomo, Antonio Nunes, João da Silva e Carlos da Silva.

O primeiro *training* effectou-se entre os primeiro e segundo *teams*, dos quaes eram *captains*, respectivamente, os srs. Raphael Perrone e Anselmo Corrêa. Para esse *training* os fundadores adquiriram uma bola pelo preço de Rs 6$000 (seis mil-réis).

O primeiro *match* do *Corinthians Paulista* foi contra o *União da Lapa*, sahindo este vencedor pelo *score* de 1 a 0. Dos jogadores, que ainda hoje estão no primeiro quadro do *club*, e que tomaram parte nesse encontro, figuram Neco no seu terceiro *team* e o seu irmão Cesar, no segundo.

Animados com o resultado da estréa, os seus directores organizaram outro *match* amistoso para o domingo seguinte com a *Associação Athletica da Lapa*, cujos *teams* eram compostos exclusivamente de inglezes. Sahiu desse *match* vencedor o *Corinthians* pelo *score* de 5 x 0.

Muito cedo começou a ganhar nome o *club*, tornando-se, mezes depois, o campeão dos *clubs* não filiados á *Liga Paulista de Football*.

A sua primeira tentativa de filiação á *Liga Paulista* na vaga do *S. C. Internacional*, que se havia retirado, foi frustrada, visto esse *club* tornar á *Liga*.

Finalmente em 1913, conseguiu elle a almejada filiação. Jogou os *matches* de selecção, batendo os seus adversarios *Minas Geraes Football Club* e *São Paulo P. C. Club*, por 1 a 0 e 4 a 0, respectivamente.

O *team* que deu entrada, com taes victorias na *Liga Paulista*, estava assim constituido:

Casemiro do Amaral (*captain*)
Fulvio Benti - Casemiro Gonzalez
Francisco Pollice - Alfredo de Assis - Francisco Lepre
Cesar Nunes - Antonio Peres - Luiz Fabi - Joaquim Rodrigues
Carmo Campanella

No campeonato de 1913, obteve o terceiro logar, perdendo os primeiros *matches* com o *Germania, Internacional, Americano* e *Santos Football Club.*

Em 1914, venceu o campeonato de ponta, isto é, sem perder um só *match*, sendo o seguinte o *team* campeão:

Sebastião Casado
Fulvio - Casemiro II (*captain*)
Pollice - Bianco - Cesar
Americo - Peres - Amilcar - Apparicio - Neco

Em alguns *matches* tomou parte o *goalkeeper* Aristildes Oliveira. O progresso rapido, que se operou no *club*, deve-se a excellente direcção do sr. Casemiro Gonzalez, que aproveitou elementos dos segundo e terceiro *teams*; como são todos os que formavam o quadro que deu ao *Corinthians* o campeonato de 1914.

Enfrentou, nessa temporada, galhardamente, o *Torino Football Club.* No *Sport del Popolo*, de 12 de Outubro de 1914, encontram-se as impressões do sr. Vittorio Pozzo, *trainer* e director do *Torino F. C.* Disse esse *sportsmen* com referencia ao *Sport Club Corinthians*:

> *Una squadra formidabile in tutte le linee é il Corinthians, il campione paulista, che giuoca con uma foga tremenda. Il Corinthians ha nelle proprie file italiani o figli di italiani e tutti sono individualmente di classe superiore alla media del dei giuocatori che giuocano in Italia. I* backs *sono solidi e sicuri, gli* halves *lavoratori instancabili, i* forwards *veloci e con buona coesione. Nel due* matches *che giocammo contro il Corinthians non*

uscimmo vincitori che dopo una lotta strenua. Il difetto grave della squadra sta nella incertezza e mancanza di precisione davanti il goal; *fuori di ció, il Corinthians é un* team *di classe che potrebbe affrontare in Europa qualsiasi squadra.*

Reconhecendo, numa assembléa da *Liga*, a existencia de má vontade de alguns *clubs* contra a fusão do *sport*, retirou-se della, sem ao menos cogitar qual seria o seu futuro em 1915, porquanto não estava certa ainda a sua filliação á *Associação* e muito menos a sua entrada no campeonato daquelle anno.

Filliado a *Associação*, foi elle posto de lado para disputa de campeonato, vendo-se, por isso forçado a distribuir seus jogadores entre os outros *clubs*. O *Mackenzie* foi contemplado com o auxilio de Neco, Bianco, Cesar e Casemiro; o *Ipiranga*, com Amilcar, Appariciо e Fulvio; o *São Bento*, com Americo Fiaschi; e finalmente o *Scottish Wanderers*, com Pollice. O *goalkeeper* e Peres não jogaram.

Naquelle anno, fez excursões pelo interior do nosso Estado sem perder um só *match*. Em 1916, convencido de que ainda esse anno não podia disputar o campeonato na *Associação*, voltou para a *Liga Paulista*, vencendo, logo de entrada, num *match* em beneficio da Beneficencia Hespanhola, o *S. C. Germania*, campeão da *Liga* em 1915, pelo *score* de 4 a 1.

Foi campeão da *Liga* em 1916. Talvez por isso lhe deram logar na primeira divisão da entidade, que ficou sendo única. Entretanto, em 1917, não se utilisou de elementos seus de primeira ordem, como por exemplo, Pollice, o esteio de sua defesa, razão pela qual a sua posição no campeonato não é desairosa, não foi tambem a que esperavam os seus socios e admiradores. Dentre os innumeros jogadores formados pelo *Corinthians*, destacam-se no nosso meio sportivo, Amilcar, Neco, Dias (*forwards*), Casemiro (*goalkeeper*), todos do actual *scratch* brasileiro, Bianco do actual *scratch* paulista; Peres, Jacintho, Apparicio e Americo, e outros que apesar de seu valor conseguiram fazer nome. O *S. C. Corinthians*, apesar de pobre, tem feito progressos, devido aos esforços ingentes de suas directorias, de

1914 para cá. Pode-se dividir em tres phases os progressos deste *club*: progresso sportivo, devido ao sr. Casemiro Gonzalez; progresso moral, devido aos esforços de seu ex-presidente, sr. Ricardo de Oliveira; e progresso financeiro, devido ao espirito activo e economico do sr. João Baptista Mauricio. O *club* possue hoje uma séde não luxuosa, porém decente e commodamente installada, com bilhares, ping-pong e outras diversões.

Possue tambem um bom campo de *football*, com 120x80 jardas, construido em excellente terreno da municipalidade, arrendado em condições favoraveis; situado na Chacara da Floresta, Ponte Grande, pegado ao campo da *A. A. das Palmeiras*. Tal concessão deve o *club* á muita dedicação do seu presidente honorario dr. Alcantara Machado.

Minas Geraes Football Club

Numa assembléa geral, realisada no dia 3 de Maio de 1910, na residencia do sr. Plinio Fonseca, foi fundado o *Minas Geraes Football Club*.

Nessa noite, achavam-se reunidos os srs. Plinio Fonseca, Ernesto Argonz, Affonso Gogliano, Manoel Doval, Fernando Pereira Lagos, José Ferreira, Quirino Gomes, José V. de Lagos, Emilio Mandarini, Euzebio Marcondes, José Netto, José Arvelan, Anterior Previato, José Simões, Domingos Thomaz da Fonseca, Augusto Rossi, Arthur Rossi.

Por proposta do sr. Plinio da Fonseca, a assembléa deliberou dar o nome de *Minas Geraes Football Club* á nova sociedade, prestando assim uma homenagem ao grande vaso de guerra brasileiro, que nesse dia entrou, pela primeira vez, na bahia da Guanabara, no Rio de Janeiro.

Nessa mesma assembléa, foi eleita a primeira directoria do *club*, que ficou assim constituida: presidente, Saturnino Correa; vice-presidente, Fernando Pereira Lagos; primeiro secretario, Manoel Doval; segundo secretario, Euzebio Marcondes; primeiro thesoureiro, Ernesto Argonz; segundo thesoureiro, João Correa; director sportivo, José Penteado; primeiro *captain*, Plinio Fonseca; segundo *captain*, Affonso Gogliano.

No anno de 1913, disputou este *club* o *match* de seleção com o *S. C. Corinthians Paulista,* para a entrada na *Liga Paulista de Football,* perdendo por 1 *goal* a 0. Esse *match* foi disputado no Velodromo.

Em 29 de Março de 1914, disputou o *match* de selecção com o *Villa Buarque F. C.*, no Parque Antarctica, para a entrada na *Liga Paulista,* vencendo pelo *score* de 2 *goals* a 1, começando então a fazer parte da primeira divisão da *Liga Paulista.* Nesse anno, disputou o campeonato, tendo o segundo *team* tirado primeiro logar, obtendo onze medalhas de ouro e uma taça offerecida pela *Liga Paulista.* O primeiro *team* tirou o terceiro logar no campeonato.

Em 1915 e 1916, disputou o campeonato da *Liga Paulista de Football* na primeira divisão.

Em 1917, quando houve a fusão entre a *Liga Paulista* e a *Associação Paulista,* foi um dos primeiros *clubs* que se apresentou como candidato ao campeonato da segunda divisão, organizado pela *Associação Paulista de Sports Athleticos.*

Em 1917, com grande esforço e boa vontade, conseguiu vencer o campeonato, tirando a primeira collocação, obtendo o titulo de campeão de 1917. O primeiro *team* que disputou esse torneio era o seguinte: Bruno Poltronieri, Carlos Chaves, Antonio Ferreira, Emilio Mandarini, Sebastião Gravalos, José Ferreira, Romão Moreno, João Pereira de Castro, José Fernandez, Ramon Fernandez, Santos Arbelôa e Bruno Luciani.

O *team* que disputou o *match* de selecção com o *Villa Buarque F. C.*, estava assim constituido: José V. de Lago, Fernando Pereira Lagos, Carlos Chaves, José Ferreira, Arlindo Ferreira e Ernesto Argonz, Santos Arbelôa, Vermudes, Plinio Fonseca, Emilio Mandarini, Manoel Doval e Manoel de Oliveira.

O *Minas Geraes F. C.* tem actualmente uma boa séde, com todas as accomodações possiveis. Conta com mais de duzentos socios contribuintes. Possue campo de *football* para os exercicios.

Ha dois annos para cá este *club* tem feito um progresso extraordinario, e deve-o em grande parte á directoria, a qual não tem poupado esforços e boa vontade para seu engrandecimento. A actual directoria, achava-se assim constituida: presidente, Italo Adami; vice-presidente, Elysio Soares Ferreira; secretario geral, Pedro Candia; primeiro secretario, Mariano F. Rios; segundo secretario, Benedicto de Paula; director sportivo, Roberto G. Silveira; primeiro thesoureiro, Ernesto Argonz; segundo thesoureiro, Francisco Mastroianni.

A directoria da *Associação Paulista*, agindo com criterio e justiça, collocou este *club* na primeira divisão.

Santos Football Club

A fundação deste *club* deu- se em 14 de Abril de 1912.

Foi campeão santista, nos annos de 1913-1914-1915. Filiou-se, primeiramente, á *Liga Paulista de Football*, retirando-se della, depois do terceiro *match*. Entrou, em 1914, em caracter extraordinario, para a *Associação Paulista de Sports Athleticos*, tendo, nesse anno, sido incluido no campeonato da primeira divisão. O primeiro e o segundo *teams*, com o nome de *União Football Club* disputaram, em 1915, o campeonato da *Associação Paulista de Sports Athleticos*, vencendo-o sem nenhum empate sequer, com o elevado *score* de 45 *goals* e 5 contra.

O segundo *team* tirou o segundo logar com o *score* de 30 *goals* pró e 5 contra, sendo de notar que o segundo *team* campeão teve o *score* de 16 *goals* pró e 4 contra. O primeiro *team* venceu tambem o *scratch* official da *Liga* por 3 a 1.

A sua vida tem sido a carreira mais brilhante. Possue uma boa direcção e estabeleceu em seus *teams* uma disciplina de ferro. Dos *clubs* de Santos é, innegavelmente, o primeiro em jogo, ordem e direcção.

Actualmente possue: primeiro e segundo *teams*, do campeonato da *Associação Paulista*; quatro *teams* com as respectivas reservas da *Liga* interna; e quatro *teams* com a reserva da *Liga Infantil*, composta por socios menores de quinze annos.

Foi o primeiro do *sport* que registou os seus estatutos de accordo com a lei que, em Santos, rege o assumpto, e no Estado, o primeiro que adquiriu um campo athletico.

A area total do terreno comprado é mais ou menos de 16.500 metros quadrados. As obras constam de um campo de *football*, de 110 por 80 jardas; uma pista para corridas razas, com a largura de 4 metros, e o comprimento de 380 jardas; quatro *courts* de *tennis*; uma archibancada com largura de 6 metros e 60 de comprimento, dos quaes 30 em construcção; campos para *barkball*, *netball*, *croquet*, *badmington*, *cricket* e outros *sports*, além de gimnasium com arcadas, argolas, trapesios, *boxings*, esgrima, jogo de pesos, barras fixas e parallelas, pulos, etc.

Dentre as suas brilhantes e innumeras victorias, conta o *Santos Football Club* com as obtidas sobre a *Societá Sportiva Palestra Italia*, em São Paulo, de 7 a 0, e em Santos, de 8 a 1; sobre o *Mackenzie*, de 7 a 1; sobre o *São Paulo Railway Club*, uma de 8 a 0 e outras de 6 a 5 e 4 a 0.

Foi a Amparo, São Carlos, São Bernardo, São Paulo, Rio de Janeiro, tendo causado optima impressão pelo seu jogo e disciplina.

Associação Athletica São Bento

Os alumnos do Gymnasio São Bento, desde que existe *football*, praticaram esse *sport*. Os seus *teams* logo entraram em scena, disputando modestos torneios. Mais tarde, formaram-se os campeonatos infantis, aos quaes concorreu o primeiro *team* do collegio. No principio, não se sobresaiu muito. Mas, essa situação não perdurou por muito tempo. O *São Bento* venceu varios campeonatos, tendo apenas como rival serio o *team* da Escola Americana, que possuia um nucleo de jogadores esplendidos.

Desta maneira, este estabelecimento de ensino formou e forneceu, aos *clubs* da *Liga*, innumeros campeões.

Certa occasião, o padre Katon, professor do gymnasio, conversando com dois ex-alumnos, lamentou que estes se separassem na vida sportiva, defendendo côres de *clubs* differentes nas grandes justas promovidas. E lembrou a conveniencia de todos se congregarem, formando poderosas equipes, que disputassem os principaes campeonatos que se organizavam. A ideia foi acolhida com applausos pelos ex-alumnos, que trataram de converter em realidade a ideia feliz do padre Katon. Eram esses ex-alumnos os srs. Irineu Malta, Luiz Alves, Alfredo Aranha, José Alves Cerqueira Cesar, Antonio Pedroso de Carvalho, os quaes incontinentes começaram a trabalhar. Isto foi em fins de 1913.

A primeira medida foi uma consulta ao director do gymnasio, d. Pedro, que prometteu auxiliar, em tudo quanto estivesse ao seu alcance, a novel instituição. A sua promessa não ficou apenas nas palavras: dahi ha tempos, o director fornecia os meios indispensaveis para a installação do *club*, fazendo até sacrificios pessoaes. Não havia duvida, a sociedade ia para a frente. Numa reunião, effectuada em Dezembro, deu-se a denominação ao *club*, que ficou sendo *Associação Athletica São Bento*, e elegeu-se a primeira directoria, em que figuravam, além de d. Pedro, o protector da entidade, o coronel Luiz Alves, Alfredo Aranha e Antonio Pedroso. Esse foi o trabalho incial.

Depois, a segunda phase, que vae de Janeiro a Abril de 1914. Reunir os jogadores espalhados pelo *Americano*, pelo *Paulistano*, pelo *Mackenzie*, não era tarefa facil. A pertinacia, porém, dos srs Irineu Malta, Alfredo Aranha e Antonio Pedroso, muito contribuiu para que os obstaculos fossem vencidos. Foram chamados os jogadores Mauricio, Juvenal, José Cesar, Montenegro.

Estava em principio o *team*. Com Luiz Alves, Irineu Malta e com a adhesão de Chico Netto, José Pedro de Castro, Sylvio Lagreca, Tango e outros, ficou definitivamente formada a força sportiva do *club*. Não teve que disputar, no começo, o classico *match* de selecção. Entrou para a *Associação* em campanha aberta contra a *Liga Paulista*. A sociedade, que hoje dirige os *sports*, acceitou sem delongas o espontaneo concurso que lhe era offerecido pela joven agremiação.

A entrada do *São Bento* deu a impressão de triumpho. Foram successos inesperados (inesperados para o publico) as suas victorias sobre o *Palmeiras*, o *Paulistano* (pilhado de surpreza) e o *Wanderers*. Parecia até que o *club* iria de ponta a ponta, sem dar a menor confiança aos adversarios. Mas, teve que se conformar com uma derrota. E que derrota! Tão grande, que até hoje seus socios se lembram della, naturalmente, envergonhados. A honra de vencer a sua primeira equipe cabe ao *Mackenzie College*, que, desde dahi, foi cognominado, e com razão, o *team* das surprezas. A causa desse desastre não é difficil encontrar: os seus antagonistas não offereceram, no começo, a resistencia que era para desejar. Triumphou sempre. Ora, não ha poder humano que faça cair os triumphadores na realidade. Julgando-se insuperaveis, os vencedores tornam-se fracos, não só por motivo da convicção, que delles se apodera, de serem os unicos, como tambem pelos excessivos elogios que partem de todos os lados. O que succedeu ao *São Bento*, succedeu tambem ao *Paulistano*, ao *Athletic*, ao *Palmeiras*, e a todos os demais campeões.

Mas, essa derrota de 5 *goals* a 0, constituiu um esplendido aviso. Dessa data em diante, os socios tiveram mais cuidado. E assim, não soffreram, nessa temporada, revez serio. Chegaram ao fim muito bem, empatando com o *C. A. Paulistano*. O *match* de desempate foi sensacional, e, como todo o torneio dessa natureza, prenhe de incidentes. O *São Bento*, quasi de enfiada, marcou dois *goals*. O *Paulistano*, com calma, tenazmente porfiou para desmanchar essa superioridade. Fez um *goal*, e, com mais ardor, tornou a trabalhar. Mas, o relogio do juiz, sr. Octavio Egydio, parara e o *match* findou antes do tempo. Houve discussão, dentro e fóra de campo. A *Associação*, porém, confirmou a victoria do *São Bento*, que dessa forma se tornou detentor do tropheu.

Tudo isso, obra de um anno. Em um anno, formou-se o *club*, arranjou-se os jogadores, disputou-se um campeonato e ganhou-se esse campeonato! Não podia ser melhor!

Mas, para manter essa posição, foi mais difficil. Os seus directores se esforçaram muito, mas nada conseguiram. O anno de 1915 decorreu sem victorias surprehendentes. Em 1916, com o reforço de optimos *footballers*, o *São Bento* intimidou os antagonistas, tornando-se, ao expirar a temporada, o concorrente mais serio do *C. A. Paulistano*. Este, galhardamente, o dominou, num *match* celebre que saiu vencedor por 9 a 0. Em 1917, repetiu a mesma campanha de 1915...

O *São Bento* tem uma séde na cidade, á rua de São Bento, e

pretende, segundo ouvimos, construir uma grande praça de *sports* lá para os lados de Pinheiros.

Societá Sportiva Palestra Italia

A visita dos italianos (os turinenses e os outros), a esta capital, fez despertar grande enthusiasmo na colonia, aqui domiciliada. Havia já muitos rapazes, descendentes de italianos, que se dedicavam ao *sport*. E alguns se distinguiam como campeões. Era natural, portanto, que elles se congregassem a fim de fundar uma sociedade, que fosse a expoente dessa força.

Um grupo de empregados da Casa Matarazzo, depois de assistirem a um torneio, em que tomaram parte os jovens estudantes de Turim, lembraram-se de constituir uma sociedade, formada de elementos sportivos isolados, que jogavam em varios *clubs*. A primeira reunião realisou-se no salão Alhambra, tendo a ella comparecido trinta e cinco pessoas. Mas a ideia predominante foi a de agremiação recreativa, sem outras pretensões. Formou-se, entretanto, a minoria, partidaria da pratica dos *sports*. Dessa minoria faziam parte os srs Adolpho Izzo, Luiz Emmanuel Marzo, Luiz Izzo, Alfredo Izzo, Sylvio Lagreca, Herculo Russo, Guido Gianetti, Jorge e Giulio Gianetti, Armando Rebucci, Luigi Vanini e A. Camargo. Esses socios receberam o titulo de fundadores da parte sportiva.

Na primeira directoria, figuraram os nomes dos srs. Ezequiel Gimenú e Augusto Vaccari.

A installação official effectou-se em 15 de Janeiro de 1915, no salão Germania. Foi uma festa extraoridinaria. Compareceu, além de outros cavalheiros influentes na colonia, o consul do paiz, que, sabedor dos fins da associação, pronunciou um discurso enthusiasta, incitando os socios a praticarem os jogos ao ar livre.

Formaram-se os *teams*. Os socios, alguns laureados, formaram a primeira equipe, que entrou na vida como o *São Bento*. A sua estréa foi com o *Sport Club Savoya*, de Votorantim, que venceu por 2 *goals* a 0. Tomaram parte dessa refrega, defendendo as côres da *Societá Spor-*

tiva Palestra Italia (nome adoptado por indicação do sr. Luiz Cervo), os conhecidos jogadores italianos: Pollici, Bianco, Vale I , Americo Fiaschi, Amilcar, Ferré e Cervinati.

Depois desse *match*, o *club* começou a grangear grandes sympathias. A sua directoria, zelosa, quiz apresentar os *teams* ao grande publico. A Italia ainda não entrara na guerra. Mas, já se constituia, para o que desse e viesse, a Cruz Vermelha desse paiz. Optima ideia. Promoveu-se um *match* em beneficio dessa instituição. O *Santos F. C.* foi convidado para disputar uma refrega e acceitou. A estréa da nova entidade foi um fracasso, pois a sua equipe representativa saiu vencida pelo consideravel *score* de 8 a 0. Depois, realizou-se um encontro com o *Club Athletico Paulistano*, que venceu por tres pontos. Já então a agremiação contava com esforçados socios, tinha uma séde á rua Florencio de Abreu, e alugara um campo á rua Major Maragliano, em Villa Marianna.

A Italia declarou guerra á Austria. A colonia de São Paulo agitou-se, e os reservistas do exercito, enthusiastas, prepararam-se para partir. Muitos dos directores foram forçados, por isso, a abandonar o *club* que ficou confiado a um pequeno grupo de socios. Parecia, até, que a iniciativa falhara de vez.

Entretanto, entraram para a sociedade os srs. Ernesto Giuliano e Luiz Cervo, incansaveis *sportsmen*, que deram, desde logo, impulso formidavel ao *club*. Cresceu o numero de socios. Installou-se em séde mais ampla á rua do Riachuelo. Destacaram-se, pelo seu devotamento, os srs. Ludovico Bacchiani, Ernesto Giuliano, José Roberti e Luiz Cervo, respectivamente, presidente, tesoureiro, secretario e director sportivo.

Havia uma vaga na *Associação*: era a do *Scottish Wanderers Football Club*, que se dissolvera. Os directores da novel entidade esforçaram-se para que o seu *team* se filiasse. Houve boa vontade por parte dos srs. Edgard Nobre de Campos e Rangel Christofle, que defenderam as justas pretensões da sociedade.

No campeonato de 1916, deu muito que fazer aos adversarios, notadamente ao *Paulistano* e ao *São Bento*, que eram os mais fortes.

No ultimo anno, o seu primeiro *team* foi reforçado com elementos vindos do *Ruggerone F. C.* Data dahi a grande fama do *Palestra Italia*, que tirou segundo logar, tendo, em *match* memoravel, derrotado o campeão, o *Club Athletic Paulistano*, pelo *score* de 1 *goal* a 0.

Tem a sua séde, hoje, á rua Libero Badaró, O seu campo é o mesmo da rua Major Maragliano.

A TAÇA PENTEADO

Este tropheu foi offerecido á *Liga Paulista* pelo abastado industrial sr. Antonio Alvares Penteado, já fallecido, em principios de 1905. O *football*, nesse interim, estava no seu apogeu - naquelle apogeu que já explicamos no capitulo "Desenvolvimento do *Football* em São Paulo". Toda a população se interessava por esse *sport*, e os entendidos, que o cultivavam, não apresentavam os caracteristicos da dissolução e da anarchia, que se manifestaram no fim desse mesmo anno. Tornava-se necessario, portanto, manter "o fogo sagrado", como hoje se diz. A *Taça Casemiro da Costa*, offerecida pelo *sportsman* que lhe deu a denominação, fôra, na realidade, a que impulsionara o *football*, quer congregando todos os *clubs* de São Paulo, quer obrigando a que os mesmos tratassem seriamente de cultivar o *football*. Alem do mais, a disputa desse premio deu azo a que se formassem, entre os habitantes, fortes partidos, favoraveis a estes ou aquelles *clubs*. E assim, a ideia de ser offerecida, á *Liga Paulista*, uma nova taça, preoccupou logo, em fins de 1904, os espiritos das pessoas que verdadeiramente tratavam do *sport*. O *São Paulo Athletic* - o glorioso conquistador do tropheu *Casemiro da Costa* em tres annos consecutivos, que lhe deu direito, conforme o regulamento, á posse definitiva - resolvera offertar á *Liga* uma taça. Mas, já o tinha precedido o capitalista Antonio Alvares Penteado, que mandara confeccionar esse rico premio nos mais afamados ourives de Pariz.

Infelizmente, essa taça teve a mesma sorte que a precedente. Foi causa, desde o começo, de grandes e gravissimos acontecimentos, que determinaram o enfado dos habitantes paulistas pelo *football*. Ganhou-a, no primeiro anno, o *Club Athletico Paulistano*. Ganhou-a brilhantemente é certo, pois o único insuccesso da estação, se é que se póde chamar insuccesso, foi um empate. Mas ella tinha provocado a scisão no *club*! Incrivel, não acham?...

Diz o *Resumo Historico do Club Athletico Paulistano*, folheto a que aludimos, anteriormente, que o motivo principal da divisão foi um acto de rebeldia de um socio, que era campeão. Effectivamente, é isso o que se deprehende das actas de reuniões da sociedade, das declarações dos directores contemporaneos ao facto e das noticias e commentarios dos jornaes. Entretanto, falava-se na época que o socio campeão rebellado impoz a sua nomeação para *captain* no primeiro *team*, assim que a victoria deste era inevitavel, para ter a honra de receber a taça! Que futilidade – dirão os leitores. Somos levados, porém, a crer nella, á vista dos incidentes anteriores. Se o referido socio do *Paulistano* se julgava com o direito de ser o director do primeiro quadro, por que não protestou no principio do anno?

Depois, a taça andou de *club* para *club*. Conquistou-a, logo a seguir ao *Paulistano*, o *Sport Club Germania*. No anno posterior, passou para o *Internacional*. Voltou novamente, em 1908, para o *Club Athletico Paulistano*. Teve a honra de possuil-a, dois annos consecutivos, a *Associação Athletica das Palmeiras*. Por ultimo, o *São Paulo Athletic* e o *Americano*, em 1911 e 1912, respectivamente, convencionalmente, a obtiveram...

Como se vê, tem uma historia attribulada. Era digna, cansada de assistir a tantas brigas e de distribuir, prodiga e indistinctamente, tanta *champagne*, de figurar numa séde, modesta embora, onde pudesse ser contemplada pelos *sportsmen* antigos e modernos.

Mas, a sua sorte foi outra. Terminou como começou... Em 1911, o *Palmeiras*, por motivo de irregularidades occorridas no *match* com o *Germania*, de que, com espanto geral, saiu derrotado, abandonara a *Liga Paulista*. E, como represalia, deliberou não entregar a valiosa joia. A *Liga* protestou, e citando o regulamento da disputa, o qual preceituava que só depois de tres annos de conquistal-a podia o *club* apossar-se della, intimou o *Palmeiras* a ceder a taça, para ser entregue ao *São Paulo Athletic*. A associação da Floresta não obedeceu á intimação, fundada nas seguintes razões: que, em 1906, ganhara a taça, não lhe sendo entregue, muito embora provasse o seu direito na época; que, se não disputou os campeonatos de 1907 e 1908, não foi por sua culpa; e que, finalmente, tendo conquistado em 1909 e 1910, era como se tivesse cumprido as exigências do regulamento.

Perdoem-nos os distinctos *sportsmen* do *Palmeiras*. As razões taes como foram formuladas, não são convincentes. Se realmente o *Palmeiras* se julgava com esse direito, por que não tratou, em fins de 1910, de demonstral-o perante os representantes dos outros *clubs*? Era logico que o fizesse. Mas não o fez, e não o fez por quê? Porque reconhecia, evidentemente, que a justiça não estava do seu lado... Quer o *Palmeiras* mais uma prova? Os seus *teams*, em 1911, entraram em campo, jogando quatro *matches* - contra o *Ipiranga*, o *C. A. Paulistano*, o *Athletic* e o *Germania*. A *Liga*, ou outra instituição, não offerecera outra taça. Nos jornaes da época se noticiava: "realisa-se hoje, a tal hora, em tal campo, mais um *match* do campeonato entre o *Palmeiras* e o *Paulistano*, para a disputa da *Taça Penteado*". Como é que o *Palmeiras* disputava uma taça, que já era sua? Disputava, é verdade, mas porque nenhuma razão tinha.

O que é facto é o seguinte: a taça, como Moysés em creança, foi atirada ao rio... Tieté! Pelo menos, assim rezam as chronicas.

Eis os *matches* que foram jogados no periodo de 1905 a 1912:

LIGA PAULISTA DE FOOTBALL — TAÇA PENTEADO

Campeonato de 1905

Vencedor: **CLUB ATHLETICO PAULISTANO**

DIA	CAMPO	*CLUBS*	VENCEDOR	*FOOTBALLERS* QUE MARCARAM *GOALS*
3 de Maio	Velodromo	Athletic x Mackenzie	Athletic - 4 x 3	Hodgkiss (3) e Boyes (Athletic); Edmundo e Horacio (2) (Mackenzie)
7 de Maio	Velodromo	Palmeiras x Internacional	Empate - 0 x 0	
13 de Maio	Velodromo	Paulistano x Mackenzie	Paulistano - 3 x 0	Vevé (2) e Sampaio
21 de Maio	Velodromo	Athletic x Palmeiras	Athletic - 2 x 1	Aquino (Palmeiras); Wright e Miller (Athletic)
28 de Maio	Velodromo	Paulistano x Internacional	Paulistano - 4 x 0	Ibanez (2) e Vevé (2)
1 de Junho	Velodromo	Athletic x Mackenzie	Athletic - 5 x 3	Oscar (2) e Mazini (Mackenzie); Miller, Arnold, Ford e backs do Mackenzie (2) [contra] (Athletic)
4 de Junho	Velodromo	Internacional x Germania	Empate - 1 x 1	Friese (Germania); Armando (Internacional)
18 de Junho	Velodromo	Athletic x Internacional	Internacional - 2 x 1	Léo (2) (Internacional); Miller (Athletic)
22 de Junho	Velodromo	Mackenzie x Palmeiras	Mackenzie - 6 x 0	Mazini (2), Oscar Martius, Ruffim (2) e Horacio
2 de Julho	Velodromo	Athletic x Germania	Germania - 6 x 0	Kirschener, Fuller (2), Friese (2) e Einfuhrer - Jogo com chuva

DIA	CAMPO	*CLUBS*	VENCEDOR	*FOOTBALLERS* QUE MARCARAM *GOALS*
9 de Julho	Velodromo	Palmeiras x Germania	Germania - 2 x 1	Friese e jogador Palmeiras [contra] (Germania); Eugeninho (Palmeiras)
14 de Julho	Velodromo	Mackenzie x Germania	Mackenzie - 4 x 2	Edmundo, Ruffim (2) e Horacio (Mackenzie); Friese (2) (Germania)
28 de Julho	Velodromo	Palmeiras x Internacional	Internacional - 2 x 1	Faria (Palmeiras); Armando e jogador do Palmeiras [contra] (Internacional)
30 de Julho	Velodromo	Athletic x Paulistano	Paulistano - 2 x 0	Plinio Rubião e Ibanez.
6 de Agosto	Velodromo	Germania x Internacional	Germania - 5 x 2	Fuller, Friese (2), Einfuhrer e jogador do Internacional [contra] (Germania); Vasconcellos e Leonidas (Internacional)
13 de Agosto	Velodromo	Athletic x Palmeiras	Palmeiras - 3 x 0	Aquino, Neves e Faria
15 de Agosto	Velodromo	Germania x Mackenzie	Germania - 3 x 2	Fuller (2) e Friese (Germania); Edmundo e Ruffim (Mackenzie)
20 de Agosto	Velodromo	Athletic x Internacional	Internacional - 2 x 1	Léo e Duarte (Internacional); Tonkims (Athletic)
27 de Agosto	Velodromo	Paulistano x Palmeiras	Paulistano - 3 x 1	Plinio Rubião, Werneck e Raul Guimarães (Paulistano); Neves (Palmeiras)
7 de Set.	Velodromo	Internacional x Mackenzie	Internacional - 4 x 2	Duarte (2), Armando e Cross (Internacional); Ruffim (2) (Mackenzie)
8 de Set.	Velodromo	Paulistano x Athletic	Paulistano - 2 x 0	Vevé e Ibanez (Paulistano)
10 de Set.	Velodromo	Germania x Palmeiras	Germania - 7 x 1	Kirschner, Fuller (2), Friese (2), Einfuhrer e Bugner (Germania); Acencio (Palmeiras)

DIA	CAMPO	*CLUBS*	VENCEDOR	*FOOTBALLERS* QUE MARCARAM *GOALS*
17 de Set.	Velodromo	Paulistano x Germania	Empate - 1 x 1	José Rubião (Paulistano); Thiele (Germania)
23 de Set.	Velodromo	Mackenzie x Palmeiras	Mackenzie - 5 x 2	Oscar de Andrade (2), Edmundo, Mazini e Fabio (Mackenzie); Aquino e Faria (Palmeiras)
24 de Set.	Velodromo	Germania x Athletic	Athletic - 3 x 2	Miller, Rowlands e Robotton (Athletic); Friese (2) (Germania)
1 de Out.	Velodromo	Paulistano x Germania	Empate - 1 x 1	Cassio (Paulistano); Friese (Germania)
12 de Out.	Velodromo	Internacional x Mackenzie	Empate - 2 x 2	Juvenal e Argemiro (Internacional); Fabio (2) (Mackenzie)
22 de Out.	Velodromo	Internacional x Paulistano	Paulistano - 2 x 0	Vevé (2)
1 de Out.	Velodromo	Paulistano x Mackenzie	Paulistano - 2 x 0	Cassio (2)

LIGA PAULISTA DE FOOTBALL — TAÇA PENTEADO

Campeonato de 1906

Vencedor: SPORT CLUB GERMANIA

DIA	CAMPO	*CLUBS*	VENCEDOR	*FOOTBALLERS* QUE MARCARAM *GOALS*
3 de Maio	Velodromo	Internacional x Mackenzie	Mackenzie - 3 x 1	Fabio e Antonio (2) (Mackenzie); Léo (Internacional)
6 de Maio	Velodromo	Athletic x Palmeiras	Palmeiras - 2 x 1	M. Egydio e Duarte (Palmeiras); Richiotti (Athletic)
13 de Maio	Velodromo	Internacional x Germania	Germania - 3 x 1	Friese, Vaz Porto e Bungner (Germania); A. Faria (Internacional)
20 de Maio	Velodromo	Germania x Athletic	Germania - 6 x 0	Friese (3), Bungner e Stani (2)
24 de Maio	Velodromo	Athletic x Mackenzie	Empate - 2 x 2	Campbell e Rowlands (Athletic); O. de Andrade e A. Ruffim (Mackenzie)
27 de Maio	Velodromo	Germania x Palmeiras	Germania - 1 x 0	Friese
3 de Junho	Velodromo	Athletic x Internacional	Internacional - 2 x 0	Ormundo e Léo
10 de Junho	Velodromo	Palmeiras x Paulistano	Palmeiras - 3 x 2	M. Egydio, José e Masine (Palmeiras); Vevé (2) (Paulistano)
14 de Junho	Velodromo	Paulistano x Mackenzie	Empate - 2 x 2	G. Rubião e Vevé (Paulistano); Ruffim e Americo (Mackenzie)
24 de Junho	Velodromo	Paulistano x Germânia	Germania - 4 x 0	Fuller (2), Friese e Bungner
20 de Junho	Velodromo	Paulistano x Athletic	Paulistano - 2 x 0	Gonçalves e Cassio
1 de Julho	Velodromo	Internacional x Palmeiras	Palmeiras - 3 x 1	José, Masine e Duarte (Palmeiras); Argemiro (Internacional)

DIA	CAMPO	*CLUBS*	VENCEDOR	*FOOTBALLERS* QUE MARCARAM *GOALS*
8 de Julho	Velodromo	Athletic x Germania	Germania - 3 x 1	Einfuhrer, Fuller e Vaz Porto (Germania); Buther (Athletic)
14 de Julho	Velodromo	Mackenzie x Germania	Germania - 5 x 3	Fuller, Vaz Porto, Carvalho (2) e Friese (Germania); O. Andrade (2) e Fabio (Mackenzie)
22 de Julho	Velodromo	Paulistano x Palmeiras	Palmeiras - 5 x 2	Plinio (2), Sampaio, Duarte e M. Egydio (Palmeiras); Vevé e outro não identificado (Paulistano)
29 de Julho	Velodromo	Germania x Paulistano	Germania - 2 x 0	Fuller e Thiele
5 de Agosto	Velodromo	Athletic x Internacional	Internacional - 9 x 1	Aquino (3), M. Mendes, Ormundo (3) e Léo (2) (Internacional); Perez (Atheltic)
12 de Agosto	Velodromo	Germania x Palmeiras	Palmeiras - 3 x 1	Masine, Duarte e outro não identificado (Palmeiras); Fuller (Germania)
29 de Agosto	Velodromo	Internacional x Germania	Internacional - 1 x 0	Ormundo
7 de Set.	Velodromo	Internacional x Mackenzie	Internacional - 3 x 0	Mario, Aquino e Léo
30 de Set.	Velodromo	Internacional x Palmeiras	Palmeiras - 2 x 0	Sampaio e Collet
7 de Out.	Velodromo	Internacional x Paulistano	Internacional - 3 x 1	Aquino, Léo e Accacio (Internacional); Eurico (Paulistano)

Deixaram de realisar-se varios *matches* deste campeonato, devido á retirada, do quadro da *Liga Paulista*, do *São Paulo Athletic Club*, e por motivo da vinda a esta capital, por tres vezes, de um *scratch-team* carioca.

LIGA PAULISTA DE FOOTBALL — TAÇA PENTEADO

Campeonato de 1907

Vencedor: **SPORT CLUB INTERNACIONAL**

DIA	CAMPO	*CLUBS*	VENCEDOR	*FOOTBALLERS* QUE MARCARAM *GOALS*
3 de Maio	Velodromo	Athletic x Germania	Athletic - 4 x 0	Mc Culleck (2), Gunnell e Aldridge
12 de Maio	Velodromo	S. C. Internacional x Americano	Empate - 1 x 1	Munhõz (Internacional); Enrico (Americano)
13 de Maio	Velodromo	Athletic x C. A. Internacional	C. A. Internacional - 1 x 0	Tross
19 de Maio	Velodromo	Germania x C. A. Internacional	Germania - 3 x 0	Arnold (2) e Fuller
26 de Maio	Velodromo	Germania x Americano	Americano - 2 x 1	Maucco e Firmo (Americano); Fuller (Germania)
30 de Maio	Velodromo	Athletic x Paulistano	Athletic - 3 x 1	Wilson e Mc Culleck (2) (Athletic); Bibi (Paulistano)
9 de Junho	Velodromo	C. A. Inter. x Americano	Empate - 1 x 1	Told (C. A. Inter.); Andrade (Americano)
16 de Junho	Velodromo	Paulistano x Germania	Paulistano - 2 x 1	Jackson e Tutú (Paul.); Hantschick (Germ.)
23 de Junho	Velodromo	S. C. Internacional x C. A. Inter.	S. C. Internacional - 2 x 1	Ormundo (S. C. Internacional) e outro do keeper [contra]; Cross (C. A. Inter)
24 de Junho	Velodromo	Athletic x Americano	Americano - 2 x 0	Aquino e Firmo
29 de Junho	Velodromo	Athletic x S. C. Internacional	S. C. Internacional - 3 x 0	Léo (2) e Quartim
7 de Julho	Velodromo	C. A. Internacional x Paulistano	Empate - 1 x 1	Verdiscassi (C. A. Internacional); Robotton (Paulistano)

DIA	CAMPO	*CLUBS*	VENCEDOR	*FOOTBALLERS* QUE MARCARAM *GOALS*
14 de Julho	Velodromo	Paulistano x Americano	Americano - 5 x 1	Armando Paixão, Andrade, Americo e dois outros não publicados (Americano); Cajadinho (Paulistano)
21 de Julho	Velodromo	Americano x Athletic	Empate - 3 x 3	Camargo, Andrade, Aquino (Amer.); Villares e Colston (2) (Athletic)
28 de Julho	Velodromo	S. C. Internacional x Germania	S. C. Internacional - 3 x 0	Dinorah, Ormundo e Leite
4 de Agosto	Antarctica	Germania x C. A. Internacional	Germania - 5 x 1	Thiele (2), Gerardt, Vaz Porto e Fuller (Germania); Badú (C. A. Inter.)
11 de Ago.	Velodromo	Paulistano x S. C. Internacional	S. C. Internacional - 3 x 0	Léo (3)
15 de Ago.	Antarctica	Athletic x Germania	Germania - 2 x 0	Thiele e Arnold
18 de Ago	Velodromo	Americano x C. A. Inter.	Americano - 4 x 2	Menezes, Aquino (2) e Andrade (Amer.); Meech e Bandú (C. A. Internacional)
1 de Set.	Velodromo	S. C. Intern. x C. A. Intern.	S. C. Internacional - 3 x 0	Léo e Ormundo (2)
7 de Set.	Velodromo	Paulistano x Athletic	Paulistano - 3 x 0	Ribi e Pipio (2)
8 de Set.	Velodromo	S. C. Internacional x Americano	S. C. Internacional - 3 x 1	Einfuhrer, Leite e J. Carvalho (S. C. Internacional); Aquino (Americano)
15 de Set.	Velodromo	S. C. Internacional x Paulistano	S. C. Internacional - 2 x 0	Ormundo e Léo.
22 de Set.	Velodromo	C. A. Internacional x Paulistano	Paulistano - 3 x 0	Jeffery (2) e Robotom
20 de Out.	Velodromo	Germania x S. C. Internacional	Empate - 3 x 3	Arnold, Gerhardt e Friese (Germania) Ormundo, Léo e Dinorah (S. C. Inter.)

DIA	CAMPO	*CLUBS*	VENCEDOR	*FOOTBALLERS* QUE MARCARAM *GOALS*
1 de Nov.	Velodromo	Germania x Americano	Germania - 3 x 1	Arnold, Friese e Gerhardt (Germania); Andrade (Americano)
3 de Nov.	Velodromo	Paulistano x Americano	Paulistano - 2 x 0	Tutú e Jeffery
10 de Nov.	Velodromo	Paulistano x Germania	Paulistano - 1 x 0	Pipio
15 de Nov.	Velodromo	Athletic x S. C. Internacional	Empate - 1 x 1	M. Menfes (S. C. Internacional); Montgomery (Athletic)

LIGA PAULISTA DE FOOTBALL — TAÇA PENTEADO

Campeonato de 1908

Vencedor: CLUB ATHLETICO PAULISTANO

DIA	CAMPO	*CLUBS*	VENCEDOR	*FOOTBALLERS* QUE MARCARAM *GOALS*
13 de Maio	Velodromo	Athletic x C. A. Internacional	Athletic - 1 x 0	Whately
17 de Maio	Velodromo	S. C. Internacional x Germania	S. C. Internacional - 3 x 2	Ormundo, Léo e keeper do Germania [contra] (S. C. Internacional); Gronau e Kirschner (Germania)
24 de Maio	Velodromo	Paulistano x C. A. Internacional	Paulistano - 1 x 0	Perez
28 de Maio	Velodromo	Germania x Americano	Empate - 2 x 2	A. Ruffim e Firmo (Americano); Kirschner (2) (Germania)
7 de Junho	Velodromo	S. C. Internacional x Paulistano	Empate - 2 x 2	Perez e Pelayo (Paulistano); Ormundo e Pedroso (S. C. Internacional)
14 de Junho	Velodromo	C. A. Internacional x Americano	Americano - 4 x 0	P. Bicudo, O. Andrade (2) e A. Paixão
18 de Junho	Velodromo	Athletic x S . C. Internacional	S. C. Internacional - 2 x 0	Léo e D'Alo
24 de Junho	Velodromo	Athletic x Paulistano	Paulistano - 3 x 2	Ribeiro, Fernão e Perez (Paulistano); Miller e Steward (Athletic)
28 de Junho	Velodromo	Paulistano x Americano	Paulistano - 3 x 2	Bibi, Rubens e Ribeiro (Paulistano); Ruffim e Valencia (Americano)
29 de Junho	Velodromo	Athletic x Germania	Germania - 2 x 0	Stani e Friese
12 de Julho	Santos	C. A. Internacional x S. C. Inter.	S. C. Internacional - 5 x 0	Ormundo, Pedroso (2) e Léo (2)
19 de Julho	Antarctica	Germania x C. A. Internacional	Germania - 2 x 0	Gerhardt (2)

DIA	CAMPO	*CLUBS*	VENCEDOR	*FOOTBALLERS* QUE MARCARAM *GOALS*
9 de Agosto	Velodromo	S. C. Internacional x Paulistano	Empate - 2 x 2	Pedroso e Leite (S. C. Internacional); Biby e Tommy (Paulistano)
23 de Ago.	Velodromo	S. C. Internacional x Americano	Americano - 1 x 0	O. Andrade
30 de Ago.	Velodromo	Paulistano x Germania	Paulistano - 2 x 1	Perez e Rubens (Paulistano); Gerhardt (Germania)
7 de Set.	Velodromo	Athletic x S. C. Internacional	S. C. Internacional - 4 x 1	Pedroso (2) e Léo (2) (S. C. Internacional; Johnson (Athletic)
8 de Set.	Velodromo	Athletic x Paulistano	Paulistano - 9 x 3	Pelayo (2), Perez (3), Gonçalvez (2), Ribeiro e Joaquim (Paulistano); Johnson (2) e Roberts (Athletic)
27 de Set.	Velodromo	Paulistano x Germania	Empate - 1 x 1	Kirschner (Germania); Gonçalves (Paulistano)
4 de Out.	Velodromo	Germania x S. C. Internacional	Germania - 2 x 0	Behrmann e Kirschner
25 de Out.	Velodromo	S. C. Internacional x Americano	Empate - 2 x 2	Ormundo e Léo (S. C. Internacional); O. Bicudo e P. Bicudo (Americano)
2 de Nov.	Atletic	Atletic x Germania	Germania - 7 x 0	Não foram publicados
15 de Nov.	Velodromo	Paulistano x Americano	Americano - 1 x 0	Não foi publicado
22 de Nov.	Velodromo	Germania x Americano	Germania - 2 x 0	Friese (2)

[O *C. A. Internacional*, clube da cidade de Santos, abandou o campeonato em Agosto e os seus jogos não foram contados para o campeonato]

LIGA PAULISTA DE FOOTBALL — TAÇA PENTEADO

Campeonato de 1909

Vencedor: ASSOCIAÇÃO ATHLETICA DAS PALMEIRAS — **Campo:** VELODROMO

DIA	*CLUBS*	VENCEDOR	*FOOTBALLERS* QUE MARCARAM *GOALS*
13 de Maio	Palmeiras x Athletic	Palmeiras - 4 x 1	M. Egydio (3) e Deodoro (Palmeiras); Whately (Athletic)
20 de Maio	Athletic x Internacional	Internacional - 2 x 1	Leite e Pedroso (Internacional); o do Athletic não foi publicado
30 de Maio	Americano x Internacional	Internacional - 1 x 0	Leite
6 de Junho	Americano x Palmeiras	Empate - 1 x 1	José Rubião (Palmeiras); Bleudo (Americano)
10 de Junho	Athletic x Germania	Germania - 1 x 0	Gerhardt
20 de Junho	Internacional x Germania	Internacional - 3 x 2	Leite (2) e Léo (Internacional); Gerhardt (Germania)
24 de Junho	Americano x Athletic	Empate - 0 x 0	
27 de Junho	Palmeiras x Germania	Palmeiras - 3 x 0	Sampaio, José Rubião e Deodoro
29 de Junho	Athletic x Palmeiras	Palmeiras - 3 x 0	M. Egydio, Godinho e Deodoro
4 de Julho	Paulistano x Germania	Paulistano - 4 x 1	Hermes, Bibi (2) e Pelayo (Paulistano); Behrmann (Germania)
11 de Julho	Palmeiras x Americano	Palmeiras - 1 x 0	Mazzini
14 de Julho	Germania x Athletic	Athletic - 4 x 3	Miller, Rowlands (2) e Boyes (Athletic); Gronau, Behrmann e Kirschner (Germania)
18 de Julho	Germania x Americano	Germania - 4 x 1	Pedro Paulo (2), Barbosa e Gronau (Germania); Bleudo (Americano)
25 de Julho	Internacional x Palmeiras	Internacional - 4 x 0	Facchini (3) e Léo
1 de Agosto	Paulistano x Americano	Americano - 2 x 1	Eurico Aguiar (2) (Americano); Bibi (Paulistano)

DIA	*CLUBS*	VENCEDOR	*FOOTBALLERS* QUE MARCARAM *GOALS*
8 de Agosto	Paulistano x Palmeiras	Empate - 1 x 1	Eurico (Paulistano) e Irineu (Palmeiras)
15 de Ago.	Americano x Internacional	Empate - 3 x 3	Facchini (2) e Léo (Internacional); Eurico Mendes, Itaborahy e back do Internacional [contra] (Americano)
22 de Ago.	Paulistano x Germania	Paulistano - 6 x 0	Tommy (2), Bibi, Decio (2) e Macedo Soares
12 de Set.	Palmeiras x Paulistano	Paulistano - 2 x 1	Bibi (2) (Paulistano) e M. Egydio (Palmeiras)
19 de Set.	Germania x Americano	Empate - 1 x 1	Thiele (Germania); Valencio (Americano)
26 de Set.	Palmeiras x Internacional	Palmeiras - 4 x 0	José Rubião, Masine e Irineu. O outro não foi publicado
3 de Out.	Paulistano x Internacional	Empate - 1 x 1	Annibal (Paulistano); Raul (Internacional)
23 de Out.	Athletic x Paulistano	Empate - 1 x 1	Boyes (Athletic); Ormundo (Paulistano)
31 de Out.	Internacional x Paulistano	Paulistano - 5 x 2	Annibal (4) e Gullo, (Paulistano); Raul e Aquino (Internacional)
1 de Nov.	Athletic x Americano	Americano - 3 x 2	Delnero (2) e Menezes (Americano); Roberts (2) (Athletic)
7 de Nov.	Paulistano x Americano	Empate - 1 x 1	Tommy (Paulistano); Vicari (Americano)
13 de Nov.	Athletic x Paulistano	Paulistano - 4 x 0	Não foram publicados
15 de Nov.	Athletic x Internacional	Internacional - 4 x 0	Não foram publicados
21 de Nov.	Internacional x Americano	Empate - 1 x 1	Aquino (Internacional) e Bicudo (Americano)
5 de Dez.	Paulistano x Palmeiras	Palmeiras - 2 x 1	Irineu e M. Egydio (Palmeiras); Annibal (Paulistano) JOGO DE DESEMPATE

LIGA PAULISTA DE FOOTBALL — TAÇA PENTEADO

Campeonato de 1910

Vencedor: ASSOCIAÇÃO ATHLETICA DAS PALMEIRAS — **Campo:** VELODROMO

DIA	*CLUBS*	VENCEDOR	*FOOTBALLERS* QUE MARCARAM *GOALS*
3 de Maio	Palmeiras x Ipiranga	Palmeiras - 4 x 1	Eurico e Dédé (3) (Palmeiras); Pedro (Ipiranga)
15 de Maio	Athletic x Ipiranga	Athletic - 2 x 1	Astbury e Roberts (Athletic); Alfredo (Ipiranga) - Juiz parcial
22 de Maio	Paulistano x Ipiranga	Paulistano - 4 x 1	Gonçalves, Rubens (2) e Jeffery (Paulistano); Pedro (Ipiranga)
29 de Maio	Americano x Palmeiras	Palmeiras - 3 x 0	M. Egydio, Irineu e Eurico
5 de Junho	Athletic x Paulistano	Empate - 3 x 3	Boyes, Colston e Banks (Athletic); Rubens (3) (Paulistano)
12 de Julho	Athletic x Americano	Americano - 2 x 1	Valencio e Domingos (Americano); o do Athletic não foi publicado
19 de Julho	Americano x Ipiranga	Americano - 4 x 0	O.Bicudo, P. Bicudo, Ruffim e Valencio
26 de Julho	Paulistano x Germania	Paulistano - 2 x 1	Rubens (2) (Paulistano); Jerowe (Germania)
3 de Julho	Germania x Athletic	Athletic - 6 x 1	Boyes (3), Astbury, Roberts e outro que não foi publicado (Athletic); Jerowe (Germania).
10 de Julho	Paulistano x Americano	Paulistano - 2 x 0	Tommy e Rubens. O Paulistano saiu do campo no final do segundo half sendo o Americano considerado vencedor
17 de Julho	Palmeiras x Germania	Palmeiras - 6 x 2	M. Egydio, Godinho (3), Eurico e Irineu (Palmeiras); Urbano e Pires (Germ.)
24 de Julho	Americano x Germania	Americano - 4 x 2	Valencio, Hamilton (2) e P. Bicudo (Americano); Witte (Germania), o outro deste club não foi publicado
31 de Julho	Paulistano x Palmeiras	Paulistano - 2 x 1	Fernão e Tommy (Paulistano); Deodoro (Palmeiras)
7 de Ago.	Palmeiras x Ipiranga	Palmeiras - 8 x 0	M. Egydio (2), J. Rubião, Godinho (2) e Eurico (3)
14 de Ago.	Athletic x Palmeiras	Palmeiras - 5 x 2	O. Egydio, J. Rubião, Sampaio e M. Egydio (2) (Palmeiras); Steward e Reyes (Athletic)

DIA	*CLUBS*	VENCEDOR	*FOOTBALLERS* QUE MARCARAM *GOALS*
21 de Ago.	Ipiranga x Paulistano	Empate - 2 x 2	Rubens e Decio (Paulistano); Gaeta e Arnaldo Silva (Ipiranga)
28 de Ago.	Americano x Palmeiras	Palmeiras - 4 x 1	Irinez, Godinho, M. Egydio e outro que não foi publicado (Palmeiras); Hamilton (Americano)
11 de Set.	Germania x Athletic	Athletic - 3 x 2	Astbury, Banks e o back do Germania [contra] (Athletic); Niel e Gehrardt (Germania)
18 de Set.	Palmeiras x Athletic	Palmeiras - 5 x 1	Irineu, Godinho, Urbano, Eurico e o outro que não foi publicado (Palmeiras); Whetely (Athletic)
25 de Set.	Germania x Palmeiras	Palmeiras - 4 x 2	Irineu, Eurico e Andrew (2) (Palmeiras); os do Germania não foram publicados
2 de Out.	Paulistano x Palmeiras	Palmeiras - 3 x 1	Deodoro, Eurico e Godinho (Palmeiras); Mariano (Paulistano)
9 de Out.	Germania x Americano	Americano - 3 x 2	Oscar (2) e Hamilton (Americano); Gehrardt (2) (Germania)
12 de Out.	Americano x Athletic	Americano - 2 x 1	Valencio e Hamilton (Americano); Whately (Athletic)
16 de Out.	Paulistano x Americano	Americano - 2 x 1	Valencio e Hamilton (Americano); Rubens (Paulistano)
23 de Out.	Ipiranga x Germania	Ipiranga - 1 x 0	Gaeta
30 de Out.	Americano x Ipiranga	Americano - 4 x 2	Hamilton (2), Octavio Bicudo e Valencio (Amer.); A. Thiele (2) (Ipiranga)
1 de Nov.	Paulistano x Athletic	Athletic - 3 x 2	Beyes (3) (Athletic); Dudú e Eurico Vergueiro (Paulistano)
6 de Nov.	Paulistano x Germania	Germania [WO]	Por motivo de força maior o Paulistano desistiu de jogar, sendo por isso o Germania considerado vencedor
13 de Nov.	Germania x Ipiranga	Empate - 2 x 2	P. Paulo (2) (Ipiranga); Nielsen e Manne (Germania)
20 de Nov.	Ipiranga x Athletic	Athletic - 2 x 1	Beyes e Steward (Athletic); Gaeta (Ipiranga)

LIGA PAULISTA DE FOOTBALL — TAÇA PENTEADO

Campeonato de 1911

Vencedor: **SÃO PAULO ATHLETIC CLUB** — **Campo:** **VELODROMO**

DIA	*CLUBS*	VENCEDOR	*FOOTBALLERS* QUE MARCARAM *GOALS*
3 de Maio	Palmeiras x Ipiranga	Palmeiras - 6 x 0	Não foram publicados
13 de Maio	Ipiranga x Germania	Ipiranga - 2 x 1	Gaeta e Thiele (Ipiranga); Friedenreich (Germania)
14 de Maio	Paulistano x Palmeiras	Palmeiras - 1 x 0	C. Whately
21 de Maio	Athletic x Germania	Athletic - 2 x 1	Roberts e Tomkins (Athletic); o do Germania não foi publicado
28 de Maio	Palmeiras x Athletic	Athletic - 5 x 3	Colston, Banks, Hamilton, Bradshaw e Boyes (Athletic); Irineu (3) (Palmeiras) - Dia chuvoso
4 de Junho	Athletic x Americano	Athletic - 4 x 3	Hamilton, Banks, os outros dois não foram publicados (Athletic); Alencar (2) e José (Americano)
11 de Junho	Athletic x Paulistano	Athletic - 3 x 2	Boyes (2) e Hamilton (Athletic); Leite e Facchini (Paulistano)
18 de Junho	Americano x Ipiranga	Americano - 4 x 0	J. Pedro (3) e Ruffim
25 de Junho	Germania x Ipiranga	Ipiranga - 4 x 1	Moacyr (Ipiranga). Os outros não foram publicados
29 de Junho	Americano x Paulistano	Americano - 2 x 1	J. Pedro e Decio (Americano); Dudú (Paulistano)
2 de Julho	Paulistano x Germania	Paulistano - 3 x 0	Facchini (3)
9 de Julho	Americano x Ipiranga	Americano - 7 x 2	Não foram publicados
14 de Julho	Paulistano x Ipiranga	Empate - 2 x 2	Alegretti e Honorio (Ipiranga); Facchini e Mariano (Paulistano)
16 de Julho	Palmeiras x Germania	Germania - 4 x 3	Manne, Friedenreich (2) e Edgard (Germania); Irineu (2) e Whately (Palmeiras)
23 de Julho	Paulistano x Ipiranga	Paulistano - 3 x 0	Tommy, Gullo e Léo

DIA	*CLUBS*	VENCEDOR	*FOOTBALLERS* QUE MARCARAM *GOALS*
20 de Ago.	Americano x Athletic	Empate - 2 x 2	Decio (2) (Americano). Os dois do Athletic não foram publicados
27 de Ago.	Americano x Germania	Americano - 7 x 2	Rogerio, Ary, Decio, J. Pedro, O. Bicudo e Alencar (2) (Americano); Manne e Brugner (Germania)
3 de Set.	Athletic x Ipiranga	Athletic - 2 x 1	Não foram publicados
17 de Set.	Athletic x Paulistano	Paulistano - 2 x 1	Mariano (Paulistano). Os outros não foram publicados
24 de Set.	Americano x Paulistano	Americano - 3 x 2	Decio (2) e Alencar (Americano); Mariano (2) (Paulistano)
1 de Out.	Germania x Paulistano	Germania - 3 x 2	Os do Germania não foram publicados. Rubens e Aquino (Paulistano). Dia de clima pessimo
12 de Out.	Athletic x Ipiranga	Athletic - 2 x 1	Não foram publicados
22 de Out.	Germania x Athletic	Athletic - 2 x 0	Colston e Banks
29 de Out.	Americano x Germania	Germania - 2 x 1	Bugner e outro não foi publicado (Germania); Decio (Americano)

[A Associação Athletica das Palmeiras abandonou o campeonato em Julho e os seus jogos não foram contados para o campeonato]

LIGA PAULISTA DE FOOTBALL — TAÇA PENTEADO

Campeonato de 1912

Vencedor: **SPORT CLUB AMERICANO** — **Campo:** **VELODROMO**

DIA	*CLUBS*	VENCEDOR	*FOOTBALLERS* QUE MARCARAM *GOALS*
7 de Abril	Athletic x Americano	Americano - 2 x 0	Irineu e Enrico Mendes
14 de Abril	Paulistano x Ipiranga	Paulistano - 8 x 3	Ribeiro (5), Mariano (2) e Gullo (Paulistano); P. Paulo, back do Paulistano [contra] e outro não publicado (Ipiranga)
20 de Abril	Americano x Mackenzie	Americano - 3 x 2	Alencar, Dudú e Juvenal (Americano); Dante e outro que não foi publicado (Mackenzie)
21 de Abril	Internacional x Germania	Internacional - 3 x 2	Léo e Mariano (2) (Internacional); Manne (2) (Germania)
28 de Abril	Paulistano x Americano	Empate - 1 x 1	Irineu (Americano); Rubens (Paulistano)
3 de Maio	Mackenzie x Ipiranga	Mackenzie - 8 x 2	Friedenreich (4), C. Whately (2) e Decio (2) (Mackenzie); Achilles e Urbano (Ipiranga)
5 de Maio	Ipiranga x Internacional	Empate - 2 x 2	Léo e Aquino (Internacional) e Urbano e outro que não foi publicado (Ipiranga)
12 de Maio	Paulistano x Germania	Paulistano - 4 x 2	Não foram publicados
13 de Maio	Mackenzie x Internacional	Mackenzie - 4 x 0	Campos, Dante e Friedenreich (2)
19 de Maio	Americano x Ipiranga	Americano - 3 x 0	Enrico Mendes (2) e Mauricio
26 de Maio	Athletic x Paulistano	Paulistano - 3 x 1	Ribeiro (2) e Rubens (Paulistano); Roberts (Athletic)
2 de Junho	Internacional x Athletic	Internacional - 1 x 0	Octaviano
9 de Junho	Americano x Internacional	Empate - 1 x 1	Irineu (Americano); Marianno II (Internacional)

DIA	*CLUBS*	VENCEDOR	*FOOTBALLERS* QUE MARCARAM *GOALS*
16 de Jun.	Athletic x Ipiranga	Athletic - 3 x 2	Não foram publicados – Dia de mau tempo
23 de Jun.	Paulistano x Internacional	Paulistano - 3 x 1	Mariano e Rubens (2) (Paulistano); Facchini (Internacional)
24 de Jun.	Germania x Mackenzie	Mackenzie [WO]	O Germania não compareceu, sendo o Mackenzie considerado vencedor
29 de Jun.	Mackenzie x Paulistano	Paulistano - 2 x 0	Rubens e Perigoso
30 de Jun.	Ipiranga x Germania	Germania - 2 x 1	P. Paulo (Ipiranga); os do Germania não foram publicados - Dia chuvoso
7 de Julho	Athletic x Germania	Empate - 1 x 1	Geller (Germania); Hamilton (Athletic)
13 de Julho	Mackenzie x Athletic	Mackenzie - 6 x 2	Deelo (3), C. Whately e Friedenreich (2) (Mackenzie). Colston (2) (Athletic)
14 de Jullho	Americano x Germania	Americano - 2 x 0	Pinheiro e Irineu
20 de Julho	Mackenzie x Germania	Germania - 2 x 1	Jager e outro que não foi publicado (Germania); C. Whately (Mackenzie)
21 de Julho	Americano x Athletic	Americano - 3 x 0	Irineu, Pinheiro e Alencar
28 de Julho	Ipiranga x Paulistano	Paulistano - 2 x 1	Ribeiro (2) (Paulistano); P. Paulo (Ipiranga)
4 de Ago.	Germania x Internacional	Empate - 1 x 1	Facchini (Internacional); Geller (Germania)
11 de Ago.	Paulistano x Americano	Americano - 2 x 0	Irineu e Mauricio
15 de Ago.	Germania x Mackenzie	Empate - 2 x 2	Não foram publicados
18 de Ago.	Internacional x Ipiranga	Ipiranga - 3 x 1	P. Paulo (2) e Afrodisio (Ipiranga); Léo (Internacional)
24 de Ago.	Athletic x Mackenzie	Mackenzie - 5 x 0	Deelo, C. Whaterly, Friedenreich (3)
25 de Ago.	Paulistano x Germania	Germania - 3 x 1	Ribeiro (Paulistano); os do Germania não foram publicados. O team alemão desenvolveu um jogo violentíssimo

DIA	*CLUBS*	VENCEDOR	*FOOTBALLERS* QUE MARCARAM *GOALS*
1 de Set.	Athletic x Ipiranga	Athletic - 7 x 1	Não foram publicados - Dia chuvoso
7 de Set.	Mackenzie x Ipiranga	Mackenzie - 4 x 3	Morelli, Friedenreich (2), C. Whately (Mackenzie); J. Almeida (3) (Ipiranga)
15 de Set.	Athletic x Internacional	Athletic - 1 x 0	Hamilton
29 de Set.	Americano x Ipiranga	Empate - 2 x 2	Alencar e Enrico Mendes (Americano); Almeida e Urbano (Ipiranga) - Dia de mau tempo
6 de Out.	Paulistano x Internacional	Paulistano - 4 x 1	Gaeta (2), Rubens e Mariano (Paulistano); Mariano (Internacional)
12 de Set.	Americano x Mackenzie	Empate - 3 x 3	Alencar, O. Bicudo e Bertone H. (Americano); J. Pedro, C. Whately e Friedenreich (Mackenzie) - Dia chuvoso
13 de Set.	Germania x Ipiranga	Germania - 8 x 0	Não foram publicados - Dia de mau tempo
20 de Set.	Germania x Athletic	Germania - 4 x 1	Não foram publicados
27 de Set.	Americano x Germania	Americano - 3 x 0	Não foram publicados
10 de Nov.	Athletic x Paulistano	Cancelado	Não se realizou por motivo de força maior

A SEGUNDA VISITA DOS ARGENTINOS

Em Setembro de 1912, foi a nossa capital visitada, pela segunda vez, por um *scratch-team* argentino. Desse *scratch* faziam parte alguns dos jogadores que aqui já haviam estado anteriormente, patenteando, nessa ocasião, a sua qualidade de valorosos *sportsmen*. Eram jogadores effectivos do *scratch* que esteve em São Paulo, em 1912, os srs. Carlos T. Wilson, *goalkeeper*; José Brown (*captain*) e Juan D. Brown, *full-backs*; C. P. Russ, Maximiliano Susan e Ernesto A. Brown, *halves*; Elias Fernandez, A. P. W. Hutten, Eliseo Brown, Harris Hayes e José Viale, *forwards*; e supplentes: os srs. J. Chiappe, A. Chare, J. O. Gil e José Susan.

Os *players* argentinos, que vieram acompanhados do sr dr. Mariano Reyna, vice-presidente da *Liga de Football de Buenos Aires*, chegaram a Santos no dia 3, daquelle mez, a bordo do vapor Avon, partindo, nesse mesmo dia, para esta capital, onde chegaram às dezoito horas. Em Santos, foram recebidos pelo sr. Willlam Lee, então presidente da *Liga Paulista de Football*, varias commissões, innumeros *sportsmen*, etc.

O primeiro encontro internacional effectuou-se no dia 4, jogando a *eleven* argentina contra um *team* composto do *C. A. Paulistano* e de jogadores da *A. A. Mackenzie College* e *S. P. Athletic Club*. A organização dos *teams* era a seguinte:

Argentinos
Carlos Wilson
J. Brown – Juan Brown
A. Chiappe – M. Susan – C. P. Russ
E. Fernandez – A. Ohaco – E. Brown – H. Hayes – S. Viale

Paulistas

Brito

Astbury - Cyro

Boyes - Rubens - Steward

Minguito - Ribeiro - Decio - Mariano - Friedenreich

Actuou como *referee* o sr. Mariano Reyna, que foi de uma correção inexcedivel. O *kick-off* foi dado pelos paulistas, desenvolvendo logo os argentinos um ataque sem treguas contra o nosso *goal*. A defesa paulista trabalhou incessantemente, não logrando a nossa linha de ataque approximar-se do *goal* confiado a Wilson. O primeiro ataque dos paulistas só se verificou quinze minutos depois de iniciada a luta e foi de todo o ponto infructifero. Decorriam cerca de trinta e dois minutos de jogo, quando os argentinos, magistralmente combinados, avançaram para o nosso campo. H. Hayes, apoderando-se da bola, marcou o primeiro ponto para a equipe portenha, recebendo muitos applausos da assistencia. Recomeçado o torneio, o *full-back* paulista Cyro, victima de um accidente, viu-se obrigado a sair do campo. O seu substituto, José César, que figurava então no segundo *team* do *Paulistano*, portou-se com grande galhardia. Momentos depois, houve uma nova avançada dos argentinos, conseguindo Hayes marcar mais um ponto para seu *team*. Temendo uma grande derrota, os paulistas procuraram combinar melhor as suas linhas e avançaram para o campo adverso. Um dos *halves* enviou a bola para a extrema esquerda e Mariano, com um bom *shot* enviezado, marcou o primeiro ponto para o nosso *team*. O jogo proseguiu muito movimentado e, minutos antes de terminar o primeiro *half-time*, Hayes, depois de bellissima escapada, em que conseguiu driblar todos os jogadores que procuravam interceptar a sua marcha, marcou o terceiro ponto para os argentinos. Assim, o primeiro tempo terminou com este resultado: argentinos 3 *goals*; paulistas, 1 *goal*.

No segundo tempo, os paulistas atacaram com mais calma e firmeza, demonstrando a sua defesa mais segurança. As investidas succediam-se, de parte a parte. Em certo momento, registou-se um *penalty-kick* contra os argentinos, o qual, batido por Decio, trouxe o segundo ponto aos paulistas. Houve depois um *corner* contra os argentinos e foi ainda Decio quem, com uma forte cabeçada, conseguiu marcar o terceiro ponto para a sua *eleven*. Os argentinos tornaram mais violentos os seus ataques e os paulistas, não só tratavam de pagar-lhes na mesma moeda, como ainda defendiam valentemente o seu rectangulo. A recompensa não se fez esperar, pois que, faltando apenas tres minutos para terminar o *match*, Decio, com um bello *shot*, conseguiu marcar o quarto ponto para os paulistas. Nada mais houve de notável e o *match* terminou com a victoria dos paulistas por 4 *goals* a 3.

Os argentinos jogaram pela segunda vez, no dia 5 de Setembro, lutando contra o primeiro *team* do *S. C. Americano*. Serviu de juiz um dos rapazes argentinos, ficando os *teams* assim constituidos:

Argentinos
Carlos Wilson
J. Brown - Juan Brown
A. Chiappo - M. Susan - C. P. Russ
E. Fernandez - A. Ohaco - E. Brown - H. Hayes - S. Viale

Americano
Hugo
Bertone I - Menezes
Sebastião - Octavio - Bertone II
Eurico - Irineu - Pinheiro - Alencar - Mauricio

A organização com que os nossos patricios se apresentaram em campo era visivelmente defeituosa, como se vê acima, e este facto determinou a sua derrota de 3 *goals* a 0. O seu jogo foi quasi que exclusivamente de defesa, sendo grande a indecisão ao ataque. Os *halves*, dada a falta que fazia na sua linha o *center* Bertone I, pouco puderam auxiliar os *forwards*, sendo, a cada passo, obrigados a se approximar do *goal*, em socorro dos *backs*, que, aliás, muito trabalharam.

Destarte, o jogo desenvolvido pelo *Americano* foi, por assim dizer, um jogo completamente anarchisado. Os argentinos, que haviam introduzido no seu *team* algumas modificações, dominaram o jogo. Logo no principio, houve um *penalty-kick* contra os nossos conterraneos, marcando então E. Brown o primeiro *goal* para os argentinos. Estes continuaram a atacar e, pouco antes de terminar o primeiro tempo, um dos irmãos Brown arremessou um *shot* contra o *goal*, indo a bola bater no peito de Hugo. O nosso *goalkeeper* não poude collocar a esphera fóra do alcance do inimigo e H. Hayes, com um *shot* fraco, vasou pela segunda vez o *goal* paulista. O primeiro tempo terminou, pois, com este resultado: argentinos 2 *goals*; *Americano* 0 *goals*.

No segundo *half-time*, foi o mesmo o aspecto do jogo, e, tres minutos antes de terminar a luta, S. Viale marcou o terceiro ponto para o seu *team*. E, sem outros factos dignos de registo, o segundo *match* internacional terminou com a victoria dos argentinos por 3 *goals* a 0.

No dia 7 de Setembro, os argentinos mediram forças com um *scratch* formado de jogadores estrangeiros. Os *teams* ficaram assim constituidos:

Argentinos

Carlos Wilson

J. Brown - Juan Brown

A. Chiappo - M. Susan - C. P. Russ

E. Fernandez - A. Ohaco - E. Brown - H. Hayes - S. Viale

***Scratch* estrangeiro**

Deighton

Astbury - Bertone I

Steward (*captain*) - Thiele - Bertone II

Banks - Boyes - Manne - Baungartner - Mac-Lean

Logo no inicio do jogo, houve um impetuoso ataque da parte dos argentinos e, só treze minutos depois, conseguiu o *scratch* de estrangeiros approximar-se do *goal* contrario. Boyes enviou um *shot* para o *goal*, o qual foi rebatido por Wilson. Depois de haver permanecido por algum tempo no campo dos argentinos, foi a bola trazida para as proximidades do *goal* local, marcando então Susan o primeiro ponto para a sua equipe. O jogo desenvolvido pelo *scratch* de estrangeiros esteve longe de ser satisfactorio. O *goal* argentino, por algumas vezes seriamente ameaçado, devido á má collocação dos *forwards* do *scratch*, deixou de ser varado. Houve, em dado momento, uma escapada de Colston, que conseguiu varar pela primeira vez o *goal* guardado por Wilson. Registou-se um *corner* contra o *goal* local. No momento em que era elle batido, os *backs* sairam de suas posições e Hayes, com um *shot* fraquissimo, marcou o segundo *goal* para os argentinos. Pouco depois, S. Viale, achando-se livre, shotou em *goal* e, como não tivesse o *goalkeeper* tentado qualquer defesa, foi a bola aninhar-se na rêde. Logo em seguida, E. Brown, após uma bella escapada, marcou mais um *goal*, terminando o primeiro *half-time* com este resultado: argentinos, 4 *goals; scratch*, 1 *goal*.

No segundo tempo, á excepção de poucos jogadores, o *scratch* de estrangeiros nenhum esforço fez para oppor-se ao adversario. Os argentinos mantiveram a bola nas proximidades do *goal* adverso durante muito tempo, conseguindo mais dois pontos, marcados por Hayes e Susan. Os argentinos, parecendo então fatigados, deram treguas ao adversario, que, pela primeira vez no segundo tempo, se animou a atacar o *goal*. Após algumas investidas, conseguiu o *scratch* mais dois *goals*, marcados por Banks e Manne, terminando, pouco depois, o *match* com este resultado: argentinos, 6 *goals; scratch* de estrangeiros, 3.

O *referee*, cujo nome deixou de ser publicado, agiu a contento geral.

O ultimo *match* internacional foi disputado, no dia 8, medindo forças o *scratch* argentino e o *scratch* brasileiro. Os *teams* ficaram assim constituidos:

Argentinos

Carlos Wilson

J. Brown - Juan Brown

A. Chiappe - M. Susan - C. P. Russ

E. Fernandez - A. Ohaco - E. Brown - H. Hayes - S. Viale

Brasileiros

Hugo

Menezes - Itaborahy

Gullo - Aquino - Sebastião

Irineu - Rubens - Decio - Friedenreich - Xavier

Este encontro foi bellissimo. O *scratch* brasileiro jogou muito bem, o mesmo se dando com relação ao argentino. Os ataques resolutos e as defesas brilhantes succediam-se de lado a lado. É digno de registo um *corner*, que, pouco depois de encetado o jogo, foi batido contra o nosso *goal*. A bola, violentamente arremessada por um dos *players* argentinos, foi aparada com extraordinaria habilidade pelo *goalkeeper* Hugo. Os *forwards* brasileiros avançaram em seguida para o campo contrario, inutilisando os irmãos Brown, com grande calma e firmeza, as suas investidas. Os argentinos desenvolveram então um cerrado ataque contra o nosso *goal*, e os *full-backs*, Menezes e Itaborahy, apesar dos seus esforços titanicos, não puderam evitar que o adversario, prevalecendo-se de uma confusão verificada á porta do rectangulo, conquistasse o primeiro ponto, por intermedio do *half* C. Russ. Pouco depois, os brasileiros, cujo ataque se tornara mais violento ainda, conseguiram um ponto, injustamente considerado *offside* pelo *referee*. O jogo continuou brilhante. A seguir o *forward* brasileiro Friedenreich marcou o primeiro ponto para seu *team*. Os brasileiros dominaram inteiramente o jogo, por mais de cinco minutos. Os argentinos, por alguns momentos desnorteados ante o tremendo ataque do adversario, organizaram novamente os seus ataques, sendo então arremessados *kicks* perigosissimos contra o *goal* local. De repente, Hugo, por não encontrar melhor defesa, rebateu mansamente um *kick*, passando a bola por Itaborahy. O nosso *back* não a poude enviar para o centro com a força necessaria (pois estava cercado de todos os lados) e Susan, com uma boa cabeçada, marcou o segundo ponto para os argentinos. O segundo *goal* dos brasileiros foi, porém, logo conquistado. Rubens recebeu um passe da direita e enviou a esphera para dentro do *goal* argentino, sem que qualquer dos *players* visitantes conseguisse interceptar o *shot*. Decorridos poucos minutos, Rubens logrando escapar dos adversarios que se achavam na sua frente, marcou, com um *shot* violento, o terceiro ponto para os brasileiros. O primeiro tempo já ia a terminar quando Susan, aproveitando-se de nova confusão, conseguiu vasar o *goal* pela terceira vez. O primeiro *half-time* terminou, pois, com um empate de 3 a 3.

No segundo tempo, os argentinos permaneceram, por largo espaço de tempo, na offensiva e, decorridos dez minutos, conseguiram mais dois *goals*, marcados por E. Brown. O desanimo invadiu então as nossas linhas. Passados alguns minutos, foi o rectangulo brasileiro vasado pela sexta vez, cabendo este feito a H. Hayes. Mais varios segundos de jogo, e o *referee* dava por terminado o ultimo *match* internacional, com este resultado: argentinos 6 *goals*; brasileiros, 3.

O nome do *referee* não foi publicado. Mas, se não nos falha a memoria, as funcções de juiz foram confiadas ao dr. Mariano Reyna, vice-presidente da *Liga de Football de Buenos Aires*. Nos jogos anteriores, mostrara ser conhecedor das mais complicadas regras da *Football Association*, agindo, além disso, com grande correcção. Neste encontro, porém, o dr. Reyna não se portou satisfactoriamente, arrancando, por vezes, ás suas decisões, protestos vehementes da parte dos assistentes. Além de ter sido rigoroso em demasia para com os brasileiros, ao ponto de considerar *offside* um *goal* conquistado licitamente, o dr. Reyna deixou de punir varias faltas commettidas pelos argentinos.

Muitas festas foram realisadas em homenagem aos *footballers* portenhos. Os distinctos moços partiram, a 10 de Setembro, para a capital da Republica, onde disputaram tres *matches*, sendo: o primeiro, no dia 12 de Setembro, contra o *scratch* brasileiro, saindo vencedores por 4 a 0; o segundo, no dia 14 de Setembro, contra o *scratch* estrangeiro, saindo vencedores por 9 a 1; o terceiro, no dia 15 de Setembro, contra o *scratch* brasileiro, saindo vencedores por 5 a 0.

A SCISÃO NA *LIGA PAULISTA*

FUNDAÇÃO DA *ASSOCIAÇÃO PAULISTA DE SPORTS ATHLETICOS*

Chegamos, alfim, ao capitulo escabroso do *football* paulista. A scisão! Quem é que ainda não se lembra della? Quem é que não se recorda dos innumeros incidentes provocados por ella, das discussões, das brigas? São todos factos recentes, ainda vivos na memoria dos que, comnosco, acompanham o evolver do *football* em São Paulo. O que, a respeito dessa divisão, se disse, nos jornaes e em pamphletos, dava, cremos nós, para encher dois volumes como este. Artigos, declarações, processos enormes, protestos, memoriaes, justificações, occupam columnas e columnas das folhas da época. E o que se dizia nesses escriptos todos, que não se acabavam mais? Que a razão estava com a *Liga* ou *Associação*; que a razão não estava com a *Liga* nem *Associação*. E para se demonstrar isso, gastava-se papel, gastavam-se energias, cortavam-se relações entre amigos intimos e entre *sportsmen*. Francamente, era demais.

As causas da scisão não foram, como ingenuamente se fez acreditar, os simples factos que precederam a fundação da *Associação Paulista*; remontam a muitos annos atraz, como se poderá constatar vendo o que se passava nos campeonatos. Estes, de 1906 em diante, não decorriam suavemente, sem protesto, sem barulho, sem conflictos. Os jogadores parece que retrogradavam, no que dizia respeito á disciplina e á educação sportiva. Noutros tempos, quando se disputou a *Taça Casemiro da Costa*, por varias vezes *sportsmen* sahiam do campo carregados, victimas de algum accidente, e só se lamentava a sorte da victima. Outras consequencias, porém, não se assignalavam. Mas depois, as coisas mudaram. Um arranhão, um ponta-pé casual, um esbarro mais forte, era o sufficiente para degenerar o *match* numa verdadeira luta entre animaes ferozes. Dahi resultava, infallivelmente, a terminação dos torneios antes da hora, com o rosario de incidentes, infelizmente muito conhecidos do publico: briga seria entre os jogadores, invasão do campo pela assistencia, intervenção dos directores da *Liga Paulista*, intervenção, ás vezes, de soldados e autoridades. Em seguida, vinha a discussão pela imprensa. Discussão, não dizemos bem: vinham as verrinas, as descomposturas descabelladas. O pseudo autor do conflicto era violentamente accusado. Em defesa delle, sahia a campo o *club* a que pertencia, com protestos de solidariedade. A *Liga*, indecisa, não sabia para onde se voltar. Se porventura se voltasse, era inevitavel a crise: os directores, em minoria, não se conformavam, e retiravam-se.

Estes factos, taes como relatamos, se repetiam em cada anno. Debalde se proclamavam os beneficios da cordura e da delicadeza, da necessidade da harmonia, das nossas tradições sportivas. Era á tôa. Os *sportsmen* não se desviavam desse tortuoso caminho, fundando, dessa maneira, uma pessima escola para as gerações futuras.

Por que seria que, de 1902 a 1904, e mesmo 1905, não houve dessas deploráveis ocorrências, que tanto depunham contra nós? Era porque, nesses tempos saudosos, a *Liga Paulista* tinha um prestigio solido. Agia criteriosamente, de modo a não molestar os *clubs*. Não queremos dizer que não se praticaram injustiças nessa temporada; praticaram-se e muitas. Algumas vezes o *Paulistano*, o *Mackenzie* e o *Internacional* viram-se derrotados por impericia ou cochilo do juiz. De uma feita, num desempate da taça em 1903, o *Paulistano* não fôra favorecido por um *penalty*, e teve menos sete minutos de jogo, irregularidades que motivaram o seu fracasso. De outra vez, num jogo disputadissimo entre o *Athletic* e o *Mackenzie*, este, depois da victoria certissima, reclamou em campo que o jogo passara seis minutos do tempo marcado; o juiz, por sua alta recreação, talvez por acinte, proseguiu o *match* até que o *Athletic* marcasse o *goal* de empate. E tantos factos desta natureza! Os *clubs* prejudicados, naturalmente, reclamavam; bastava, porém, a decisão da *Liga*, que não raro era desastrada, para fazer calar os *clubs*. O que era isto? Disciplina, exclusivamente disciplina.

Fosse' succeder injustiças nos anos seguintes! Injustiça ninguem tolerava. Qual respeito, qual ordem, qual educação sportiva. Primeiro, victoria por todos os meios; depois, podia ser que se falassem nessas coisas bonitas... Esse, o aphorismo adoptado.

As rivalidades, nestas condições, tendiam augmentar, e a preoccupação de fortalecer as equipes, por fas ou por nefas, dominava a todos. Se os methodos antigos com que se formaram as brilhantes equipes do *Athletic*, do *Paulistano* e do *Mackenzie*, fossem seguidos, ainda vá. Infelizmente, esses methodos, tão salutares e tão nobres, cahiram em desuso.

São Paulo transformara-se, então, num vasto campo de *football*. Havia sociedades por todos os cantos... E os *clubs* da *Liga* acolheram no seu seio rapazes da varzea. Fizeram bem? Achamos muito justo que os operarios, os humildes, participem das refregas, mas os operarios e os humildes que comprehendem os seus deveres de *sportsmen*. Esse, entretanto, não constituia o principal criterio dos alliciadores improvisados. Desta forma appareceram ao Velodromo, da noite para o dia, innumeros *sportsmen* de outras plagas e de outros costumes... Os antigos, fieis aos velhos habitos, receberam com hostilidade os seus companheiros. E dahi, desse encontro inesperado, que era, aliás, uma consequencia inevitavel do progresso do *football*, resultaram os factos tristissimos de 1909 a 1912.

"É preciso selecção, é preciso selecção" - bradavam os intransigentes. Sim, de accordo que se impunha essa medida; os que gritavam, porém, por vingança, ou por necessidade, cahiam no mesmo erro no anno que seguisse. Que autoridade podia ter uma *Liga*, composta de elementos tão heterogeneos? Nenhuma, por força. Tinha que se esphacelar, por conseguinte, mais tarde ou mais cedo.

Foi o que se deu em 1913. Faziam-se, nessa época, conforme a praxe, os preparativos para a disputa do campeonato. Os *clubs*, pelo menos pelas das parcas noticias dos diarios, se adestravam. Parecia que se ia notar a mesma "calma" habitual dos campeonatos passados. Marcaram-se as datas dos jogos, tomaram-se as outras providencias costumeiras. A *Liga Paulista* reuniu-se, e tudo foi approvado sem discrepancia.

Entrementes, a sociedade maxima, attendendo a uma proposta do *Germania*, secundado por dois ou tres *clubs*, reconheceu, como official, o campo do Parque Antarctica. A proposta, não ha negar, era vantajosa para a *Liga*: o *club* cedia o campo por Rs 200$000 (duzentos mil-réis) mensalmente, ao passo que o *Paulistano* cobrava essa quantia por *match*. Aconteceu, porém, que, antes de tomar essa resolução, ficara combinado a realisação do primeiro encontro entre o *Paulistano* e o *Americano* no Velodromo. Para isso haviam sido feitos os reclames, os cartazes foram afixados nas paredes e os annuncios nos bondes. Um dos directores do *Paulistano*, sr. João Didier, entendeu-se a esse respeito com a directoria do *S. C. Americano*, que concordou que o *match* seria no Velodromo.

Chega o domingo marcado. Na vespera, já corria o boato, nos centros sportivos, de que a *Liga* deliberara, sob pena de punir por indisciplina, que todas as equipes jogassem no Parque Antarctica. O *Paulistano* não transigiu; havia sido designado o campo do Velodromo para a realisação do primeiro *match*, e não quiz saber das outras transacções. Ficou firme no seu posto, a espera de seu antagonista. Este, obedecendo aos directores de todos os *sports*, foi para o Parque Antarctica. O encontro não se effectuou, e a *Liga* deu os pontos ao *Americano*.

A scisão limitou-se a este facto? Positivamente, foi só isto. Mas, já estava fóra da *Liga*, ha cerca de um anno, a *Associação Athletica das Palmeiras*. O motivo, que provocara a retirada desta ultima associação, já foi mais ou menos explicada. Convem recordar, para que o leitor fique a par da questão: a sociedade da Floresta havia vencido dois campeonatos a seguir. Acostumara-se mal com as faceis victorias que obtivera. Em 1911, contra a expectativa geral, perdeu do *Germania*, que estava em ultimo logar. Essa derrota o prejudicava immensamente, visto pretender tirar a taça nesse anno. A *Liga Paulista* não attendeu, ao que alias fez muito bem, á representação do *Palmeiras*, pedindo annullação desse *match*.

Eis ahi, na sua singelesa, porque foi a scisão. Constituiam motivos serios, os factos apontados, para a dispersão? Absolutamente. Os incidentes, que vimos relatar, não serviam de base para tão profunda divergencia. Se ella, a divergencia profunda, se deu, foi porque o germen da dissolução já tinha minado os alicerces do *football* em São Paulo. Esta é que é a verdade. Não nos venham dizer, os ideologos inveterados, que só o são por conveniencia, que o *Club Athletico Paulistano* foi o unico culpado do descalabro. Se a *Liga Paulista* fosse a mesma de 1902 ou 1904, isto é, uma *Liga* verdadeira e que se interessasse pelo *sport*, a veterana agremiação do Velodromo não se rebellaria. Cedia immediatamente.

A nossa unica entidade entendeu de reagir. Julgou, e julgou mal, que a sahida do *Paulistano* e do *Palmeiras* em nada influiria na marcha dos acontecimentos. Enganou-se redondamente: esses dois *clubs*, por suas tradições e pelo prestigio de alguns de seus socios, grangearam muitas sympathias. O *Americano*, o *Internacional*, o *Germania*, embora velhos, não se tinham imposto, nos derradeiros dias, á consideração do publico.

Era fatal a alliança entre o *Paulistano* e o *Palmeiras*. Abandonados, acintosamente desprezados pelos outros, tinham que se unir para combater o inimigo commum, que, como todo poderoso, se mostrava arrogante e intratavel. Os socios das entidades dissidentes abraçaram-se effusivamente, e, depois das amabilidades trocadas, juraram solidariedade, para a vida e para a morte. O embryão da nova liga apparecia. E a alliança, entre dois *clubs* rivaes, que sempre se guerrearam, tocou na corda sensivel dos jogadores e directores do *Mackenzie*, que não se achavam muito satisfeitos com a intolerancia systematica da *Liga Paulista*. Uniram-se elles, pois, aos velhos camaradas, que os receberam de braços abertos, alegres, radiantes. Estava, pois, fundada a nova agremiação sportiva. Quem se lembrou do nome, da *Associação Paulista de Sports Athleticos*, não se sabe. O que se sabe é que os promotores desse movimento foram os srs. Edgard Nobre de Campos, João Didier, Godinho Cerqueira, Brant de Carvalho, Aristides Machado e João Bierrenback Lima. Tres *clubs* só, para o campeonato, eram poucos. Convidou-se então o *Santos F. C.* Este, porém, illudido pelo campeonato interno da cidade, não acceitou o convite. Ficaram os tres *clubs*, que foram, indubitavelmente, as cellulas *mater* da organização do *football* contemporaneo.

OS PORTUGUEZES

Nunca se falara, aqui em São Paulo, dos *footballers* portuguezes. Entre nós, parece, acreditava-se que no paiz lusitano os *sports* não eram cultivados. Os jornaes de Lisboa não mantinham secções desenvolvidas sobre a educação physica. Signal evidente de que a mocidade não se preoccupava com ella.

A um grupo de rapazes de Lisboa, porém, é que cabe a gloria de ter introduzido, na velha nação dos navegantes, dos fados e da poesia, os *sports* bretões, dissiminados por toda a parte. A terra era ingrata, porque ninguem, da cidade do Tejo, levava a serio os exercicios physicos. Felizmente, os rapazes, a que acima alludimos, não se deram por vencidos - e fundaram o *Sport Lisboa e Benfica*, que teve a felicidade de reunir algumas vontades e energias.

Em 1913, sabia-se, aqui em São Paulo, da existencia de *footballers* em Portugal. A propaganda, alli, se intensificara. Notabilizara-se, nella, o dr. Duarte Rodrigues, que foi infatigavel. Ao lado deste, figurava o brilhante chronista sr. Hermano Neves, que não obstante ser um fino literato, dedicava especial attenção aos *sports*.

Não passou, pela cabeça dos brasileiros, a ideia de convidar os lusitanos. Naturalissimo esse esquecimento. Nós, do que precisavamos, era de *clubs* adestrados, de *clubs* mestres, que nos dessem lições, que nos dessem até palmatoadas. E os portuguezes haviam sido batidos, por 8 a 0, pelos escossezes... Quem se interessou deveras pelo assumpto foi o dr. Bernardino Machado, o sympathico politico, que já presidia os destinos da joven Republica. Occupava então, esse illustre homem publico, o cargo de ministro plenipotenciario de Portugal no Rio de Janeiro, e percebeu que a mocidade carioca não cuidava de outra coisa senão de *football*. Diplomata habil, querendo tornar mais estreitas as relações entre os jovens dos dois paizes, tratou logo de promover a visita, á capital da Republica, dos seus patricios.

E assim foi que, a 15 de Junho desse anno, já se tinha noticia da vinda dos portuguezes. Viria uma delegação, chefiada pelo dr. Duarte Rodrigues, o mesmo que tanto se distinguira, em Portugal, na propaganda dos *sports*. No Rio, onde a colonia lusitana é enorme, essa noticia provocou, ao que dizem, grande enthusiasmo. Em São Paulo, terra de italianos, não tanto; mas, a *Associação Paulista*, que estava no principio da sua carreira, tratou de entrar em negociações com a *Liga Metropolitana*, para que os rapazes chegassem até São Paulo. As negociações foram levadas a bom termo - e ficou combinado que o *Sport Lisboa e Benfica* jogaria aqui tres *matches*.

Um telegramma de 24 de Junho, procedente de Lisboa, informava que os portuguezes embarcaram com destino ao Rio, tendo antes, em homenagem á colonia brasileira, jogado um *match*, que esteve, segundo accrescentava o despacho, muito concorrido.

Os lusitanos chegaram ao Rio a 10 de Julho. A recepção, que lhes fizeram, foi magnifica. Aliás, a *Liga Metropolitana*, nesse particular, não se descuida. Um dia antes, a *Associação Paulista* organizou o programma das festas em honra dos seus futuros hospedes, no qual constava passeios, visitas a estabelecimentos importantes, torneios e banquetes.

Na capital do paiz, os portuguezes não foram felizes nos primeiros encontros. Perderam. Podia-se fazer um juizo seguro do valor da equipe? Não se podia. Quinze dias de viagem por mar não são brincadeiras, e uma semana de descanso não dá para refazer os corpos. Os *corinthians*, na verdade, no dia seguinte ao do desembarque, ganharam do *Fluminense*, por 10 a 1. Os *corinthians*, porém, eram inglezes, os fundadores do *football*; tinham methodo, tinham disciplina. Dizem que, durante a viagem da Inglaterra para os portos brasileiros, esses rapazes, de manhan, ensaiavam-se todos os dias no tombadilho... Os portuguezes não são homens para semelhantes excentricidades!

A prova de que o *team* de Lisboa não era desprezivel tivemol-a quando se enfrentou com o combinado, que não o venceu. E a confirmação veiu quando elle jogou com o *Botafogo*, que saiu derrotado.

Os portuguezes chegaram a São Paulo numa occasião pessima para nós, esplendida para eles: a *Associação* contava tres *clubs*, estando as principaes sociedades desta capital (o *Americano* e o *Ipiranga*) filiados ainda á *Liga Paulista*. Por conseguinte, não se podia apresentar, aos hospedes, os melhores *teams*.

O encontro inicial foi marcado para o dia 24 de Julho. Os *teams* eram estes:

Portuguezes

P. Bastos

Henrique Costa - C. Figueiredo

J. D. Fernandes - Cosme Damião - Bello

A. Stromp - L. Vieira - A. Gaspar - Sobral - J. Bentes

Brasileiros

Agostinho

J. Rubião - Octavio

Barbosa - Morelli - Rubens

Piza - Loureiro - Fritz - Deodoro - Gilberto

A equipe brasileira era, nada mais nada menos, que a *A. A. das Palmeiras* reforçada pelo *half* Rubens Salles, do *Paulistano*.

O dia estava lindo, e posto fosse dia util, a concorrencia era boa, sufficiente para estimular os paulistas.

Ás quatro horas, principiou a refrega, dirigida por Frieze. Os portuguezes combinavam bem; melhor, muito melhor mesmo do que os nossos. O torneio, entretanto, dava impressão de equilibrio, e isto porque a nossa defesa era, para elles, magnifica. O que causava espanto eram a calma e fleugma (decerto affectada), reveladas por esses meridionaes. Bem se via que eram discipulos fieis dos inglezes, aos quaes procuravam imitar, até nos modos!

Mas... o *match*. Rubens Salles sobresaiu-se nesse jogo. A defesa, pode-se dizer, foi elle. Agostinho, é certo, trabalhou muito, e, com ele, Octavio Egydio; mas, o *center-half* paulista, multiplicou-se, interceptando, com habilidade, todos os passes, e as escapadas do triangulo de linha de avante, que parecia perigosa. Depois de varios lances, interessantíssimos, Sobral consegue o primeiro ponto.

A nossa linha de *fowards* acordou. Não, não estava alli um adversario á tôa, facil de dominar e vencer. Para tanto, necessario se tornava trabalhar. Fritz, já quasi no fim do jogo, apanha de geito a bola e vae, de engano a engano, até as portas do *goal*. Ahi, os dois *backs* o cercaram. Comprehendeu o nosso *center* que seria tolice tentar levar mais a bola - e passou-a a Deodoro. Este, bem perto do rectangulo, sem grande esforço abre o *score*. Estava empatada a partida e tambem terminada a primeira phase.

O *Palmeiras*, no segundo *half*, mostrou-se muito mais firme. Tivera apenas dez jogadores, visto Morelli ter-se machucado logo no principio, retirando-se do campo. Agora, estava com o *team* completo, e podia fazer mais alguma coisa.

Rubens Salles, agindo á vontade, resolutamente passou a ajudar a frente, distribuindo o jogo com aquella maestria dos antigos tempos. O ataque, que os paulistas mantiveram, foi medonho. Infelizmente, não o aproveitaram os nossos. Os *kicks* eram desferidos para os lados, ou por cima da trave. Raros os que Bastos rebatia.

Vinte minutos se passavam, quando o mesmo Fritz se approxima do *goal* contrario. Marcado, teve o cuidado de entregar a bola a Loureiro, que tambem não quiz ficar com ella. Recebeu-a Moacyr, que, com surpreza geral, obtem o segundo *goal* para o *Palmeiras*.

Os nossos visitantes, dahi até saírem do campo, lutaram vigorosamente para nullificar a vantagem dos antagonistas. Apenas faltavam dois minutos para finalizar a luta, Bentes a empata.

O segundo *match*, incontestavelmente, foi o mais interessante. Interessante só, não, o termo deve ser: empolgante! Obtivemos a unica victoria!

Quem diria! *Mackenzie*, no campeonato da *Associação*, estava collocado em terceiro logar, quer dizer, a ultima. Dias antes, perdera do *Palmeiras* por 4 a 2. Ora, se o *Palmeiras*, com o reforço valiosissimo de Rubens Salles, campeão brasileiro, não lograra a victoria sobre os lisboetas, era claro, era logico que o *Mackenzie* se saisse mal.

O *team* portuguez andava já a par dos acontecimentos sportivos da capital e foi para o Velodromo, nesse dia, inteiramente desprevenido, conscio de que poderia juntar uma victoria a mais. Fez modificações pequenas no quadro. Não as fez completas, porque, afinal de contas, era justo que ganhassem.

Mas - mal sabiam elles! - o *Mackenzie* reservava-lhes uma surpreza, por certo desagradavel.

Ao campo da Consolação, não acorreram os apaixonados. Para que, se o *Mackenzie*, até alli, tinha sido armazem de pancada?

A concorrencia foi insignificante. Alguns portuguezes, que tiveram licença para sair mais cedo da casa commercial, as meninas da Escola Americana e Mackenzie College, poucas senhoras - eis tudo.

Os *teams*, que se defrontaram, eram estes:

Portuguezes
Pinto Bastos
H. Costa - A. Cruz
C. Figueiredo - C. Damião - J. Fernandes
A Stromp - A. Pereira - A .Gaspar - E. Vieira - J. Bentes

Mackenzie
Steward
Orlando - I. Lima
A. Campos Mello - J. Schmidt - Arrizabalaga
Whately - Luiz Alves - Zecchi - Renato - J. Pedro

O jogo começou sem lances de electrizar. Os portuguezes jogavam lisamente, e, julgando-se superiores, com grande calma. Não davam *charges*, não recorriam aos recursos brutaes.

A prova era com collegiaes, e não convinha abusar. Não se descuidavam, entretanto. Passavam, driblavam, e tentavam abrir o *score*. Por outro lado, o antagonista, sem se intimidar com a força dos contendores, ia, mansamente, abrindo brechas no campo contrario. O jogo estava, pois, equilibrado. De repente, Itaborahy, na occasião em que a sua linha permanecia bem na frente, dá um *kick* por alto. A bola foi ter a Renato, que, sem paral-a, emmendou o *kick*, em direcção ao *goal*. Bastos não contava com a bola, que entrou. Os visitantes não se impressionaram, e alguns até, pensando que aquillo era um acaso, applaudiram o feito do meia-esquerda do *Mackenzie*. A differença foi logo desfeita. Pereira, aproveitando de um passe de Sobral, empatou a justa.

Mas, o segundo tempo se revelou assombroso: a linha do *Mackenzie* fez-se firme no campo opposto. Luiz Alves marca, com facilidade, o segundo. Antonio Zecchi (não era o Zecchi de hoje, gordo e pesado...) driblando os *backs*, fez o terceiro. O *Mackenzie*, nessa altura, abusou. Os *forwards* deram em shotar de longa distancia. José Prado, da estrema-esquerda, envia fortissimo *shot*, que não foi rebatido. Para rematar, Zecchi concluiu a obra, e augmentou, com mais um *goal*, o *score* da sua equipe.

Os portuguezes arregalaram os olhos, e não era para menos! Mas, vingaram-se, infelizmente. No terceiro *match*, inverteram-se os papeis. Não foram os lusitanos que entraram em campo certos da victoria; foram os paulistas, que, ante o fracasso anterior do seu antagonista, pouco fizeram. Para o *Paulistano*, que estava coadjuvado por quatro *footballers* do *Palmeiras*, constituiu um fiasco esse *match*.

O Velodromo enchera-se. O povo paulista foi de casa apenas para saborear a victoria, que era inevitavel.

Os *teams* estavam assim constituidos:

Paulistano

Agostinho Prado

Cyro – Faro

Bradshaw – Gullo – Raul

Mesquita – Fritz – Rubens – Loureiro – Augusto

Portuguezes

P. Bastos
Henrique Costa - C. Figueiredo
Bello - Cosme Damião - Fernandes
Bentes - Sobral - Gaspar - A. Vieira - A. Stromp

Vejam os *teams*! O nosso, relativamente, formidavel; o dos portuguezes, exactamente o mesmo que se defrontara com o *Mackenzie*.

O nosso *team*, orgulhoso, viu-se castigado, duramente castigado. No principio do *match* (disputavam-se dois premios, calculem!), Bentes recebe um passe de A. Stromp, e marcava o *goal*, o unico. Era um aviso. Os nossos, entretanto, ironicamente sorriram, como quem queria dar a resposta immediatamente. Talqualmente o que succedera na vespera: os portuguezes sorriram, ironicamente, ao verem a petizada do collegio a fazer um ponto. Esse sorriso dos *players* do *Paulistano* não perdurou por muito tempo. No fim do primeiro *half*, já era amarello...

Effectivamente, no segundo período, as phisionomias dos nossos transfiguraram-se. A realidade (a derrota) chegava, e elles não tinham feito nada! Não tardou a desorientação. Mudaram de posições os jogadores, o *captain* gritava, com todas as forças dos seus pulmões. Nada, nada! Os homens de além-mar defendiam-se desesperadamente, e supportavam todos os ataques. E, assim, nessa defesa herculea, se mantiveram até o final. Os paulistas haviam perdido por 1 *goal* a 0...

Os vencedores ganharam os dois premios, e foram effusivamente abraçados pelos patricios, que saltaram as grades e correram para o campo.

A SEGUNDA VISITA DOS *CORINTHIANS*

O *Corinthian Football Club* visitou o Brasil, pela segunda vez, em Agosto de 1913. A *eleven* ingleza chegou ao Rio, em 19 daquelle mez, a bordo do vapor Alcalá. Encontrou-se ella na capital da Republica, em primeiro logar, com o *scratch* carioca, que a conseguiu vencer pelo *score* de 2 *goals* a 1. O seu segundo contendor foi um *scratch* formado de jogadores estrangeiros, vencido por 4 *goals* a 0.

No terceiro e ultimo *match*, disputado com o *scratch* brasileiro, a victoria coube ao *Corinthian* por 2 *goals* a 1.

Os inglezes chegaram a São Paulo, no dia 23 de Agosto. Jogaram pela primeira vez, no dia 28 de Agosto, enfrentando um *scratch*, de cuja organização se incumbiu o *C. A. Paulistano*. Os *teams* ficaram assim constituidos:

Corinthian
Turner
Thompson - Bury
Vidal - Woosnam - Gog
Stuley - Day - Snell - Hoffmeister - Cutter

Scratch
Brito
Cyro - Astbury
Octavio - Gulo - Bradshaw
Banks - Raul - Fritz - Rubens - Caetano

A victoria coube aos *corinthians*, por 2 *goals* a 1. Serviu de juiz o sr. Charles Miller. Marcaram *goals*, os seguintes jogadores: Woosnam e Day do *Corinthian F. C.*; e Octavio, do *scratch*:

No dia 30 de Agosto, o *Corinthian* jogou com o *Mackenzie*, vencendo-o por 8 *goals* a 2. A organização dos *teams* era a seguinte:

Corinthian
Turner
Snell - Thompson
Vidal - Morgan - Gow
Staley - Day - Hoffmeister - Naples - Forter

Mackenzie
Steward
Orlando - Luiz
Whitworth - Campos - Osny
Banks - Mario - Zecchi - Renato - J. Pedro

Serviu de juiz o sr. Astbury. Marcaram *goals*, os seguintes jogadores: Staley, Hoffmeister e outros, do *Corinthian*; e Desmosthenes e Luiz Alves, do *Mackenzie* (este, em consequensia de um *penalty-kick*). O *match* foi... irregular, no segundo tempo.

O terceiro e ultimo *match*, foi disputado no dia 31 de Agosto de 1913, entre o *Corinthian* e um *scratch* organizado pela *A. A. das Palmeiras*. Desse encontro resultou um empate de 1 *goal* a 1. A organização dos *teams* não foi publicada. Actuou como *referee* o sr. H. Frieze. Marcaram *goals* os jogadores Hoffmeiter, do *Corinthian*; e Rubens Salles do *scratch*.

No dia 2, os inglezes seguiram para Santos, onde embarcaram para a Inglaterra, a bordo do vapor Alcalá.

OS CHILENOS

A temporada sportiva de 1913 foi rica em *matches* sensacionaes. Além do *Corinthian F. C.* e do *team* portuguez, veiu ao nosso paiz uma equipe chilena, que disputou *matches* no Rio e nesta capital, com *scratches* e *teams* filiados á *Liga Paulista de Football*.

Os chilenos visitaram o Brasil a convite do *America F. C.*, do Rio, e sob o patrocinio da *Liga Metropolitana de Sports Athleticos*. Antes da sua chegada, porém, o *S. C. Americano*, desta capital, tomou a si a tarefa de conseguir a vinda da equipe chilena a São Paulo, sendo as negociações coroadas do melhor exito.

Os *players* andinos chegaram a Santos no dia 10 de Setembro daquelle anno, a bordo do Orcoma, seguindo, no mesmo vapor, para o Rio de Janeiro, em companhia de uma comissão do *America F. C.* A bordo do Orcoma, foram elles saudados por uma commissão do *S. C. Americano*.

No dia 11 de Setembro, chegaram os chilenos ao Rio, sendo recebidos com muitos festejos. Compunham essa delegação sportiva os srs. Jorge Diaz Lira, Jorge Paredes, Secundo Torres, Carlos Espindoal, Carlos Hormazabal, Prospero Gonzales, Hector Parra, Enrique Abello, Francisco Espinosa, Carlos Adolpho Alendos, Ernesto Sepulveda, Rodolpho Valenzuela, Victor Vergara, Gilherme Gusman, Marcos Wittke, Abdon Arary e José Reginato.

No dia 14 de Setembro, foi disputado, no Rio de Janeiro, o primeiro *match* internacional, encontrando-se o *scratch* chileno com um *scratch* formado de alumnos das Escolas de Guerra e Naval. Desse encontro, sairam vencedores os chilenos pelo *score* de 2 *goals* a 1. O segundo *match* realizou-se no dia 16 de Setembro, entre os chilenos e o *scratch* brasileiro, que os venceu por 2x1. O ultimo jogo effectuou-se no dia 21 de Setembro, lutando os chilenos contra o *scratch* carioca, que derrotou o antagonista por 6x1.

Os *footballers* chilenos chegaram a esta capital no dia 23 de Setembro, pelo nocturno de luxo, jogando, pela primeira vez, no dia 25 de Setembro, no Parque Antarctica, contra um *scratch* da *Liga Paulista de Football*. Os *teams* ficaram assim organizados:

Chilenos
Paredes
Espindola - Gonzalez
Hormazabal - Guzman - Parra
Allendes - Valenzuela - Abello - Espinosa - Vergara

Brasileiros
Hugo
Francisco Netto - Itaborahy
Eugenio - Aquino - Sebastião
Arthur - Juvenal - Joaquim - Alencar - Xavier

Serviu de juiz o sr. Belfort Duarte, do *America F. C.*, do Rio.

Logo á saída, os brasileiros avançam para o *goal* chileno, contra o qual houve um *corner*, que, arremessado por Xavier, foi muito bem rebatido por Paredes. As linhas brasileiras começaram a agir sem firmeza. Os chilenos desenvolveram um vigoroso ataque em conjuncto. A excepção de Xavier que, por mais de uma vez, ameaçou seriamente o *goal* dos andinos, os demais *players* brasileiros pouco fizeram. Dez minutos depois de inciado o jogo, verificou uma *melée* á porta do *goal* brasileiro, marcando então um dos *forwards* da equipe visitante o primeiro ponto para o seu *team*. Em seguida, registou-se um *penalty-kick* contra os brasileiros, o qual não produziu effeito, graças a uma brilhante defesa de Hugo. A bola, enviada para a linha de *forwards*, voltou, indo aninhar-se na rêde. Este *goal*, porém, foi considerado *offside*. Verificou-se depois um *corner* contra os chilenos, o qual não deu resultado. Não se notou qualquer reacção por parte dos brasileiros, terminando o primeiro tempo com este resultado: chilenos, 1 *goal*; brasileiros, 0.

Nos primeiros minutos do segundo *half-time*, o jogo tornou-se mais interessante, porque o ataque era mutuo. A nossa linha collocava, frequentemente, a defesa chilena em serios embaraços, não deixando tambem os nossos hospedes de atacar violentamente o nosso *goal*. Os chilenos mostravam grande firmeza no jogo, sendo que do nosso *team* só Xavier podia, neste particular, hombrear com o adversario. Por occasião de um ataque dos brasileiros, Alencar shotou *in goal*, affirmando muitos dos assistentes que a bola havia tocado na rêde. A esphera caiu perpendicularmente, sendo arremessada para o centro. O juiz não considerou valido esse *goal*, havendo protestos por parte de alguns assistentes, que o vaiaram. Houve depois ataque e defesa de lado a lado, melhorando o *scratch* brasileiro, sensivelmente, o seu jogo, e, sem mais incidentes dignos de nota, terminou o *match* com a victoria dos chilenos por 1 *goal* a 0.

Os chilenos jogaram pela segunda vez no dia 27 de Setembro de 1913, medindo forças com outro *scratch* da *Liga*, que se achava assim constituido:

Casemiro
Watzke - Eskildsen
Amstetter - Aquino - Thiele
Peres - Eurico - Joaquim - Friedenreich - Xavier

O *team* chileno ficou organizado da seguinte forma:

Paredes
Espindola - Wittke (*captain*)
Abello - Gonzalez - Parra
Sepulveda - Guzman - Reginato - Valenzuela - Espinosa.

Serviu de juiz o sr. Carlos Fanta, do *team* chileno.

Logo no inicio da luta, os brasileiros, a quem coube o *kick-off*, levaram a bola até as proximidades do *goal* chileno, que não foi, porém, varado. Os chilenos atacaram então o nosso *goal*, contra o qual, momentos depois, se verificou um *penalty-kick*, brilhantemente rebatido por Casemiro. O ataque dos chilenos tornou-se mais violento. Houve uma escapada do *forward* brasileiro Xavier, um dos poucos que jogaram bem. Os brasileiros melhoraram o seu ataque, e, passados vinte e cinco minutos de jogo, Peres marcou o primeiro *goal* para o seu *team*. A seguir Joaquim, o Bororó, conseguiu mais um *goal*, porém considerado *offside*. Pouco antes de terminar o primeiro *half-time*, a linha chilena approximou-se do *goal* local. Guzman shotou e, como fosse pouco efficiente a defesa praticada por Casemiro, um outro *forward* chileno conseguiu o primeiro ponto para o seu *team*. O tempo terminou com um empate de 1x1.

Poucos minutos haviam decorrido do segundo *half-time*, quando a linha chilena approximou-se do rectangulo brasileiro. Um dos *forwards* enviou um *shot* a duas jardas de distancia, marcando o segundo *goal* para o seu *team*. O jogo tornou-se mais interessante. Por occasião de um ataque dos chilenos, Sepulveda passou a bola para Guzman, que se achava visivelmente *offside*. O meia-direita chileno vasou o *goal* brasileiro e como o *referee* nenhuma providencia tivesse tomado, partiram protestos vehementes da assistencia. A seguir o juiz, allegando uma falta grave por parte do jogador brasileiro Eurico, resolveu expulsal-o do campo. Os protestos augmentaram, serenando os animos por haver o juiz revogado a sua decisão. O jogo terminou, pois, com a victoria dos chilenos por 2 a 1, não levando em consideração o *goal* marcado *offside* por Guzman.

O *match* mais interessante desta serie foi incontestavelmente o ultimo disputado em São Paulo, entre o *scratch* chileno e o *Sport Club Americano*.

Os *teams* ficaram assim constituidos:

Americano

Hugo

.Francisco Netto - Itaborahy

A. Bertone - J. C. Bertone - Sebastião

Irineu - Juvenal - Decio - Alencar - Mac-Lean

Chilenos

Paredes

Espindola - Wittke (*captain*)

Abello - Gonzalez - Parra

Sepulveda - Guzman - Reginato - Valenzuela - Espinosa

Nos primeiros instantes de jogo, o *Americano* desenvolveu um ataque sem treguas contra o *goal* chileno, que não foi vasado devido á precipitação de alguns dos seus *forwards* e á habilidade do *goalkeeper* Paredes. Os chilenos, cujas escapadas eram mais raras e menos firmes que as dos brasileiros, não deixaram tambem de atacar valentemente o nosso campo. Por occasião de uma escapada do adversario, Francisco Netto, suppondo que o *goal* seria inevitavelmente varado, tocou, de proposito, com a mão na bola. Dahi resultou um *penalty-kick,* que trouxe o primeiro ponto aos chilenos. Os brasileiros avançaram novamente e, num momento em que o *goal* chileno estava seriamente ameaçado, um dos *full-backs* commetteu um *hands* na area da penalidade. O *penalty-kick,* com que o juiz puniu essa falta, violentamente arremessado por Decio, deu o primeiro ponto para os brasileiros.

Os dois *teams* envidaram todos os seus esforços para desempatar o jogo, até que, havendo, por occasião de uma avançada da linha chilena, uma pequena atrapalhação por parte da nossa defesa, um *forward* andino marcou o segundo ponto para a sua *eleven.* Assim, o primeiro tempo terminou com este resultado: chilenos, 2 *goals; Americano,* 1.

Seis minutos depois de iniciado o segundo *half-time,* Espinosa conseguiu levar a bola até a porta do nosso *goal.* A esphera enviada pelo extrema-esquerda chileno, bateu na trave vertical do lado direito, indo ter aos pés de Reginato, que marcou o terceiro *goal*. Á excepção de Bertone I, os demais *players* do *Americano* pareciam desanimados. Faltando oito minutos para terminar a luta, Juvenal, mantendo boa combinação com Decio, approximou-se do *goal* chileno. Decio, vendo-se cercado por tres adversarios, passou a bola para Alencar, que marcou o segundo ponto para o seu *team*. Os brasileiros, estimulados pelo feito de seu companheiro, atacaram com tenacidade o *goal*, até que, faltando apenas dois minutos para terminar a luta, Juvenal marcou o ultimo ponto para o seu *team*. Assim, o ultimo *match* internacional terminou com um empate de 3x3.

Realisaram-se em São Paulo muitas festas, passeios e jantares em homenagem aos chilenos, que, no mesmo dia 29 de Setembro de 1913, partiram, pelo nocturno de luxo, para a capital da Republica, de onde regressaram para o seu paiz.

A DISPUTA DA *TAÇA CORREIO DA MANHAN*

Quando falamos das relações inter-estaduaes, promettemos, em capitulo especial, tratar da disputa deste tropheu.

E merece elle um capitulo especial, porque, innegavelmente, os torneios realisados entre os *scratches* da *Associação* e da *Liga Metropolitana* muito concorreram para o resurgimento do *football* em São Paulo. Não vamos publicar as narrativas desses encontros, as estatisticas, o movimento technico dos jogos, os nomes dos *footballers*, as datas. Não. Todos esses torneios estão na memoria dos *sportsmen* coevos, que tanto se interessaram por elles, e que por certo hão de recordar-se de todos os episodios.

O que pretendemos, neste logar á parte, é destacar a infuencia que essas relações sportivas, ficticias ou não, tiveram na marcha dos acontecimentos sportivos da nossa cidade.

Antes de mais nada, recapitulemos os antecedentes desses factos. São Paulo, como já declaramos, teve duas épocas magnificas no cultivo dos jogos ao ar livre: a primeira, vae de 1902 a 1904; a segunda, de 1909 a 1911. Depois veiu o descalabro, sendo os factos que o determinaram, a saida da *Associação Athletica das Palmeiras* da *Liga Paulista*, que grangeara innumeros adeptos, e a scisão da entidade dirigente. São Paulo, pois, se enfraquecera lamentavelmente.

Em virtude das rivalidades, ainda frescas, as duas agremiações, por motivos explicaveis, nem quando se tratava de *match*, em que estavam em jogo o nome e o prestigio do nosso Estado, se uniam. Ora, com esta dispersão dos melhores elementos, não podíamos, evidentemente, fazer bella figura.

No Rio, já não acontecia o mesmo. Após a primeira phase brilhante, em que se fundou o *Fluminense Football Club*, a capital da Republica passou por uma crise seria; reergueu-se, entretanto, a partir de 1907, tendo-se fundado, nesse periodo, varios *clubs*, entre os quaes o *America*, o *Botafogo*, e, mais tarde, o *Flamengo*. Com a installação da *Liga Metropolitana*, mais se desenvolveram ainda as jovens sociedades sportivas, que apresentavam quadros bem adestrados e disciplinados.

Accrescente-se, a isso, o exodo de *sportsmen* paulistas que se transferiram para a capital do paiz, alli defendendo, com denodo, as côres de *clubs* da *Metropolitana*.

Até 1913, entretanto, não se observara, positivamente, isto é, no campo da luta, a nossa inferioridade com relação ao Rio. Devido á alliança que se formara entre a *Associação Paulista* e a *Liga Metropolitana*, cresceram os *matches* entre *clubs* das duas cidades. Nesses *matches*, valha a verdade, não fomos felizes. A porcentagem de victorias, a favor do Rio, subiu assustadoramente. O *Fluminense*, nessa época, possuia um *team* de primeira, e todas as vezes que aqui vinha, fatalmente se sahia bem. Estavamos fracos, portanto? Não. Os *clubs* da *Associação*, que constituiam a elite de São Paulo, não podiam lançar mão de todos os recursos para tornar mais possantes os seus *teams* representativos. Demais, continuavam, na *Liga Paulista*, valiosissimos elementos, que, por disciplina sportiva, não tinham direito de passar para a *Associação*, a unica que mantinha relações com a *Metropolitana*. De sorte que, na apparencia, era sensivel a nossa condição de inferioridade.

Nos começos de 1914, notou-se a reacção dos paulistas. O *Fluminense* e o *America* obtiveram victorias, disputando torneios com o *Club Athlectico Paulistano* e a *Associação Athlectica São Bento*. Esses triumphos enthusiasmaram sobremaneira os cariocas. A imprensa trombeteava que o Rio passava para a vanguarda do *football*, e, no seu contentamento, exaggerava o valor dos *players* campeões. Principiaram a apparecer os heroes. Fulano, o melhor *goalkeeper* do Brasil; Beltrano, o melhor *half*; Sicrano, o estupendo e inegualavel *forward*.

Censurar esses excessos será tolice. Tinham que se registar mesmo, dada a nossa desidia, a nossa falta de disciplina, e a nossa má comprehensão dos deveres sportivos. Os victoriosos, mesmo que sejam ephemeros, não são capazes de render justiça aos vencidos. Ora, o que se notava era este phenomeno triste para nós: em virtude da nossa desorganização, das nossas mazelas, surgiam os nossos adversarios sportivos com mais cohesão, mais disciplina, e mais jogo. Logico, por conseguinte, os destemperos, os desvairamentos dos chronistas partidarios dos vencedores. Bem entendemos: os homens, que assim menosprezavam o nosso progresso, esqueciam-se de que, nos annos anteriores, as vantagens só foram para o nosso lado. Emfim, paciencia, e não os recriminamos. Antes, devemos agradecel-os pelos favores que nos prestaram. Sim, prestaram-nos, os desbragados jornalistas do Rio, relevantissimos serviços. As suas noticias, as suas comparações descabidas, os seus commentarios tendenciosos, os seus artigos laudatorios fizeram com que todas as energias adormecidas se despertassem. Antigos campeões, que pareciam estar numa deploravel decadencia, firmaram de novo o seu jogo; os novos, melindrados pelo desprezo que se lhes votava, redobraram o seus esforços; os directores, ciosos das tradições sportivas pelas quais deviam zelar, trataram de seguir outra politica mais efficaz, quer organizando criteriosamente as equipes, quer trabalhando para que se restabelecesse a ordem e o respeito; a imprensa daqui, sem responder aos artigos dos seus confrades do Rio, agia com mais tenacidade, lembrando diariamente alvitres, criticando cautelosamente, offerecendo os seus prestimos.

Note-se que a scisão persistia; apesar de já se falar na fusão, da sua utilidade, dos seus resultados futuros, as duas ligas continuavam separadas, não havendo mediação possivel entre as mesmas. Isto significava que a lucta, prestes a travar-se, era entre uma parte sportiva de São Paulo e o Rio de Janeiro.

O *Correio da Manhan*, um anno antes, offerecera uma taça, que recebera o nome desse jornal. Tinha sido disputada, pela primeira vez, na cidade de São Sebastião, e o *scratch* da *Liga*, embora fosse poderoso, logrou apenas empatar. Em vista da alliança da *Metropolitana* com a *Associação*, ao *team* representativo desta competia, de 1914 até o fim, disputar as refregas que faltavam. Entramos na liça em condições desfavoraveis, pois o primeiro *match* devia ser na cidade onde se achava o tropheu.

Quer dizer – tinhamos que sair bem no primeiro e segundo *matches*.

É sabido que é sempre desfavoravel, ao *team* visitante, disputar um *match*. De maneira que a todos se afigurava impossivel, tendo em consideração o magnifico preparo dos fluminenses, um successo da nossa parte. Era no tempo em que Walfare não tinha rival; em que Marcos lograra a fama de infuravel; em que Pindaro e Nery constituiam a mais perfeita turma de *backs*; em que Lulú, do *Botafogo*, era indigitado o primeiro *center-half*. Pobre São Paulo! Que sorte lhe estava reservada.

Trabalhou-se, felizmente, com coragem inaudita. Não se deu credito á rethorica dos apaixonados, e nem tampouco aos espalhafatosos conceitos que a respeito dos cariocas se faziam. Eram elles insuperaveis? Tanto melhor. Se ganharmos, a nossa victoria será maior.

O trabalho do inicio não foi completo. Parece que só se realizaram dois treinos, e a esses mesmos muitos jogadores não compareceram.

Não existia, como hoje, rigor de especie alguma. E nem podia mesmo existir! A *Associação* estava no principio da sua carreira, e não desejava, por esse motivo, alienar as sympathias de *clubs* e jogadores.

Mesmo com essas falhas, o nosso *scratch* partiu para o Rio, a 27 de Junho de 1914. A recepção dos nossos foi grandiosa. O *match* assumiu a proporções de extraordinario acontecimento sportivo. O *Correio da Manhan*, o *Jornal do Brasil* e o *Imparcial*, em columnas abertas, publicaram o regulamento da taça, traçaram os perfis dos jogadores, estamparam os retratos dos laureados da cidade, fizeram prognosticos. Os nossos, ante tanto barulho, acostumados, como estavam, a uma certa sobriedade, ficaram nervosos ao entrar no campo. Rubens de Moraes Salles, que retomara o seu antigo jogo, como havia demonstrado nos ultimos *matches*, jogou impressionado. Decio, o *center-forward*, de tão commovido não acertara um só *kick* em *goal*. Friedenreich, desllocado, não revelara nem a quarta parte do seu jogo. Ora, se estes laureados assim procederam, imaginem os outros, galuchos ainda, sem traquejo, sem experiência!

O Rio, não obstante estes factos, não logrou derrotar-nos. Entrou para arena certissimo da victoria, e tanto que, no primeiro *half-time*, sustentou um ataque vigorosissimo, de que resultou o seu unico *goal*.

No segundo tempo, os paulistas, agindo com mais serenidade, mostraram mais o seu jogo, e Juvenal, meia direita, desfez a vantagem dos defensores valentes do pavilhão da *Metropolitana*.

Estava transposta a primeira barreira. Não ficamos satisfeitos com a transposição: fizeram-se, mas só aqui em São Paulo, accusações contra o *captain* paulista, sr. Rubens Salles, que, munido de poderes discrecionarios, transformara todo o *team* hora antes de principiar a pugna. Disseram, os accusadores, que Juvenal adoecera no caminho, e que a sua substituição se impunha: que a mudança de Friedenreich, para a posição de *half* enfraquecera a linha de frente, que só contava com a ala esquerda e a meia direita. Essas criticas eram fundadas. Vá um *captain* nervoso, num meio hostil, lembrar-se de todas essas particularidades! Impossivel.

A realidade é esta: a primeira etapa estava conquistada. A segunda, a todos se afigurava facilima. No segundo *match* nesta capital, corrigidas as falhas, levamos de vencida o *team* antagonista enviado pelos cariocas.

Em 1915, a supremacia, na *Associação Paulista*, passou para a *Associação Athletica das Palmeiras*, que venceu o campeonato. A directoria do *club* da Floresta, largamente representada na entidade directora, entendeu, e entendeu mal, influir decisivamente na organização dos *scratches*. Semelhante intromissão desgostou varios dos nossos campeões, que, por desquite, não quizeram defender São Paulo. Não se incommodou a *Associação*: substituiu os rebellados. O primeiro torneio, conforme o que estatuia o regulamento, tinha que ser aqui. Fomos felizes, pois, apesar do desfalque de *footballers*, que, aliás, faziam muita falta. O *team* carioca, que vinha disposto para a *revanche*, perdeu pela differença de um ponto. Os directores das sociedades paulistas exhultaram: uma bofetada nos campeões! Exhultaram descabidamente: aqui, tudo nos favorecia. E para prova de que a nossa fraqueza era manifesta, bastava ver o resultado.

A teimosia de certos paredros teve o seu castigo no segundo *match*, effectuado no campo da rua Guanabara, sem publico, sem estimulo, sem nada. Assignalou-se a nossa primeira derrota, pelo *score* de 5 a 2. Para a *Metropolitana*, constituiu um feito formidavel, que, como de praxe, foi cantado em prosa e verso.

Antes não cantasse! Os paulistas encheram-se de brios, e os nossos laureados, acintosamente postos de lado, puzeram de parte os seus melindres, indo formar, no campo, com os seus conterraneos. A desforra dos 5 a 2 mereceria um capitulo longo, entrecortado de elogios. 8 a 0! Ficou celebre este *match*. Hoje mesmo, os fluminenses o recordam, com amargura.

Em 1916, os cariocas, da primeira vez, soffreram outro revez, por 5 a 0. Começou a figurar, nas folhas do Rio, o estribilho: "os paulistas só vencem nos seus campos". Como se os cariocas tivessem vencido alguma vez, depois da *Taça Correio da Manhan*! Emfim, restava um *match*: seria de toda a conveniencia fechar a serie de triumphos com mais um - este ultimo do Rio. Houve forte desejo por parte dos jogadores; infelizmente não se prepararam como deviam. Em todo o caso, realizaram o seu sonho: a 24 de Setembro, os fluminenses perdiam em seu proprio campo, por 3 *goals* a 1.

Foi um bello fecho!

OS ITALIANOS EM SÃO PAULO

Desde meiados da estação sportiva de 1910, antes da scisão no seio da *Liga Paulista de Football*, commentava-se, nas rodas sportivas desta capital, a proxima vinda de uma equipe italiana, que devia disputar varios *matches* com *teams* e *scratches* brasileiros. Entretanto, o tempo decorria, sem que as instituições brasileiras tivessem conseguido esse *desideratum*. Passaram-se dois annos e meio, até que, em sua edição de 28 de Maio de 1914, *O Estado de S. Paulo* annunciava que, graças aos esforços da *Liga Paulista de Football*, iriamos assistir, dentro em breve (por todo o mez de Agosto do mesmo anno) a uma serie de quatro *matches* de *football*, no Parque Antarctica, entre *teams* e *scratches* daquella instituição e *teams* do *Torino Football Club*. Accrescentava o jornal que o embarque da equipe italiana se realisaria em Genova, a 22 de Julho do mesmo anno, no paquete Duca di Genova e que, pela directoria da *Liga*, já haviam sido remettidas as respectivas passagens. Finalmente, *O Estado de S.Paulo* communicava ao publico os nomes dos jogadores que compunham a equipe italiana.

Eram elles: Mosso Francisco, *center-forward*; Mosso Benita, *half-back* direito; Mosso Eugenio, *inside-right*; Goggio Gino, *center-half*; Debernardi Guido, *outside-right*; Arioni Egidio, *outside-left*; Arioni Achille, *inside-left*; Capra Carlo, *back* esquerdo; Morelli Victorio, *back* direito (jogando tambem na posição de *back* esquerdo); Backmann Enrico, *half-back* (*captain* do *team*); Renano Umberto, *goalkeeper*; Bollinger Frederico, socio fundador e *captain* honorario do *team*; Cironi Enrico, *inside-left* (jogando tambem como *inside-right*); Racchi Pietro; *half-back* e *forward* de reserva; Succio Enrico, *half-back*.

No dia 19 de Junho de 1914, a *Liga Paulista de Football* comunicou, aos jornaes, que já havia tomado varias medidas, no sentido de organizar os *teams* e *scratches* que iam medir forças com italianos.

Em fins do mesmo mez, a revista *O Sport* publicou a traducção da noticia de um jornal italiano, na qual se declarava que estavam sendo ultimados os preparativos para o embarque, que seria no dia 22 de Julho. No dia 1°. deste mez, soube-se que a *eleven* italiana chegaria a Santos no dia 5 de Agosto e que os dias fixados para os *matches* no Parque Antarctica eram os seguintes: dia 9 de Agosto, contra o *S. C. Internacional*; 12 de Agosto, contra o *S. C. Germania*; 15 de Agosto, contra o *S. C. Corinthians*; dia 16 de Agosto, contra o *scratch* representativo da *Liga Paulista*. Para assistir aos *matches* foram convidadas pessoas de alta representação social.

Em sessão de 9 de Julho, a *Liga Paulista de Football* organizou definitivamente o seu *scratch* representativo, que foi o seguinte:

Scratch

Cariolano

Picagli - Eskildsen

Thiele - Aquino (*captain*) - Bianco

Friese - Eurico - Manuel - Peres - Neco

Em 19 do mesmo mez, o enthusiasmo dos *sportsmen* paulistas subiu de ponto com a publicação de uma noticia verdadeiramente sensacional. Annunciou *O Estado de S. Paulo* que estava prestes a partir para o Brasil, a fim de disputar *matches* com os *clubs* filiados á *Associação Paulista de Sports Athleticos*, mais uma equipe italiana. Esta equipe, denominada pela *Federação Italiana* de *Squadra Rappresentativa Nazionale* e que embarcara em Genova no dia 15 do mesmo mez, a bordo do vapor italiano Cordova, devia chegar no dia 31 de Julho ao Rio, e, a 1°. de Agosto, a Santos. Chefiava a *squadra* o sr. Giuseppe Milano, um dos primeiros *footballers* da Italia, e os demais membros eram os srs. Milano II, Innocenti, Ara, Binaschi, Berardo, Leone, Valli, Ferraro, Rampini, Fossati, De Vecchi Treré, Barbesino, Varese e Corna. As datas fixadas para os *matches* foram as seguintes: 2 de Agosto, contra o *scratch Paulistano-Wanderers*; 6 de Agosto, contra o *scratch Mackenzie-Palmeiras*; 9 de Agosto, contra o *scratch São Bento-Ipiranga;* 13 de Agosto, contra o *scratch* representativo da *Associação.*

O vapor Cordova só a 1°. de Agosto de 1914 chegou ao Rio, á tarde, onde os distinctos *sportsmen* italianos embarcaram, pelo nocturno de luxo, com destino a São Paulo, aqui chegando ás nove horas, do dia 2 de Agosto. Ás quinze horas e meia desse mesmo dia, o *team* italiano mediu forças, no *field* do Velodromo, com o *scratch Paulistano-Wanderers.* Foi um jogo bellissimo.

A organização dos *teams* era a seguinte:

Squadra
Innocenti
Pensatto - Binaschi
Carcano - Milano I - Parodi
Corna - Rampini II - Ferraro - Grillo - Dalmazzo

Scratch Paulistano-Wanderers
Hugo
O'May - Carlito
Allwood - Rubens - Gullo
Hopkins - Arnaldo - Mac-Lean - Campbell - Millon

O jogo teve inicio, ás dezesseis horas, cabendo o *kick* inicial á *squadra.* Momentos depois, regista-se um *corner* á porta do *goal* defendido pelo *team* visitante. Batido o *corner* por Hopkins, é a bola recebida por Mac-Lean, que marca o primeiro e unico ponto do dia. Até o final do primeiro *half-time,* durante o qual as duas equipes desenvolveram um jogo bem interessante, a bola se conservou no meio do campo e nada mais houve de notavel.

O segundo *half-time* começa com uma perigosa investida dos brasileiros. Os italianos atacam com vigor o *goal* local, conseguindo, porém, os brasileiros, pouco depois, repellir o adversario. Assim, este grande *match* terminou com a victoria dos brasileiros por 1 *goal* a 0. Actuou como *referee* o sr. Robinson, do *São Paulo Athletic Club.*

No dia 5 do mesmo mez, chegaram a Santos, a bordo do Duca di Genova, os *players* do *Torino Football Club*, que aqui disputaram varios *matches* com *clubs* filiados á *Liga Paulista de Football*. Em sua companhia, vieram os srs. dr. Edgardo Minoli, presidente do *Comité Ligure-Piemontese*, e representante da *Federação Italiana de Football*, e dr. Vittorio Pocci, chefe do *team* e representante da *Federação Internacional de Football*. Os *sportsmen* italianos foram recebidos por uma commissão de representantes da *Liga Paulista* e, em seguida, conduzidos ao Hotel Washington, na praia do José Menino, onde almoçaram. Partiram depois para o Hotel do Guarujá, onde jantaram e ficaram hospedados.

No dia 6 de Agosto, pelo trem que parte de Santos, ás dezoito horas, chegaram a esta capital os distinctos hospedes, que foram recebidos, na *gare* da Luz, por representantes das associações sportivas e escolas superiores. Por essa occasião, foram elles saudados pelo sr. Ibrahim Madeira.

Hospedaram-se os italianos no Hotel d'Oeste, onde, á noite, houve um banquete, falando varios oradores, aos quaes, respondeu o dr. Edgardo Minoli.

No dia 7 de Agosto, os italianos visitaram varios pontos da cidade, redacções dos jornaes, estabelecimentos de ensino e as autoridades estaduaes e municipaes.

O represente official do *Torino* declarou ao sr. Prefeito municipal de São Paulo que era portador de uma taça de prata, offerecida pelo *sindaco* de Turim á municipalidade. O sr. Prefeito agradeceu essa gentileza e disse que a data para a entrega seria marcada em breve.

Durante o dia 9 de Agosto de 1914, realisaram-se grandes festejos em homenagem aos italianos, que, á tarde, estreiaram no Parque Antarctica, jogando contra o *S. C. Internacional*.

Os *teams* estavam assim organizados:

Torino
Morando
Capra - Backmann (*captain*)
Valombra - Peterli - Lorati
Debernardi - Mosso - Arioni III - Arioni IV - Arioni II

Internacional
Lagos
Picagli - Menezes
Thiele - Aquino - Bucher
Russo - Manne - Léo - Eurico - Zéca

Este *match* foi brilhantissimo. Agiu como *referee* o sr. Minoli, representante do Turim, que se portou correctissimamente.

Os italianos dominaram o jogo desde o inicio. O *team* local, além da sua organização defeituosa, resentia-se da falta dos seus melhores elementos, denotando, desde logo, o mais profundo desanimo. O jogo desenvolvido pelos italianos foi brilhante.

Uma coisa ficou bem assignalada: o cavalheirismo que reinou de parte a parte, não se vendo o juiz na emergencia de punir um só *foul*.

Quinze minutos depois de iniciada a luta, Arioni III, aproveitando um "furo" do *full-back* Picagli, do *Internacional*, marca o primeiro *goal* para o seu *team*. A resistencia do *Internacional* era nenhuma e a bola permanecia sempre no campo deste *club*, devido ao ataque incessante dos italianos. Cinco minutos depois, Arioni II, recebendo um passe de Peterli, marca o segundo ponto para o seu *team*. Regista-se, a seguir, uma *melée* á porta do *goal* do *Internacional*, havendo um *hands* na area de penalidade. O juiz puniu esta falta com um *penalty-kick*; a bola, arremessada por Arioni II, vae aninhar-se na rêde do *goal* local. O primeiro tempo terminou, pois, com este resultado: *Torino*, 3 *goals*; *Internacional*, 0.

No segundo tempo, não se notou qualquer differença no aspecto do jogo. O *Internacional* cedia terreno e o adversario avançava.

Aquino, campeão do *team* local, vendo-se, por assim dizer, abandonado pelos seus companheiros, nada poude fazer. Os italianos atacavam. Os irmãos Arioni, que não estavam marcados, desenvolveram um jogo calmo, que dava em resultado ir a bola continuamente para as proximidades do *goal* do *Internacional*. Em dado momento, Arioni apodera-se da bola, leva-a para o campo do *Internacional* e shota. O *goalkeeper* Lagos, pretendendo defender o seu posto, cahe e a esphera entra no *goal*. Pouco tempo decorreu, e houve um novo e violento ataque ao *goal* local. Um dos irmãos Arioni shota. O *back* Picagli tenta defender o *goal*, mas, tocando na esphera, entra esta no rectangulo do *Internacional*. O *match* findava e o *Internacional* nem sequer conseguia tirar a bola do seu campo. Duas ou tres vezes os seus *players* se approximaram do *goal* italiano, mas o *goalkeeper* Morando defendeu galhardamente o seu posto.

Pouco antes de terminar o jogo, Arioni III marcou o sexto ponto para o seu *team*. Assim, o jogo terminou com a victoria do *Torino* por 6 *goals* a 0.

Os italianos preferiam levar a bola até as proximidades do *goal* a shotar de longe, e, por isso, perderam muitos *kicks* livres. Se assim não tivesse acontecido, certamente teriam augmentado o seu *score*.

No dia 6 de Agosto de 1914, a *squadra* italiana disputou no Velodromo o segundo *match*, encontrando-se com o *scratch Mackenzie-Palmeiras*.

Os *teams* estavam assim constituidos:

Squadra

Innocenti

Binaschi - Valle

Carcano - Milano I - Parodi

Ferraro - D'Ambrosio - Grillo - Piacco - Corna

Scratch Mackenzie-Palmeiras

Rachou

Orlando - Osny

Campos Mello - Lincoln - O. Egydio

Breno - Demosthenes - O. Bicudo - Zecchi - Xavier

Este segundo *match*, posto que em parte movimentado, não passou sem alguns incidentes desagradaveis. Faltavam poucos minutos para ser iniciado o jogo, quando, entre os brasileiros, se discutia ainda sobre as côres com que o *team* devia apresentar-se em campo e a inclusão de varios jogadores! Devia agir como *referee* o dr. Mario Cardim. Este juiz, porém, foi substituido á ultima hora, sem que se dessem ao *captain* do *team* visitante as devidas explicações. Agiu como *referee*, se não nos falha a memoria, o dr. Benedicto Montenegro. Não foram combinadas as condições de jogo, tal como, por occasião de *matches* internacionaes, se pratica nos centros sportivos mais adeantados da Europa.

O *kick-off* coube aos italianos. O jogo, no inicio, esteve brilhante, sem que, porém, qualquer dos contendores abrisse o *score*.

No segundo tempo, decorridos vinte minutos, Demosthenes investe contra o *goal* italiano. O *full-back* Valle, desejando livrar o seu *goal*, bate com o pé na bola, indo esta aninhar-se na rêde. Os italianos desenvolveram um jogo bastante violento, a que os nossos jogadores corresponderam. Os italianos dominaram então o jogo. Milano I passa a bola a Corna, que marca o primeiro ponto para o seu *team*. Os italianos dobram os seus esforços, mas o *match* terminou com um empate de 1 a 1.

O terceiro *match* entre italianos e brasileiros realisou-se no dia 19 do mesmo mez. A *squadra* mediu forças com o *scratch São Bento-Ipiranga*.

A organização dos *teams* era a seguinte:

Squadra

Innocenti

Pensotti - Valle

Parodi - Milano I - D'Ambrosio

Ferraro - Grillo - Rampini I - Rampini II - Corna

Scratch São Bento - Ipiranga

Rachou

F. Netto - Luiz Alves

Amstetter - Lagreca - Achilles

Xavier - Cesar - Fritz - Friedenreich - J. Pedro

Serviu de juiz o sr. Alex de Hutchinson, do *Scottish Wanderers*.

Este *match* foi interessantissimo. O *scratch*, embora não tivesse conseguido levar de vencida a equipe italiana, portou-se com galhardia. Nenhum dos adversarios dominou o jogo.

Rachou, que figurava no *scratch*, não jogou, sendo substituido por Bendix, *goalkepeer* do *Ipiranga*. O primeiro *goal* do dia coube aos italianos e foi marcado por Grillo, no meio do primeiro *half-time*.

No segundo tempo, os brasileiros desenvolveram um cerrado ataque ao *goal* italiano. Em dado momento, o *full-back* Valle dá uma *charge* no nosso *forward* Friedenreich. O juiz puniu esta falta com um *penalty-kick*, que, batido pelo mesmo *forward*, dá o primeiro *goal* ao *scratch*. Cerca de quatro minutos depois, ha uma nova investida dos paulistas. Friedenreich, aproveitando um passe de Fritz, dribla o *back* Valle, e vasa pela segunda vez o *goal* dos italianos. Os italianos desenvolveram então tremendo ataque. Pouco antes de terminar o jogo, Amstteter commette um *hands* na area de penalidade. O *penalty-kick*, com que o juiz puniu esta falta, foi batido por Rampini II e deu o segundo ponto aos italianos. Assim, o jogo terminou com um empate de 2 a 2.

O *captain* da *squadra*, sr. Milano I, não poude jogar, sendo substituido por Carcano, que se portou muito bem. O juiz foi rigoroso e correcto.

No dia 11 de Agosto, continuaram as festas em homenagem aos turinenses, que, nesse mesmo dia, visitaram varios pontos da cidade.

No dia 12 de Agosto, realisou-se, no Parque Antarctica, o segundo *match* internacional promovido pela *Liga Paulista de Football* entre o *Torino* e um *scratch* formado de jogadores estrangeiros, pertencentes áquella instituição. Os *teams* eram os seguintes:

Torino
Morano
Capra - Backmann
Valoira - Peterli - Lovati
Debernardi - Mosso III - Tomazelli - Tirone - Arioni II

Scratch
Gronau
Eskildsen - Jarger
Geherardt - Thiele - Bianco
Americo - Rubens - Peres - Apparicio - Baungartner

Serviu de juiz o conhecido *sportsman* sr. Charles Miller, que foi muito correcto.

Os nossos estiveram fracos. O elevado *score* obtido pelo *team* italiano poderia certamente ter sido maior ainda se não fôra a falta de calma de que deu mostras.

No inicio da luta, o *team* local desenvolveu boa combinação, chegando mesmo os *players* do *team* visitante a se collocarem todos na defesa. Decorridos cerca de quinze minutos de jogo, o *forward* Peres apodera-se da bola e, de combinação com Apparicio e Rubens, ataca o *goal*. A defesa luta corajosamente, mas Baungartner consegue marcar o primeiro e unico ponto do seu *team*. Os italianos, ante a vantagem obtida pelo adversario, combinaram optimamente as suas linhas, e, cinco minutos depois, Mosso, Tirone e Tomazelli levam a bola para a area de penalidade do *team* local, marcando Tomazelli o primeiro ponto dos turinenses.

Os italianos dominaram então completamente. Antes de terminar o primeiro tempo, Tomazelli, com um violento *kick*, marca o segundo ponto para o seu *team*. No segundo tempo, o *team* local conservou-se na defensiva. Á excepção dos *backs*, os demais *players* nada fizeram, no sentido de oppôr resistencia ao ataque italiano. Thiele, Peres e Baungartner jogaram então pessimamente. Pouco depois, o *half* esquerdo italiano, Lovati, marca o terceiro *goal*. O jogo perdia pouco a pouco o interesse. De repente, as linhas do *Torino* avançam cohesas para a frente. Peterli passa a bola a Arioni II, que a envia para o *goal*. O *goalkeeper* Gronau defendeu brilhantemente o seu posto, mas o *full-back* Jarger, demonstrando uma falta de calma lastimavel, carrega sobre o seu companheiro, fazendo o quarto *goal* para o *team* contrario. O *team* italiano, no final do segundo tempo, deu treguas ao adversario, mas este nada fez. As linhas do *Torino* atacam novamente e a equipe local limita-se a defender o seu rectangulo. Em uma investida dos italianos, Mosso leva a bola e passa-a a Tomazelli. O *center-forward* italiano vasa pela quinta e ultima vez o *goal* local.

Pouco antes de terminar o jogo, Mosso cahiu, machucando-se, pelo que foi substituido por um jogador de reserva.

O encontro terminou, pois, com a victoria dos italianos por 5 *goals* a 1.

No dia 13 de Agosto, realisou-se, no Velodromo Paulista, o mais importante dos *matches*, que deviam ser disputados em São Paulo, entre a *Squadra Rappresentativa Nazionale* e *teams* brasileiros.

Encontraram-se a *squadra* e o *scratch* representativo da *Associação Paulista de Sports Athleticos*.

A fim de que fossem evitados pequenos incidentes registados por occasião do *match Mackenzie-Palmeiras*, foram combinadas as seguintes condições de jogo:

> a) os juizes de linha terão competencia para avisar o *referee* nos casos de *offsides*, *corners* e *outsides*; b) haverá um juiz de linha de cada partido; c) os relogios dos juizes de linha estarão de accordo com o do *referee*; aquelles darão signal ao *referee* um minuto antes

de terminar cada *half-time;* e este, de accordo com as ultimas modificações ás regras da *Football Association*, acrescentará os minutos ou segundos, se houver descontado do tempo, por motivo de accidentes etc.; d) nem os *captains* nem os jogadores ou juizes de linha terão direito de se manifestar, por qualquer forma que seja, em relação ás decisões do *referee*; e) todo jogo violento será severamente punido, e expulsos do campo serão os jogadores que nelle insistirem ou, por qualquer forma, desrespeitarem o *referee*; f) haverá em cada *goal* uma pessoa encarregada de tomar a bola e entregal-a ao *goalkeeper*, toda a vez que a mesma sair pela linha do *goal*; g) cada *team* poderá substituir um jogador em caso de accidente, depois de terminado o primeiro *half-time*; h) de accordo com as ultimas modificações ás regras da *Football Association*, serão punidos os *offsides*, mesmo que os jogadores, que assim se acharem, não tenham tocado na bola.

Os *teams* estavam assim constituidos:

Squadra
Innocenti
Binaschi - Valle
Dalmazzo - Milano I - Parodi
Ferraro - Carcano - Grillo - Rampini I - Corna

Scratch
Rachou
O'May - Chico Netto
Gullo - Lagreca - O. Egydio
Xavier - Milon - Rubens - Friedenreich - Hopkins

Serviu de juiz o dr. Mario Cardim, que foi muito correcto. A saída coube aos brasileiros que perderam logo a bola. Os italianos avançam, conseguindo dominar o jogo durante algum tempo. Em dado momento, Rampini I, com uma bella cabeçada, marca o primeiro ponto para o *team* italiano. Reencetada a luta, os *forwards* paulistas desenvolveram boa combinação e, momentos depois, Friedenreich marca o primeiro ponto do *team* paulista. O jogo se manteve equilibrado até o final do tempo, que terminou com um empate de 1 a 1. No segundo tempo, o jogo, brilhante a principio, tornou-se depois pouco firme. Os dois *teams* dominaram a luta alternativamente. Quasi no fim do *match*, houve uma *melée* á porta do *goal* italiano. Rubens shota. O *goalkeeper* rebate com pouca energia e a bola vae aos pés de Milon, que obtem o segundo e ultimo ponto dos paulistas.

Assim, este importante *match* terminou com a victoria dos paulistas por 2 a 1.

No mesmo dia 13 de Agosto de 1914, os jogadores do *Torino Football Club* visitaram diversas pessoas de distincção desta capital, indo, á tarde, á Prefeitura, onde entregaram ao sr. Prefeito uma rica taça de bronze, offerecida pelo *sindaco* de Turim, conde Theophilo Rossi, á municipalidade de São Paulo. O dr. Washington Luiz, Prefeito, foi saudado pelo dr. Minoli. No salão nobre da Camara Municipal, foi offerecida aos italianos uma taça de *champagne*.

Á noite, visitaram a Escola de Commercio e, no dia 14, realisaram novas visitas.

No dia 15 de Agosto, o *Torino* disputou, no Parque Antarctica, o terceiro *match* de *football*, lutando contra o *S. C. Corinthians*, então campeão da *Liga Paulista*. Os *teams* estavam assim constituidos:

Torino

Morano

Capra - Backmann

Valoira - Peterli - Lovati

Debernardi - Mosso III - Mosso I - Tirone - Arione III

Corinthians

Casemiro

Fulvio - Casemiro II

Pollici - Bianco - Cesar

Americo - Peres - Amilcar - Apparicio - Neco

O *match* esteve bom. O *kick* inicial coube aos italianos, que desenvolveram logo um cerrado ataque ao *goal* contrario; enfrentando, porém, os nossos, com galhardia, esses ataques. Durante alguns minutos, a luta esteve, pois, equilibrada. Decorriam dez minutos, quando se registou um *penalty-kick* contra o *goal* local. A bola, arremessada por Arione, deu o primeiro *goal* aos italianos, havendo, então, um ligeiro desanimo nas linhas paulistas. Os paulistas pretenderam desfazer essa vantagem, mas os italianos oppuzeram tenaz resistencia aos esforços do adversario. Cumpre notar que o juiz, dr. Minoli, foi parcialissimo. Os italianos conseguiram dominar, por largo tempo, o jogo, dado o desanimo que se apoderou dos nossos. Excepto algumas escapadas de Peres, auxiliado por Bianco, e de Apparicio e Amilcar, o *team* local nada poude fazer. O desanimo dos paulistas subiu de ponto quando foi marcado o segundo *goal* por Debernardi. O *goalkeeper* paulista, Sebastião (Casemiro havia sido substituido), foi de um grande caiporismo, pois esse *goal* era perfeitamente defensavel. Assim terminou o primeiro tempo.

Recomeçado o jogo, o *Corinthians* ataca com tenacidade o *goal* contrario. Ainda uma vez, a incorreção do dr. Minoli contribuiu para que o *team* paulista desanimasse. Sua Senhoria puniu faltas fantasticas e absurdas com penas que eram "rigorosamente" applicadas aos paulistas. É verdade que o *Torino* levava vantagem sobre o *Corinthians*, dada a sua cohesão no ataque e defesa; comtudo, a linha do *Corinthians* agiu com decisão, o que concorreu para attenuar a sua derrota. O terceiro *goal* dos italianos, marcado por Arione, foi visivelmente *offside*. O juiz continuava parcialissimo. Em dado momento, Peterli, amparando uma bola que vinha do campo contrario, shota em *goal*, e o juiz determina um *corner* contra os paulistas!

Houve protestos por parte da assistencia e o *team* paulista chegou, em parte, a sair do campo, voltando pouco depois, a conselho de um membro da directoria da *Liga*.

Este *match*, destinado a ser dos melhores e que, devido á incorrecção do dr. Minoli, foi, no final do tempo, um *match* irregular, terminou com a victoria dos italianos por 3 *goals* a 0.

Conforme dissemos, do primeiro *match* disputado no Velodromo, entre a *Squadra Rappresentativa Nazionale* e o *scratch Paulistano-Wanderers*, saiu victorioso o *team* local, por 1 *goal* a 0. Durante o banquete que se realisou, na noite desse mesmo dia, em homenagem aos italianos, os *players* de ambos os *teams*, attendendo a que os italianos estreiaram no Velodromo depois de uma longa viagem e que, por conseguinte, era natural que tivessem jogado já bastante fatigados, manifestaram desejos de que se realisasse um *return-match*, depois dos demais jogos, entre italianos e brasileiros.

Esse encontro, que foi o ultimo que se realisou em São Paulo, effectuou-se no dia 16 de Agosto.

A organização dos *teams* era a seguinte:

Squadra

Innocenti
Binaschi - Valle
Carcano - Milano I - Parodi
Ferraro - De Ambrosis - Grillo - Piacco - Corna

Scratch

Hugo
O'May - Carlito
Gullo - Rubens - Peagler
Millon - Mac-Lean - Allwood - Arnaldo - Hopkins

No primeiro tempo os italianos dominaram o jogo, e, cerca de vinte minutos depois de iniciado o *match*, De Ambrosis, recebendo um passe de Corna, marca o primeiro ponto para o seu *team*. Os brasileiros tentaram desfazer essa vantagem, mas nada conseguiram. No segundo tempo, houve modificações no *team* local, passando Peagler, que nelle figurava como *half* esquerdo, a jogar como *center-forward*. Nos primeiros momentos, a luta esteve equilibrada. Um *back* italiano commete uma falta, que é punida com um *free-kick*. Os italianos formam uma barreira á porta do *goal*. Rubens, com extraordinaria habilidade, fingiu que ia shotar em *goal*, mas passa a bola para Millon, que, bem collocado, marca o primeiro ponto para os paulistas. O *team* italiano mostrou-se, então, completamente desnorteado. Pouco depois, Hopkins dá uma escapada e centra para Peagler, que, com uma cabeçada, marca o terceiro *goal*. Momentos após, Rubens rebate uma bola, que cobre Valle. Peagler a alcança, dribla o outro *full-back* e obtem o quarto *goal*. Os italianos tentaram reagir, mas foram inuteis os seus esforços. Em dado momento, Arnaldo apanha a bola e shota de longe. Os *full-backs* italianos abandonaram as suas posições e o *goalkeeper* Innocenti, indignado com o procedimento dos seus companheiros, não fez qualquer defesa. Aliás, a defesa do *kick* de Arnaldo seria duvidosa. E com a victoria dos paulistas por 5 *goals* a 1, terminou o ultimo *match* da serie que a *Squadra* devia disputar em São Paulo.

Tambem no dia 16 de Agosto foi disputado, no Parque Antarctica, o quarto *match* internacional entre o *Torino* e o *scratch* representativo da *Liga Paulista*.

Era a seguinte a organização dos *teams*:

Torino

Morando

Capra - Backmann

Valombra - Peterli - Lovati

Debernardi - Mosso II - Arione III - Tirone - Arione II

Scratch

Lagos

Menezes - Eskildsen

Thiele - Bertone - Aquino

Peres - Eurico - Amilcar - Baungartner - Neco

Os italianos, como nos *matches* anteriores, patentearam, desde logo, a sua superioridade sobre o adversario. O *scratch* conservou-se na defensiva, a não ser durante alguns momentos do primeiro tempo. Cerca de cinco minutos depois de iniciado o jogo, os italianos levam a bola para o campo contrario. O *full-back* paulista Eskildsen intervem na occasião em que um *forward* italiano se preparava para shotar em *goal*. Fel-o, porém, tão desastradamente, que empurrou a bola para a rêde. Passados alguns momentos, regista-se um *corner* contra o *goal* do *Torino*. A bola, atirada mansamente por um dos extremas do *scratch*, vae aninhar-se no canto da rêde. A seguir, o *forward* italiano se preparava para shotar em *goal*. Fel-o, marca o segundo e o terceiro pontos para os italianos. O *scratch* luta com tenacidade para elevar o seu *score*, mas nada consegue. Alguns minutos antes de terminar o primeiro *half-time*, Debernardi marca o quarto ponto para o *team* italiano.

Durante o intervallo, foi entregue ao *team* italiano a taça de prata, offerecida pela directoria da *Liga Paulista*. Offerecendo a taça, falou o dr. Antonio Covello, a quem respondeu o dr. E. Minoli.

Foi depois reencetada a luta, sendo mais intensa a carga dos italianos contra o *scratch*. Os paulistas cediam terreno e o *Torino* sitiava com exito o *goal* contrario. Tirone marca então o quinto e o sexto *goals* para o seu *team*. Quasi no fim, Tomazelli marca o setimo *goal*. Assim o *match* terminou com a victoria do *Torino* por 7 *goals* a 1.

Na noite de 17 de Agosto de 1914, realisou-se, no Hotel d'Oeste, um jantar de despedida, offerecido á *Squadra Rappresentativa Nazionale* pela directoria da A. P. S. A. Ao *dessert*, o dr. Almeida Prado saudou o sr. Giuseppe Milano, offerecendo, ao terminar, á equipe do *Pro-Vercelli*, da qual o sr. Milano era *captain*, uma taça, doada pelo então secretario da Agricultura. O sr. Milano respondeu agradecendo e fazendo votos pela prosperidade do *sport* no Brasil.

Como dissemos, innumeros foram os festejos organizados pela *Liga Paulista*, em homenagem ao *Torino*. Visitaram os italianos a fazenda Santa Veridiana, recebendo optima impressão. Quando para alli partiram, foram alvo, em Santa Cruz das Palmeiras, de uma grande manifestação de apreço por parte dos italianos alli domiciliados, assistindo, nessa localidade, a muitas festas.

No dia 21 de Agosto, visitaram a Faculdade de Direito, desta capital, entregando aos estudantes paulistas uma mensagem, em pergaminho, enviada pelos estudantes de Turim. Falaram os srs. dr. Minoli, offerecendo a mensagem, e o academico Sylvio Marques, agradecendo em nome dos seus collegas.

No dia 22 de Agosto, disputaram um *return-match* com o *Corinthians*.

Os *teams* ficaram assim constituidos:

Torino
Morando
Capra - Backmann
Valombra - Peterli - Lovati
Debernardi - Mosso III - Tomazelli - Arione III - Arione II

Corinthians
Sebastião
Casemiro - Fulvio
Cesar - Bianco - Police
Americo - Peres - Amilcar - Apparicio - Neco

Este jogo foi o melhor de todos os disputados no Parque Antarctica. Os italianos sairam novamente vencedores, mas o *Corinthians* deu provas de que podia enfrentar o valoroso adversario, pois a luta foi leal, graças á correcção do juiz, o sr. Charles Miller. Como o leitor deve estar lembrado, outro tanto não succedeu por occasião do *match* anterior, em que o juiz, dr. Minoli, agiu com manifesta parcialidade. O *Corinthians* mostrou, desde logo, grande segurança no jogo, desenvolvendo os seus *forwards* um ataque ininterrupto contra o *goal* contrario. As forças equilibraram-se, durante muito tempo, e, até o meio do primeiro tempo, nenhum dos adversarios conseguiu vantagens apreciaveis. Os ataques eram mutuos e ambas as defesas trabalharam incessantemente. Vinte minutos depois de iniciado o jogo, verificou-se uma *melée* á porta do *goal* do *Corinthians*, marcando então Mosso III o primeiro ponto para a *eleven* italiana. O *Corinthians* não desanimou e cada vez atacava mais o *goal*. Em uma escapada, Americo, depois de uma brilhante defesa por parte dos *backs* italianos, marca o primeiro ponto para o seu *team*. O jogo melhorava cada vez mais e a bola não se conservava apenas em um dos campos, por isso que o ataque continuava mutuo. O primeiro tempo terminou com um empate de 1 a 1.

Durante todo o jogo, os paulistas dominaram por completo o adversario, que se viu obrigado a guardar uma prudente defensiva. O *goalkeeper* Morando lançou mão de todos os recursos de que podia dispôr, defendendo brilhantemente os bem combinados ataques dos paulistas. A situação dos italianos era perigosa e só por falta de sorte não conseguiram os nossos derrotal-os. Nos ultimos momentos do jogo, os ataques paulistas foram tão impetuosos, que os italianos precisaram cerrar fileiras na defesa. As escapadas dos italianos, posto que mais raras, eram mais calmas e o *goalkeeper* paulista não tinha a segurança na defesa que caracterisava o *goalkeeper* italiano. Faltava apenas um minuto para terminar a luta, quando Debernardi shota, a cinco jardas do *goal*. A bola bateu na trave superior. Sebastião conseguiu segural-a, mas de tal forma que ella caiu perpendicularmente, sendo depois atirada para o campo. Houve controversias, pois uns asseveravam que a bola tinha entrado e outros não. O juiz resolveu favoravelmente aos italianos, que, dest'arte, ficaram com a victoria garantida. Durante os ultimos segundos, o *Corinthians* tentou desfazer essa vantagem, mas já era tarde. O Jogo terminou com a victoria dos italianos por 2 *goals* a 1.

No dia 23 de Agosto de 1914, realisava-se, no Parque Antarctica, o ultimo *match* internacional, medindo forças o *Torino* e o *S. C. Lusitano*, formado de elementos da colonia portugueza desta capital.

Este encontro estava marcado para o dia 20 de Agosto, não se realisando devido ao mau tempo.

Os *teams* entraram em campo, assim organizados:

Torino
Morando
Capra - Arione
Mosso II - Valombra - Giorda
Debernardi - Mosso III - Tomazelli - Arione IV - Arione II

Lusitano
Villas Boas
Cabral - Izidoro
Antonio - Lapa - Braz
Firmino - Francisco - Santos - Lemos - Arthur
Reserva: Cruz

Este *match* terminou com a victoria dos italianos por 3 *goals* a 0.

Á noite, do mesmo dia, houve um banquete de despedidas. Saudou o *Torino*, em nome da *Liga Paulista*, o dr. Armando Prado, a quem respondeu o sr. Vittorio Pozzo, que fez entrega de um rico bronze á directoria da *Liga*. Foram concedidos os titulos de presidente honorario do *Torino* ao coronel Oscar Porto, presidente da *Liga*; e de socios benemeritos aos *clubs* filiados á *Liga* e ao *Club Esperia*. Falaram ainda outras pessoas.

No dia 24 de Agosto, os italianos embarcaram na Sorocabana, com destino a Montevideu, onde disputaram uma serie de *matches*. Foram tambem disputados *matches* em Buenos Aires e no Rio Grande do Sul.

O sr. Vittorio Pozzo, em carta que dirigiu á imprensa, agradeceu aos brasileiros em geral e á colonia italiana as homenagens dispensadas ao *Torino Football Club*.

A FUSÃO DAS LIGAS

OS TRABALHOS NESSE SENTIDO

Já explicamos como se deu a scisão da veterana *Liga Paulista* e como se fundou a *Associação Paulista*. Separadas desde 1913, relatemos a acção das mesmas, no decurso de tres annos.

A *Liga*, sciente do seu prestigio, escudado apenas na antiguidade (fragil escudo!) transferiu-se para o Parque Antarctica, com a maioria dos *clubs* de São Paulo. Tinha o *Americano*, o *Ipiranga*, o *Germania*, o *Internacional*, o *Corinthians*. Por conseguinte, a maioria dos *clubs*. Fortes? Perfeitamente, muito fortes. O *Americano*, por exemplo, estava no seu esplendor: reunia, quer-nos parecer, a maioria dos campeões em São Paulo. O *Ipiranga* modificára radicalmente o seu primeiro *team*. O *S. C. Corinthians*, apesar de novo, possuia uma equipe respeitavel.

A *Liga Paulista*, por conseguinte, tinha todos os elementos para suffocar a dissidente.

Mas, os seus *matches*, no Parque Antarctica, não alcançavam concorrencia alguma. A porta rendia uma ninharia. Os campeões, acostumados a serem apreciados por numeroso publico, aborreciam-se. Os *clubs*, não podendo sustentar-se apenas com a exigua mensalidade de socios, desanimavam. A estes factos, accrescente-se mais alguns, entre os quaes, actos da *Liga*, que demonstravam a sua decomposição.

Isto, de um lado. Vejamos o outro, o reverso da medalha, isso é, o que succedia cá em cima, no Velodromo.

Em Abril de 1913, installara-se a *Associação Paulista de Sports Athleticos*, por iniciativa dos srs. Edgard Nobre de Campos, João Didier, Aymoré Pereira Lima, João Bierremback e Aristides Machado. Tinha filiado já tres *clubs*, tres *clubs* de tradições gloriosas, o *Paulistano*, o *Mackenzie* e o *Palmeiras*. Este, esquecido, abandonado pelos antigos, reorganizára-se ás pressas, para concorrer ao campeonato. A *Associação* elegera uma boa directoria, em que figurava, além daquelles cavalheiros já citados, o sr. Antonio Prado Junior, que era o presidente. Esta directoria trabalhava com afinco, não perdia tempo. Formou o campeonato já com aquelles tres *clubs* e, para tornal-o mais interessante, fez que os *teams* jogassem tres vezes durante o anno. Marcou as datas immediatamente. O seu primeiro *match* (*Mackenzie* e *Paulistano*) constituiu um exito inesperado. Era intensa a campanha a favor da nova instituição, na imprensa e fóra della. Os diretores, para que ella fosse prestigiada, entenderam-se com a *Liga Metropolitana*, que não tardou a dar mão forte à *Associação*. O publico, o verdadeiro esteio das instituições sportivas entre nós, dava visivelmente preferencia á nova entidade. Por quê? Pois não estavam na *Liga* as mais poderosas forças sportivas? Não era ella a mais antiga, conhecida sobejamente na capital da Republica e na Argentina? Não possuia, além disso, muito mais *clubs*, com probabilidades de augmental-os? Tudo isso era verdade. Mas, o povo não discutia - encaminhava-se para o Velodromo, e applaudia os lances que o *Paulistano*, o *Palmeiras* e o *Mackenzie* proporcionavam. Não se conformava, elle, com a existencia de outra sociedade, que ficava tão longe, lá para as bandas do Parque Antarctica. Demais, a *Associação* tinha o Velodromo, e, diga-se a verdade, tinha tudo. Fôra alli que elle assistira ás partidas mais empolgantes. Fôra alli que se effectuaram os desempates, de saudosa memoria, os famosos encontros com o *Fluminense*, com o *South-Africa*, os argentinos e uruguayos. Fôra, alli, finalmente, que se celebrizaram os campeões paulistas, os Miller e os Boyes, os Alvaro Rocha e os Ibanez, os Alicio e os Belfort, os Jorge Mesquita e os Casemiro da Costa. O Velodromo era uma tradição viva, era uma reliquia preciosa. E, por casualidade, vinham á arena os melhores *clubs*, com as mesmas fardamentas, as mesmas bandeiras, o que mais avivava o passado glorioso do *football*. Parque Antarctica? Sim: muito bom campo, o melhor talvez de São Paulo, amplo, bastante plano, propicio, por conseguinte, para os embates sportivos. Mas como o Velodromo, não...

E vá a gente, com argumentos irrespondiveis, com logica de ferro, convencer os apaixonados do contrario. Elle acha esplendido? Não ha nada que o faça mudar de opinião. A *Liga Paulista*, que tinha ainda muitos defensores, fazia ressaltar a essas contradições, demonstrava, com factos positivos, a sua superioridade, e lembrava, romanticamente, os tempos idos e vividos. Era á tôa: a assistencia, no campo da rua Consolação, augmentava, augmentava...

Esta foi a primeira etapa vencida pela *Associação Paulista*. Transpol-a facilmente. E ajudou-a, innegavelmente, para esse triumpho, o Velodromo. Isto, que até parece um paradoxo, a actividade dos directores e a selecção dos *clubs*, fizeram a *Associação Paulista*.

Embora os *sportsmen*, que se achavam á testa da *Liga*, arrotassem importancia, os *clubs*, a ella confederados, se desilludiam. Embuidos em chimeras, conservaram-se fieis. Essa fidelidade, porém, custava-lhes caro, porque os socios bandeavam, e laureados jogadores ameaçavam de sair. Os representantes da *Associação* não dormiam e, enthusiasmados com os exitos facilmente obtidos, agiam admiravelmente, certos da victoria final.

Em 1914, a *Liga Paulista* soffria o primeiro choque. O *Americano* se esphacelára, em virtude de terem, alguns dos seus jogadores, se transferido para o *São Bento* e *Mackenzie*. O *Ipiranga*, que ha muito manifestava desejos de filiar-se á nova entidade, conseguiu o seu intento. A *Associação Paulista*, pois, ganhava, visivelmente, terreno. A *Liga*, todavia, não dava signaes de fraqueza. Tinham saido o *Americano* e o *Ipiranga*? Não queria dizer nada. Havia muitos *clubs* por esses bairros. Para compensar, convidaram, a fim de fazer parte da primeira divisão, o *Campos Elyseos*, o *Minas Geraes*, o *Ruggerone F. C.*, o *União da Lapa*, o *Italo F. C.* Ora, ahi estava. Em questão de maioria de *clubs*, não lhe passava a perna a *Associação Paulista*. Que valia essa maioria? Nada, nada mesmo. Agora, então, com todos os jogadores bons na *Associação*, tinha que perder as esperanças a *Liga Paulista*. Mas, não perdia. Em meados desse anno, architectou um bello fogo de artificio, para impressionar o povo.

A sua pujança e o seu prestigio no exterior seriam demontrados. Lançou mão, por isso, da sua antiguidade. Como o seu nome era conhecido lá fóra, e graças aos esforços do sr. dr. Mario Cardim, obteve o reconhecimento provisorio, por parte da *Fédération Internationale de Football*, de Amsterdam. Tratou, a seguir, da vinda de um *team* estrangeiro. De que nacionalidade? Italiana, era melhor. A colonia, aqui, era grande, e por certo acorreria ao *ground* nos dias em que se annunciassem as provas contra um *team* do paiz peninsular. Começaram as negociações nesse sentido. O dr. Mario Cardim estivera na Italia, conhecia o movimento sportivo dalli. Não lhe foi difficil entrar em correspondencia com os *sportsmen* do *Torino F. C.* da cidade de Turim, os quaes acceitaram a ideia. A *Liga* fôra reconhecida, provisoriamente, pela entidade internacional: o *Torino* estava egualmente confederado, e podia, portanto, jogar com os *clubs* daqui.

Fez-se uma grande propaganda desses *matches*. Fizeram-se largos commentarios. Como a *Liga* era considerada, como ella tinha força no exterior!

A *Associção Paulista*, para provar que não era coisa de outro mundo promover a visita de outra entidade italiana, esforçou-se, immediatamente, para deslumbrar o seu publico. A questão era de um *team* italiano, de um *team* bravo, poderoso? Não restava duvida: havia-se de convidar outro. As negociações foram rapidas. Houve troca de telegrammas entre a *Liga Metropolitana* e a *Associação Paulista*, e, sem ninguem esperar, annunciou-se que partira, em Julho, de Genova, a *Squadra Rappresentativa Nazionale*, chefiada pelo sr. Giuseppe Milano, *captain* do *Pro-Vercelli* e do seu *scratch* italiano. Foi uma luta interessante, a que se travou, e quem venceu - falemos claramente - foi a *Associação*, pois foi ella que fez effectuar, em São Paulo, o primeiro *match* internacional. A *Squadra Rappresentativa Natizionale* não era reconhecida pela federação de Amsterdam? Pouco importava isso para o caso. O problema resumia-se no seguinte: num jogo de palha. Pois, estava ahi o jogo de palha...

Foi esta a primeira batalha. Os movimentos, das duas partes em litigio, recrudesceram. A *Liga Paulista* estava disposta a trabalhar mesmo, para ver se sahia bem da luta. A *Liga*, então, passou-se a chamar *Dr. Mario Cardim*. Effectivamente foi este *sportsman* que absorveu todos os poderes da entidade, desenvolvendo uma actividade pasmosa. De 1915 até 1917, a sua operosidade se fez notar em todos os ramos do *sport*. Começou pela imprensa, conseguindo até que *O Estado de S. Paulo* se tornasse orgão official da *Liga*.

A existencia de duas sociedades, numa capital, era um absurdo. Na Argentina, no Uruguay e nos paizes da Europa, não havia scisões: todos os *clubs* estavam federados, e obedeciam a uma só direcção. Se continuassem separadas as agremiações paulistas, o Brasil corria o risco de não poder mais jogar com *teams* do exterior. A *Associação Argentina* fôra reconhecida naquelle tempo, e, á vista disso, estava inhibida de disputar as taças offerecidas por homens publicos de nomeada das suas nações.

Com estes argumentos, o dr. Mario Cardim entrava na liça. Que desejava? Que se fundissem, numa só, as sociedades em litigio. Depois, formava-se a *Liga Brasileira de Football*. Feito isto, a nova entidade iria ser filiada á federação de Amsterdam. São Paulo ficava de facto e de direito, com a supremacia desse *sport* no Brasil.

As respostas não tardaram. Respostas? Não: ataques terriveis ao dr Mario Cardim. Que elle era um ambicioso; que desejava ser o dictador do *football*; que pretendia rebaixar os *sportsmen* brasileiros perante os argentinos. Sabem de onde partiam essas descomposturas? Pensam que era de São Paulo? Não. Vinham do Rio de Janeiro. Alli, havia a mesma pretensão. A séde dos *sports* precisava ser no Rio de Janeiro, capital do paiz. De nada valia o facto de termos constituido a primeira *Liga*, promovida a disseminação do *sport* por todo o paiz. Era incontestavel a nossa superioridade sportiva? Tambem não tinha a menor importancia.

Que, lá na capital da Republica se dissessem estas coisas, vá; emfim, os directores dos *sports*, alli, lutavam para que a séde fosse no Rio de Janeiro, e envidavam todos os esforços para conseguir este objectivo. Mas, o que surprehendeu, é que paulistas encampassem todas as accusações contra esse distincto *sportsman*, a quem o *football* tanto deve, e cujos intuitos eram os mais nobres e os mais serios.

A *Associação Paulista* commetteu um erro gravissimo em 1915, enviando, para a *Liga Metropolitana*, as bases de accordo proposto pela *Liga Paulista*. Allegou ella o facto de já existir uma alliança com o Rio de Janeiro. Essa "alliança", se é que era "alliança", não podia impedir que se tratasse da união do *football* em São Paulo. Demais, as bases do accordo eram acceitaveis. Cada uma nomeava tres membros que, presididos por uma pessoa neutra (foram os indicados os srs. Washington Luiz, Reynaldo Porchat e Vergueiro Steidel), decidiriam sobre a fundação da nova agremiação. Só havia, nesse accordo, uma exigencia, com a qual não estavamos de accordo: a de que o dr. Mario Cardim seria o secretario. Ora, esse *sportsman* tornára-se suspeito; a *Liga* procedeu mal, impondo a sua nomeação para secretario. Quer-nos parecer, porém, que, se a *Associação* reclamasse, a sua rival cederia. Não quiz entretanto e enviou officio para a *Metropolitana*, que, colhida de surpreza á vista dos esforços do secretario da *Liga*, tratava tambem de installar a *Federação Brasileira de Sports*.

A associação do Rio apressou-se a officiar á *Liga Paulista*, propondo-se para medianeira entre ella e a *Associação Paulista*. O officio era hábil; mas, a sociedade paulista percebeu o manejo, e respondeu dizendo que a fusão só seria feita entre ambas, e que a *Liga* já fundara a *Federação Brasileira de Football*, tendo disso dado conhecimento á *Associação Argentina de Football*, que a reconhecera.

Todos os incidentes vêm relatados, pormenorizadamente, num folheto, publicado em 1915, pela *Liga Paulista*. Vêm, ahi, todos os documentos relativos á questão.

A entidade, filha da *Liga Paulista*, foi recebida com ironia pela imprensa carioca. Que era a Federação? Que força era a sua? Como podia ser ella reconhecida pela federação de Amsterdam?

Na realidade, a *Federação Brasileira de Football*, posto que tivesse filiado innumeros *clubs* do Paraná, do Rio Grande do Sul e de Minas Geraes, não constituia propriamente uma força sportiva; essa, indubitavelmente, estava com a *Associação Paulista*. Mas, negar o seu prestigio no exterior, era demais. A prova tivemol-a em 1916, quando foi o campeonato Sul-Americano. Tratando-se então da formação do *team*, até o ministro do exterior, sr. Lauro Muller, foi incommodado. E o *team* não partiu para o Sul sem primeiro fazer-se um accordo provisorio. Tinha ou não tinha prestigio a Federação? Se ella quizesse, se insistisse, o Brasil não figuraria naquelle grande certamen internacional.

Mais tarde, é certo, a *Confederação Brasileira de Sports*, ideia do sr. Lauro Muller, venceu. Venceu por quê? Porque o ministro do exterior, assediado pelos rapazes do Rio, serviu-se dos diplomatas brasileiros para desautorar a nossa *Federação*.

Nunca perdoaremos a intransigencia com que andaram os nossos conterraneos, quando o assumpto da scisão veiu á baila. Condemnamos já a *Associação*; a *Liga Paulista*, porém, tem culpas no cartorio, porque, quando se achavam quasi aplanadas as dificuldades, exigiu demais.

Se não fosse essa maldita intransigencia, admiravelmente explorada por interessados, a *Confederação* não estaria hoje no Rio. São Paulo, com a força, que era a *Associação*, e com o prestigio, que era a *Liga*, imporia a sua vontade, e não teria hoje de submetter-se ás ordens de uma entidade, na qual não tem representantes verdadeiramente seus.

O *FOOTBALL* CONTEMPORANEO

Merece especial menção o desenvolvimento do *football* nestes ultimos quatro annos. Não demos, de proposito, a estatistica referente aos *matches* da *Taça Jockey Club* e nem tampouco da disputa da taça da *Liga Paulista*. Fizemos de proposito. Quizemos destacar, em capitulo, o que foi a vida sportiva nesta temporada.

Foi já relatada, com a precisão possivel, os factos que precederam á scisão e á constituição de uma só entidade directora dos *sports*.

Por elles se verifica que o publico paulista não estava tão indifferente, como se affirmava, para com o *football*. Bastou que fossem postas de lado todas as divergencias, todos os obstaculos que impediam a marcha normal dos acontecimentos, para que o povo voltasse a preferir o *sport*. Mas, o povo, que voltou, não era exclusivamente o povo da elite, o povo que ostentava *toilettes* e riquezas; mas o povo em geral, quer de gente da fina sociedade, quer os humildes, os que, em outros tempos, passavam horas e horas debaixo de um sol abrazador, a assistir os torneios das varzeas. E que exigente se tornou elle! Não se contenta com qualquer *match*.

Escolhe, lê com cuidado, nos jornaes e nos folhetos, como os *teams* estão formados, e examina os elementos fortes e fracos, faz o seu prognostico. Mentalmente, estuda as circumstancias. Dahi, os *matches* sem concorrencia e os que arrastam cerca de quatorze a dezoito mil viventes para as praças de *sport*.

Como estamos distantes dos tempos em que o exhibicionismo encantava todas as pessoas! Não se admitte, não se tolera, hodiernamente, aquelle simulacro do *football*, de *shots* formidaveis que atravessam os campos, de *dribblings* exaggerados, de piruetas - coisas que, antigamente, faziam vibrar as meninas frequentadoras do Velodromo. Um jogador tenta repetir as velhas façanhas?

Está condemnado. É insultado pela geral. É execrado pelos torcedores. É severamente admoestado pelos *captains*. O que predomina é o jogo calculado, intelligente, efficaz: é o passe, é a collocação verdadeira, é o dominio methodico e sem arreganhos de força. Esse é o *football*, que nos foi ensinado pelo *South-Africa*, pelo *Corinthian Football Club*, pelos argentinos, o predilecto dos paulistas.

As rivalidades entre São Paulo e Rio, é certo, e já o fizemos notar quando tratamos da *Taça Correio da Manhan*, concorreram para esse aperfeiçoamento, para essa esplendida educação. Tendem a desapparecer, todavia, as rivalidades, porque os nossos antagonistas logicos (os do Rio), aos poucos, foram se convencendo da nossa superioridade, formada eloquentemente em *matches* memoraveis.

Os ultimos dois annos da disputa da *Taça Jockey Club* foram, incontestavelmente, o apogeu da nossa época. Destacaram-se em primeiro logar, o *Club Athletico Paulistano*, o detentor do tropheu, que, além de ter formado uma equipe homogenea e disciplinada, deu um novo impulso á nossa vida sportiva, lançando as bases de uma organização modelar, com a construcção da bellissima praça de *sports*, que enfeita o lindo bairro da rua Augusta; em segundo logar, o *Palestra Italia*, *club* novo é verdade, mas que conquistou, em curto lapso de tempo, as sympathias de grande parte da nossa população, descendente da laboriosa colonia italiana. Seguem-se, a estes, o *Sport Club Corinthians Paulista*, que é um espelho em materia de disciplina e organização, guardados, é claro, as respectivas proporções, pois a sociedade é constituida, na sua maioria, de rapazes modestos; a *Associação Athletica das Palmeiras*, um dos esteios da *Associação Paulista*, que forneceu, ainda nesta temporada, exemplos que deviam ser seguidos, como o campeonato de 1915, em que sem recorrer a auxilio extranho, sem importar jogadores, sem outros processos que impressionam mal os sentimentaes, e logram derrotar todos os concorrentes; o *Santos F. C.*, uma das mais antigas entidades sportivas da vizinha cidade, que se impoz immediatamente aos paulistas, não só pelo valor innegavel dos seus *players*, como tambem pela provada dedicação dos seus directores. O *C. A. Ipiranga*, *A. A. São Bento*, *Sport*

Club Internacional e *A. A. Mackenzie*, tambem, mais obscuramente deram realce a esta época, intimidando, por vezes, os seus antagonistas audazes, o que determinava agitação no meio sportivo. Por ultimo, cabe egualmente á directoria da *Associação Paulista de Sports Athleticos* os ultimos elogios, pelo modo criterioso e intelligente porque conduziu os negocios sportivos. Agiu, em quasi todos os casos, com a imparcialidade possivel, não favorecendo nem a uns nem a outros. Por motivos, que será ocioso divulgar, o *C. A. Paulistano* teve que se arredar, não exercendo a vigilancia que tinha direito.

Era natural que, ante esse mal comprehendido exclusivismo, os representantes de outros *clubs*, que constituiam a sociedade principal, se mostrassem maguados. Mas, não. Comprehenderam todos que o *C. A. Paulistano* tinha lá as suas razões para proceder como procedia, e que o seu trabalho isolado só redundava em beneficio da collectividade.

Houve incidentes entre o campeão paulista e a *Associação*: todos elles, porém, foram resolvidos satisfactoriamente. Ah! Se fosse noutra época! A scisão era coisa certa; a dispersão, infallivel, e, por consequencia, a morte do *football*. Isto prova exhuberantemente que os *sportsmen* de 1917 têm nitida comprehensão dos seus deveres, da utilidade da cordura e da concordia, da necessidade da união indissoluvel. Sobresair este ou aquelle, nessas questões tormentosas, que muitos pensavam que seria o prologo de uma nova recomposição, é praticar uma injustiça. Por felicidade inaudita, nenhum se exce-deu, nenhum chegou ao extremo. Cá fóra, continuaram os falatorios, fervilharam as intrigas, tiveram campo aberto os temperamentos irriquietos. Mas esses falatorios, essas intrigas, essas explosões dos irasciveis não tiveram a menor repercussão no seio daquelles que tinham reaes responsabilidades. E, depois, vamos e venhamos, taes casos dão-se em todas as agremiações. O *football*, sem semelhantes discussões, sem essas intriguinhas inoffensivas, sem os diz-que-diz, era capaz de perder interesse. Tornar-se-ia uma lagoa morta. Tem a sua poesia, desde que elles não passem das esquinas das ruas, das mesas de cafés, das archibancadas e das geraes, os dialogos entre os torcedores, as novidades estapafurdias que apparecem, as comparações entre *footballers* deste e daquelle publico, as discussões dos chronistas, as polemicas jornalisticas. Os *sportsmen*, afinal, é preciso reconhecer, não podem ser super-homens. São tanto como os outros, e a vida sportiva tem que ser essa serie de ditos e de invenções, que irritam os neurasthenicos.

GLOSSÁRIO

anfractuoso - sinuoso, tortuoso, com saliências e depressões.

assistencia / assistente - público, espectador, torcedor.

association - (ing.) o jogo de futebol (*association football*).

back - (ing.) ver *full-back* e *half-back*.

baldado - sem resultado, frustrado.

caiporismo - azar, infelicidade.

captain - (ing.) capitão da equipe.

carryng - (ing.) carregar a bola com as mãos.

center - (ing.) central, jogador que atua no centro da linha média (*center half-back)* ou na de ataque *(center forward).*

certamen - (lat.) competição.

charge - (ing.) carga, jogada dura para desarmar o adversário.

chimera - quimera, fantasia, utopia.

corner-kick - (ing.) escanteio, tiro de canto.

court - (ing.) pátio, quadra para o jogo de tênis.

cricket - (ing.) críquete, jogo de origem inglesa.

Dario - nome de três reis da antiga Pérsia.

debacle - mau resultado, derrocada.

deixar correr o marfim - deixar o jogo correr, não interferir.

despique - desforra, vingança.

desavindo - que está em desavença.

desideratum - (lat.) aspiração, desiderato.

desidia - (lat.) - preguiça ou negligência.

desmosthenico - relativo ao orador grego Demostenes (384-322 a. C.), palavroso.

dessert - (fr.) sobremesa.

dribbleur - (francês) driblador, jogador com habilidades para o *dribble.*

dribbling - (ing.) drible, finta, jogada para enganar o adversário.

drop-kick - (ing.) chutar a bola no alto, sem-pulo.

eleven - (ing.) onze, equipe com onze jogadores, time de futebol.

engano - finta, drible.

embolo - disputa, confusão, aglomeração de jogadores (v. *melée*).

escapada - arrancada, ataque em velocidade.

field - (ing.) campo de jogo, gramado.

Federação de Amsterdam - *Fédération Internationale de Football Association* (*FIFA*).

Football Association (FA) - entidade que controla as regras do futebol na Inglaterra.

footballer - (ing.) futebolista, jogador de futebol.

forward - (ing.) avante, dianteiro, jogador da linha de atacantes.

foul - (ing.) falta cometida durante o jogo e punida com penalidade de tiro livre.

free-kick - (ing.) tiro livre, falta marcada.

frontão - paredão, local onde se pratica o jogo da pela, pelota basca.

full-back - (ing.) zagueiro, jogador que ocupa a posição de defensor.

galucho - novato, calouro; sujeito acanhado, inexperiente.

gare - (fr.) estação.

geral - público que assiste em pé.

goalkeeper - (ing.) goleiro.

goal-kick - (ing.) tiro de meta.

ground - (ing.) gramado, campo de futebol.

half - (ing.) (pl. *halves)* meio, meia, (abrev. de *half-backs* ou de *half-time*).

half-back - (ing.) meia, jogador de meio campo (abrev. *half,* pl. *halves*).

half-time - (ing.) meio tempo de jogo.

halves - (ing.) ver *half-back.*

hands - (ing.) toque irregular da bola com a mão punido com tiro livre.

incontinente - sem moderação, descomedido, exagerado.

incontinenti - (lat.) sem demora, imediatamente.

indigitado - apontado, indicado para tal cargo.

inside - (ing.) jogador da posição interna na linha de cinco atacantes, à direita (*inside-right)* ou à esquerda *(inside-left).*

International Football Association Board (IFAB) - entidade internacional que dita as regras do futebol.

jarda - medida inglesa de distância, equivalente a 914 mm (v. *yard*).

jeunesse dorée - (fr.) juventude dourada, jovens ricos e privilegiados.

jogo de palha - jogo de cena, encenação, fingimento.

jogo da pela - pelota basca, frontão, esporte jogado com uma bola rebatida contra parede com uma das mãos ou cesto.

juiz de *goal* - auxiliar de arbitragem que atua na linha de fundo.

keeper - (ing.) ver *goalkeeper.*

kick - (ing.) pontapé, chute.

kick-off - (ing.) pontapé inicial, início de partida.

linesman - (ing.) auxiliar de arbitragem, bandeirinha, juiz de linha.

lethargo - letargia, lentidão.

levar de vencida - vencer com facilidade, goleada.

liça - lugar destinado aos torneios; briga, combate, luta.

match - (ing.) jogo, partida.

melée - (fr.) disputa, confusão, embolo, aglomeração de jogadores.

mil-réis - unidade monetária brasileira vigente de 1833 a 1942, ano em que foi substituída pelo cruzeiro (um mil-réis = um cruzeiro).

offside - (ing.) posição de impedimento, fora de jogo.

outside - (ing.) [1] ala (v. *winger),* ponteiro, jogador que ocupa uma das posições extremas na linha de cinco atacantes, à direita (*outside-right*) ou à esquerda (*outside-left*). [2] saída da bola além dos limites do campo, arremesso lateral (v. *throw-in).*

nomeada - fama, reputação, nome respeitado, renome.

novel - de pouca idade, novato, inexperiente, imperito, bisonho.

palmatoada - pancada de palmatória.

paredro - dirigente de clube de futebol, autoridade, mentor, chefe.

partido - [1] equipe, time; [2] torcida.

pasmosa - admirável, prodigiosa.

passador de enganos - jogador que dribla, que faz finta.

pelota - ver jogo da pela.

penalty-area - (ing.) área de penalidade máxima, a grande área.

penalty-kick - (ing.) pênalti, penalidade máxima, tiro livre sem barreira à distância de 12 jardas do gol.

player - (ing.) jogador.

por faz ou por nefas - (lat. *per fas et nefas)* pelo lícito e pelo ilícito; por todos os meios, sem ética.

porfiar - disputar, competir.

quiniella - sistema de apostas ou partida no jogo da pela, jogo de azar.

record - (ing.) registro do jogo, súmula.

referee - (ing.) árbitro, juiz.

return-match - (ing.) jogo de retorno, segunda partida entre as mesmas equipes dentro de um torneio.

returno - segunda disputa entre adversários no campeonato, segundo turno.

rugby - (ing.) rúgbi (*rugby football*), modalidade de futebol praticada também com o uso das mãos.

rush - (ing.) corrida, ataque em velocidade, escapada, arrancada.

score - (ing.) placar, na partida ou no campeonato.

scratch - (ing.) seleção, equipe formada por jogadores de mais de um time (v. *squadra).*

shoot - (ing.) chutar, arremessar, lançar.

shot - (ing.) chute, lançamento.

shotar - chutar, aportuguesamento do verbo inglês *to shoot.*

sindaco - (it.) cargo equivalente ao de prefeito nas cidades italianas.

sophismar - contornar a regra, lograr, enganar.

sportsman - (ing.) (pl. *sportsmen)* esportista, homem dedicado aos esportes.

squadra - (it.) seleção, equipe formada por jogadores escolhidos em mais de um time (v. *scratch).*

tento - ponto marcado no jogo, gol.

transacto - anterior ao atual, antecedente, passado, pretérito.

team - (ing.) time, equipe.

throw-in - (ing.) arremesso lateral (v. *outside*).

toilette - (fr.) [1] traje formal, especialmente feminino; [2] arrumar-se para ocasiões formais.

touch-lines - (ing.) linhas que delimitam o campo, limites laterais da zona de toques (*touches*).

trainer - (ing.) treinador, técnico.

training - (ing.) treinamento.

vasar - atingir a meta, enfiar a bola, marcar o gol.

verrina - discurso de reprovação ou censura publica, em tom contundente, emocional.

winger - (ing.) ala, ponteiro, ponta de lança, jogador que atua nas posições extremas da linha de ataque (v. *outside*).

yard - (ing.) medida inglesa de distância, equivalente a 914 mm (v. jarda).

Xerxes - nome de dois reis da antiga Pérsia.

FORMAÇÃO CLÁSSICA DE UM *TEAM* DE *FOOTBALL* NO INÍCIO DO SÉCULO XX:

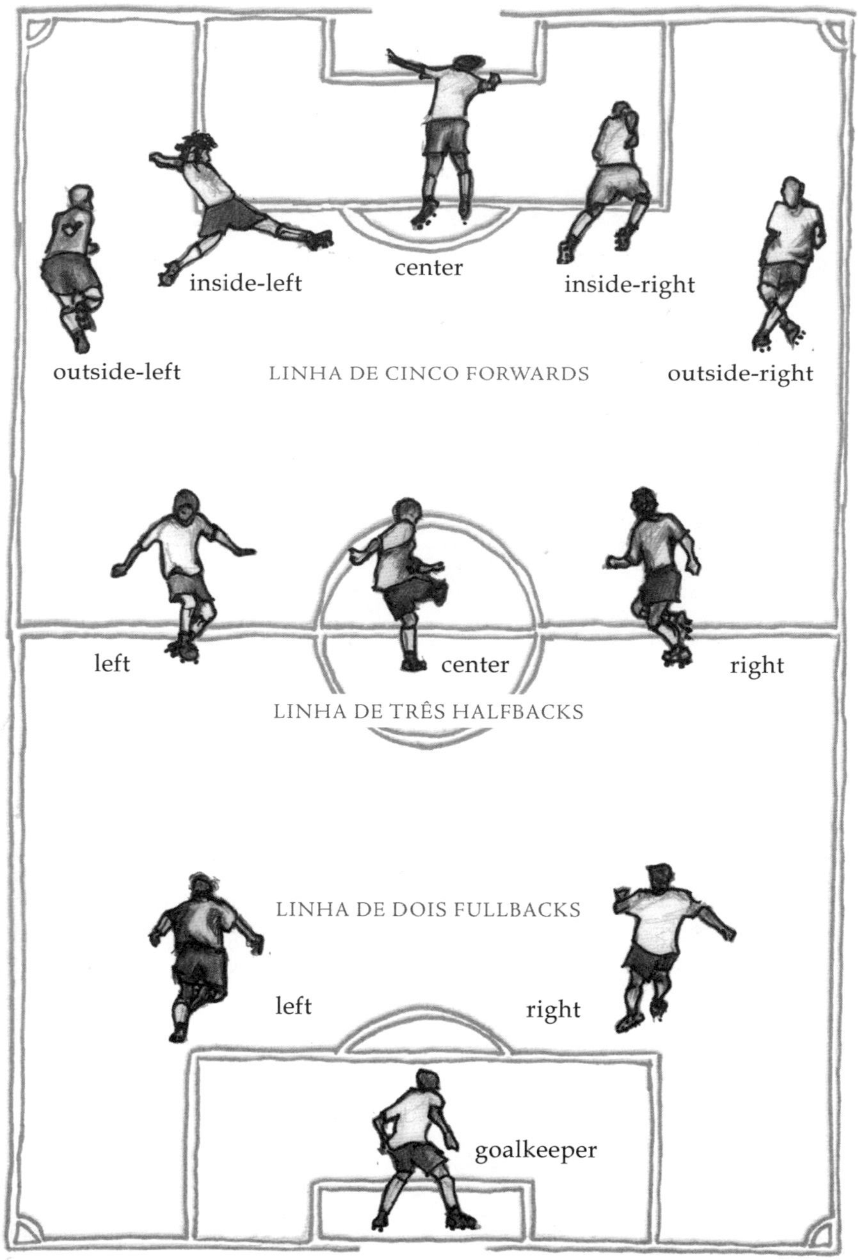

EDIÇÕES LUDENS

CONSELHO EDITORIAL

COORDENAÇÃO

Flavio de Campos (USP)
José Geraldo Vinci de Moraes (USP)

MEMBROS

Fábio Franzini (UNIFESP)
Luiz Henrique de Toledo (UFSCar)
José Carlos Marques (UNESP)
José Paulo Florenzano (PUC-SP)
Marco Antonio Bettine de Almeida (EACH-USP)
Mauricio Murad (UERJ)
Sérgio Settani Giglio (UNICAMP)

EQUIPE EDITORIAL

APRESENTAÇÃO E ORGANIZAÇÃO Wilson Gambeta
EDIÇÃO Sergio Rizek e Wilson Gambeta
COORDENAÇÃO EDITORIAL Sergio Rizek
REPRODUÇÕES João Luiz Musa e Ding Musa
PROJETO GRÁFICO Helena Musa
ILUSTRAÇÃO DA CAPA Paula Galasso
REVISÃO E PREPARAÇÃO DE TEXTO Esdra Campos

FICHA TÉCNICA

FORMATO 16 x 23 cm

TIPOLOGIA Book Antiqua

MIOLO Chambril Book LD 90 gr.

CAPA Cartão Supremo 250 gr.

NÚMERO DE PÁGINAS 448

TIRAGEM 2000

IMPRESSÃO: Orgráfic Gráfica e Editora Ltda

PRODUÇÃO

Edições Ludens / Attar Editorial

Biblioteca Mario de Andrade

APOIO

BIBLIOTECA MARIO DE ANDRADE

PREFEITURA DE SÃO PAULO CULTURA

MUNICÍPIO DE SÃO PAULO

PREFEITO Fernando Haddad

SECRETÁRIO DE CULTURA João Luiz Silva Ferreira (Juca Ferreira)

BIBLIOTECA MÁRIO DE ANDRADE

DIRETOR DA BIBLIOTECA MÁRIO DE ANDRADE Luiz Armando Bagolin

SUPERVISORA DE ACERVO Alessandra Atti

SUPERVISORA DE ATENDIMENTO Aline da Silva Dias Barbosa

SUPERVISORA DE AÇÃO CULTURAL Tarcila Lucena

SUPERVISOR DE ADMINISTRAÇÃO E PLANEJAMENTO Pedro Henrique Rodrigues Rocha

SUPERVISOR DE PLANEJAMENTO Fabrício Reiner de Andrade

BIBLIOTECA MÁRIO DE ANDRADE
rua da Consolação 94 - 01302-000 - Centro, São Paulo - SP
fone/fax: +11 37750031 +11 32415630
www.bma.sp.gov.br

© 2014 copyright da edição: Edições Ludens / Biblioteca Mário de Andrade
© 2014 copyright da Apresentação: Wilson Gambeta

P953

Primeiros passes : documentos para a história do futebol em São Paulo / organização Wilson Gambeta ; Hans Nobiling ... [et al.]. São Paulo : Biblioteca Mario de Andrade ; Ludens, 2014.
449 p. : il. ; cm

Conteúdo: Primórdios e dados históricos da implantação do futebol em São Paulo / Hans Nobiling – Guia de football / Mario Cardim e Luiz Fonseca – Club Athletico Paulistano (1918) : resumo histórico do Club Athletico Paulistano – História do football em São Paulo / Antonio Figueiredo.

ISBN 978-85-68146-00-2

1. Futebol – São Paulo – História. I. Gambeta, Wilson.
II. Nobiling, Hans.

CDD - 796.334098161

Impresso no Brasil 2014. Foi feito o depósito legal na Biblioteca Nacional. (Lei n° 10.994, de 14/12/2004). Direitos reservados e protegidos pela Lei 9610/98. Proibida a reprodução total ou parcial sem a prévia autorização dos editores e/ou organizador.

EDIÇÕES LUDENS / ATTAR EDITORIAL
rua Madre Mazarello 336 - 05454-040 - Alto de Pinheiros, São Paulo - SP
fone/fax: +11 3021 2199
attar@attar.com.br - www.attar.com.br
www.usp.br/ludens/